강아지 성도 고양이 신자

Cat and Dog Theology, Revised Edition
by Bob Sjogren and Gerald Robison

Copyright ⓒ 2003, 2005 by Bob Sjogren and Gerald Robison
Translated from the original English title:
Cat and Dog Theology
Published by Authentic Media, 285 Lynnwood Ave,
Tyrone GA 30290, U.S.A.
All rights reserved.

Korean translation Copyright ⓒ 2007 by Timothy Publishing House
6F Paidion Bldg., 1164-21 Gaepo-dong, Gangnam-gu Seoul, Korea

이 책의 한국어판 저작권은 Authentic Media와의 독점판권 계약에 의해
(주)도서출판 디모데에 있습니다. 신저작권법에 의하여 한국 내에서 보호를 받는 저작물이므로
무단 전재와 무단 복제를 금합니다.

강아지 성도 고양이 신자
CAT & DOG THEOLOGY

밥 쇼그린 & 제럴드 로비슨 지음 | 김창동 옮김

주인 되신 하나님과 올바른 관계 세우기

디모데

추천의 글

오늘 우리가 사는 시대를 흔히 '자기만을 아는 세대 me-generation'라고 일컫습니다. 이런 시대의 풍조는 우리의 신앙도 철저하게 '자기 사랑 self-love'에 입각한 자기 중심의 신앙으로 변질시켰습니다.

이 책의 저자 밥 쇼그린 Bob Sjogren과 제럴드 로비슨 Gerald Robison은 이런 신앙을 해학적으로 고양이 신앙, 고양이 신자라고 부릅니다. 그리고 이런 신앙과 대조적인 차원의 신앙을 강아지 신앙, 강아지 성도라고 부르고 있습니다.

오늘 한국 교회 성도들의 신앙은 자기 만족의 이기적 신앙과 승자 위주의 인본주의적 신앙으로 끝없이 추락하고 있습니다. 저는 이런 우리 신앙의 천박한 행태를 객관적으로 돌아보고 자성하는 도구로 이 책이 매우 적합한 진단의 도구 역할을 하리라고 믿습니다. 크게 위협적이지 않으면서도 매우 친절하게 우리의 연약한 치부를 드러내는 이 책의 친절한 폭로 속에는 우리의 성화를 위한 진지한 도전이 함께 제시되어 있습니다.

오늘날 한국 교회의 과제는 강아지 성도를 얼마나 더 많이 양육해내느냐에 달려 있다고 믿습니다. 그것이 바로 우리가 일컫는 제자 훈련의 과제인 것입니다. 신앙을 수단이 아닌 목적으로 아는 사람들, 정말 자신을 기쁘게 하는 자가 아닌 하나님을 기쁘시게 하는 자로 살아가느냐 하는 것은 우리 신앙의 궁극성에 대한 질문입니다.

저는 고양이 신학이 지배해온 한국 교회의 현장에도 이제 강아지 신학을 가르칠 때가 도래했다고 믿습니다. 이 책이 진지한 성화를 목적으로 자기 변화를 꿈꾸는 성경 연구 그룹들과 그리스도인의 독서 클럽에서 사용되는 것을 보고 싶습니다. 그리하여 건방진 고양이들이 꼬리를 내리고 얌전하게 항복을 선언한 그 자리에 주인에게 초점을 맞춘 강아지들의 천진난만한 미소와 노랫소리가 들려오는 곳에서 성숙한 한국 교회의 일어섬을 보고 싶습니다.

이동원 원로목사 지구촌교회

추천의 글

신앙생활을 바로 해나간다는 것은 참으로 어려운 일입니다. 그냥 맡겨진 일을 해치우는 것은 잘할 수 있지만, 주님 앞에서 진정으로 바른 신앙생활을 하는 것은 여간 어려운 일이 아닙니다. 사람들에게 겉으로 드러나는 신앙의 형태를 통해 훌륭한 신앙인이라고 인정받는다고 해서 속사람을 보시는 하나님에게까지도 그러한지는 고민해보아야 할 일입니다.

이 책은 마치 강아지처럼 모든 일에 충실하고 충직한 그리스도인과 고양이처럼 항상 부정적인 그리스도인이 주님 앞에서 어떻게 구별되어지는지를 보여주고, 어떤 방향으로 나아가야 할지를 가르쳐주는 신앙의 길잡이가 됩니다. 이 책을 통해 거울을 들여다보듯 주님 앞에서 자신의 모습을 발견하는 축복이 있기를 원합니다. 많은 사람들에게 자신을 탐구하는 길잡이가 될 이 책을 기쁜 마음으로 추천합니다.

홍정길 원로목사 남서울은혜교회

제목은 신선하고, 내용은 감동적입니다. 이런 말이 생각납니다. '하나님을 하나님 되게 하라Let God be God.' 우리네 삶에 고양이 신자의 모습이 얼마나 많은지요! 이 책을 적극 추천합니다. 그 이유는 두 가지입니다.

첫째, 이 책은 우리가 믿음이라고 생각하지만 이기심을 포장한 부족한 믿음의 실체를 잘 드러내주어 우리를 온전한 성도로 이끌어주고 있습니다. 둘째, 어찌 보면 묵직하고 부담스러운 주제를 일상에서 볼 수 있는 피조물의 특성에 빗대어 아주 쉽게 풀어쓰고 있습니다.

어렵지 않으면서도 깊은 내용을 다루고 있는 책, 읽으면서 우리네 삶을 점검할 수 있는 책, 하나님과의 관계를 올바르고 깊이 있는 것으로 만들어줄 수 있는 책이기에 영향력 있는 인생을 살기를 원하는 사람이라면 꼭 정독해보기를 권합니다. 이 책을 통해 하나님과의 친밀한 관계 속에서 살아가는 그리스도인들이 이땅 가운데 가득하기를 기대합니다.

라준석 목사 사람살리는교회

감사의 글

이 책을 나 같은 늙다리 강아지를 오랫동안 사랑과 인내로 감싸준 아내 샤론Sharon에게 바친다. 하나님은 우리 두 사람이 함께하는 동안 이 책에서 말하고 있는 경건한 강아지처럼 우리를 성장하게 하셨다. 우리는 30년 동안 '한집안 짝꿍'이 되어왔다. 샤론은 내 친구이자 반려자이며 키잡이였다. 내 설교에 예화를 제공해주고, 영감을 불어넣어주며, 우리 아이들의 훌륭한 어머니로서 가정과 마음의 지킴이로 섬겨왔다. 그녀도 나와 같은 생각이겠지만, 우리 두 사람이 함께 해로하며 비록 내가 조금 더 빨리 천국에 가겠지만 하나님이 원하시는 그런 사람이 되도록 서로를 돕고 격려하며 나아가길 원한다.

제럴드 Gerald

나는 이 책을 17년 동안 나의 신부가 되어준 내 아내와 놀랍고도 멋진 네 아이들에게 바친다!

데비Debby, 당신은 기쁠 때나 슬플 때나 늘 내 곁에 있어준 너무도 신실한 친구였소. 당신은 내게 강아지 신앙을 너무도 생생하고 분명하게 몸으로 실천하며 보여주었소. 그런 멋진 친구이자 질서를 세우는 어머니, 경건한 사람인 당신에게 감사하오. 아주 오래전 당신이 결혼 서약식에서 나의 아내가 되어줄 것인지 물었을 때 "아멘"이라고 대답해주어 기쁘다오. 그보다 더 어려운 질문을 한 남편은 아무도 없었을 거요.

그리고 루크Luke, 엘리제Elise, 애비Abby, 헌터Hunter! 너희를 너무나 사랑한다고 전하고 싶구나. 내가 너희에게 오랫동안 떠안긴 '집필 기간'을 인내로 참아준 것에 고맙구나. 또 우리 가정에 환하게 웃음꽃을 피게 해주어 고맙고, 우리 모두 한가족으로서 아름다운 기억을 갖게 해주어서 고맙구나. 하나님도 기뻐하실 것이라 믿는다.

아빠이자 남편인 밥Bob

차례

서문 • 13
시작하며 • 15

1장 강아지 성도, 고양이 신자 • 17
2장 강아지 성도와 고양이 신자의 차이점 • 29
3장 틀린 것이 아니라 불충분한 것 • 47
4장 강아지 성도는 무엇이 다른가? • 63
5장 고양이 신자는 어떻게 다른가? • 85

고양이 신자가 보이는 열한 가지 증상 –
무엇이 문제인가

6장 자기 만족의 신앙: 읽기, 듣기, 적용을 취사선택함 • 107
7장 승자 위주의 신앙 • 123
8장 고양이 신자의 이기적인 기도 • 145
9장 고난의 시기에 드러나는 고양이 신자의 반응 • 159
10장 고양이 신자의 성장이 정체될 때 • 173
11장 영원, 거기서 70을 빼다 • 183

CAT & DOG THEOLOGY

고양이 신자의 신앙이
'불충분한 것'에서 '틀린 것'으로 넘어갈 때

12장 고양이 신자의 잘못된 우선순위와 신학 • 197
13장 삶은 공평해야 한다는 주장 • 219
14장 크리스천의 인본주의적 태도 • 229

새로운 방식 -
혼자서 그리고 힘을 합하여 영화롭게 함

15장 당신이 가장 중요하다 • 249
16장 예배는 생활이다 • 263
17장 하나님의 영광을 위하여 • 279

에필로그 • 294
용어 해설 • 300
주 • 302

서문

　이 책에 실린 정보들은, 우리가 전국에서 진행하고 있는 현장 세미나를 통해서 동일하게 얻을 수 있는 내용임을 미리 밝혀둔다. ACMC^{Advancing Churches in Mission Commitment}가 진행하는 '영광 플러스 사역^{UnveilinGLORY}'의 구성원들은 지역 교회를 방문하여 강아지 성도와 고양이 신자에 관한 내용을 가르쳐줄 수 있는 준비되고 훈련된 사람들로 이루어져 있다. 한번 초대해서 들어보라. 그리스도인들이 고양이처럼 생각하기를 멈추고 강아지처럼 하나님의 영광을 위하여 살아가는 삶을 시작하는 데 많은 도움을 줄 것이다. 더 자세한 내용을 알기 원한다면 홈페이지 www.CatandDogTheology.com을 참조하라.

시작하며

    이 책의 주제는 인간과 ^{하나님이 아니라면} 가장 가깝다고 볼 수 있는 두 생물인 강아지와 고양이의 주목할 만한 차이점을 바탕으로 하고 있다.

    이 글을 쓰고 있는 우리는 이 두 동물을 저마다 사랑하는 사람들이 많다는 것을 알고 있기에, 이 사랑스러운 두 동물이 갖고 있는 서로 다른 특징에 대한 우리의 인식에 대해 어느 누구도 화를 내지 않기를 바란다. 왜냐하면 우리는 특정한 동물에 대해서 비난을 하고 있는 것이 아니기 때문이다. 다만 우리는 강아지와 고양이의 특징이, 많은 그리스도인들이 갖고 있는 특정한 신학적 태도와 매우 유사하다는 것을 발견했을 뿐이다.

    특히 이러한 태도는 강아지족과 고양이족들에게 매우 잘 어울리는 것이다. 그러나 우리가 갖고 있는 신앙과 관련해서, 어떤 태도는 우리를 하나님께 더 가까이 가도록 인도하지만, 어떤 태도는 우리를 그분으로부터 더 멀어지게 하는 것이 사실이다.

    우리는 당신이 이러한 태도의 차이점을 분명히 구별하는 방법을 배우고, 그 결과 ^{강아지와 고양이뿐} 아니라 당신으로 인해 기뻐하시는 하나님께 더 가까이 나아갈 수 있기를 소망한다.

1장 CAT & DOG THEOLOGY
강아지 성도, 고양이 신자

나는밥, Bob 아내 데비Debby와 함께 애리조나 주 피닉스에서 산 적이 있었는데, 집 앞마당에 난 잔디를 깎고 그 잔디를 긁어모으는 일까지 합해서 10분이면 끝날 수 있었다. 우리 집 잔디밭은 손바닥만 했기 때문에 강아지 같은 동물은 키울 엄두도 내지 못했다. 그렇지만 나중에 버지니아 주 리치몬드로 이사가게 되었을 때 우리는 아이들에게 강아지 한 마리와 고양이 한 마리를 키우겠다고 약속했다. 그리고 그 약속을 지켰다.

우리는 개와 고양이를 사랑한다.

재스민Jasmine은 하얀 털을 가진 래브라도 잡종이다. 우리는 그 녀석을 버려진 개들을 수용하고 있던 한 수용소에서 구해주었는데, 그때부터 우리와 한 가족이 되었다. 녀석은 잔디밭에서 달리는 것을 무척 좋아하며,

우리가 차를 타고 집 앞에 들어서면 우리를 열렬히 환영하는 공식 접대원이 된다.

재스민이 들어오고 난 뒤 어느 날, 우리는 피아노 연습을 하러 가다가 새끼 고양이의 흔적을 발견했다. 그리고 지금은 고양이 한 마리를 갖게 되었다. 심바Simba 역시 우리 마음속에 한 자리를 차지했다. 심바는 부엌 의자에 앉아서 자는 것을 좋아하고, 밤에는 우리 식구들이 자는 침대에도 모습을 드러낸다.

하지만 나는 개와 고양이는 매우 다르다는 점을 발견했다.

내 차가 집 앞에 들어서면 재스민은 자기 개집에서 뛰쳐나와 마치 공식 접대원이라도 된 듯이 자동차로 달려와 퍼레이드를 벌이기 시작한다. 내가 차를 세울 때까지 자동차 옆에서 나란히 달리며 내가 문을 열 때까지 열심히 짖어댄다. 그런 다음 문이 열리면 얼른 앞발을 차 안으로 들이민다. 그러면 나는 녀석의 귀 뒤쪽을 긁어주고, 녀석은 열심히 꼬리를 흔들어댄다. 우리는 이 짧은 순간을 함께 즐긴다. 누가 보더라도 그 순간에 재스민과 내가 깊은 유대감과 사랑을 나누고 있다는 것을 알 수 있을 것이다.

그렇지만 집 안으로 들어가 고양이가 누워 있는 방 안에 들어서면 그 녀석에게서는 나를 향한 어떠한 사랑의 증거도 찾아볼 수가 없다. 나는 녀석을 향해 입 맞추는 시늉을 하며 '쪽' 소리를 내보지만 녀석은 내게 아는 체도 하지 않는다. 정말로 손가락 하나 까딱이지 않는다는 표현이 맞다. 녀석이 내게 보이는 유일한 동작이 아는 체하는 동작인데, 그것은 내 쪽으로 걸어와 자기 머리를 내 다리에 대고 '표시'를 하는 것이다. 이것은 "친구, 당신은 내 거야"라고 말하는 녀석의 의사 표시다. 그렇지만 녀석은 곧 내게서 떠나서 다른 의자에도 똑같은 '표시'를 한다. 나라는 존재가 고양이에게 겨우 따뜻한 피가 흐르는 의자로 전락하는 순간이다. 고양의 삶에 겨우 의자만 한 의미로 격하된다는 것은 정말 자존심 상하는 일이 아닐 수 없다. 그렇다. 두 녀석은 달라도 너무 다르다!

또한 두 녀석이 집 밖에서 하는 행동에서도 천지 차이가 난다.

재스민은 밖으로 나가고 싶을 때면 부엌문 앞에서 깡충깡충 뛰면서 짖어대는 것으로 자기가 밖으로 나가고 싶다는 사실을 알린다. 그리고 문이 열리면 문을 벗어나 총알처럼 밖으로 뛰어나간다.

반면에 심바는 밖으로 나가고 싶을 때면 현관문 옆에 있는 창문 옆에 선다. 그 행동은 녀석이 밖으로 나갈 시간이 되었다는 표시다. 그러면 나는 현관으로 가서 문을 열고 그 뒤에 있는 방충문마저 열어놓는다. 그러면 심바는 어떻게 하는지 아는가? 아무 짓도 하지 않는다. 녀석은 그냥 그 자리에 앉아서 밖을 바라본다 내가 문을 열어주었다는 것을 잘 알고 있으면서도 말이다. 녀석은 한참 동안 밖을 바라본 다음 마치 '내가 정말 밖에 나가고 싶은 걸까?'라고 생각이라도 하는 것처럼 한동안 집안을 바라본다. 그런 다음 다시 밖을 바라보고 이따금씩 발바닥을 핥는다 확실하진 않지만 고양이 나름대로 갖고 있는 시계를 확인하는 것이 아닌가 생각된다.

물론 인내는 나의 가장 큰 장점이 아니기 때문에 나는 심바의 이름을 부르고 입술로 소리를 낸 다음 조금 기다린다. 그러면 심바는 다시 창문을 통해 밖을 보고는 다시 열린 문과 밖을 보고 또 안을 바라본다. 녀석은 이런 행동을 몇 분이고 계속한다. 이윽고 급할 게 없다는 심정으로 녀석은 조심스럽게 문턱을 넘어서 천천히 대단한 바깥 탐험을 나서기 시작한다. 그리고 그 와중에 인내심을 발휘하여 문에 표시를 한다.

그러나 녀석은 새로운 영역으로 향하는 마지막 걸음을 내딛기 직전에 걸음을 멈추고 자리에 앉는다. 그러고는 밖을 보다가 다시 안을 보고, 다시 밖을 보고 또 안을 본 다음 나를 바라본다. 이런 일은 몇 차례 계속되기도 한다. 그동안 나는 계속해서 문을 열어놓고 기다리고 있다 여기서 인내는 나의 특기가 아님을 기억하라. 나는 결국 화가 치밀어올라 고양이를 집 밖으로 걷어차고 만다 물론 부드럽게 말이다. 왜냐하면 아이들이 볼 수 있기 때문이다.

많은 사람들이 한결같이 하는 말이 있다. 강아지에게는 주인이 있지만 고양이에게는 부하 직원이 있다는 것이다. 사람들이 예로부터 충성, 봉사, 성실과 같은 덕목을 개에게 돌리는 것이 바로 이런 이유에서다. 그러나 고양이는 독립적이고 냉담하다는 평가를 얻고 있다. 개와 고양이의 차이점을 완벽하게 보여주는 한 가지 우스갯소리가 있다. 개는 이렇게 말한다. "당신이 나를 귀여워해주고, 먹여주며, 보살펴주고, 사랑해주는것을 보니 당신은 하나님이 분명해요." 반면 고양이는 이렇게 말한다. "당신이 나를 귀여워해주고, 먹여주며, 보살펴주고, 사랑해주는 것을 보니 내가 하나님인 것이 분명하군요."

개와 고양이의 이런 차이점은 오늘을 살아가고 있는 그리스도인들의 신앙 색깔에서도 유사하게 발견된다. 우리는 그 신앙을 각각 '강아지 신앙'과 '고양이 신앙'이라고 부른다. 강아지는 이렇게 말한다. "주인님, 당신은 나를 사랑하고, 내게 풍성한 복을 주며, 나를 위해 자기 생명을 줍니다. 당신은 하나님 God 이 분명합니다." 반면에 고양이는 이렇게 말한다. "주인님, 당신은 나를 사랑하고, 내게 풍성한 복을 주며, 나를 위해 자기 생명을 줍니다. 나는 분명 신 god 입니다."

고양이가 말한 신이 '소문자 g'로 쓰여졌다는 사실에 주목해야 한다. 고양이들 혹은 고양이 신앙을 가진 신자들이 실제로 "나는 하나님 God 이 분명해"라고 말하지는 않는다는 사실에 주목하라. 그들은 그런 말이 정치적으로나 성경적으로 옳지 않다는 사실을 잘 알고 있다. 따라서 강단에서는 결코 고양이 신학을 가르치지 않는다. 또한 노래로 만들어 부르지도 않으며, 세미나에서 가르치지도 않는다. 따라서 드러내놓고 "나는 하나님이 분명해"라고 말하지는 않는다. 대신 우회적으로 돌려서 "내가 모든 것의 중심이야" 혹은 "모든 건 내게 달렸어! 하나님은 우리를 위해 이 모든 것을 해주셨어! 인생은 내 것이야! 나는 하나님이 나를 위해서 죽으실 뿐 아니라 살아나실 만한 가치가 있는 사람이 분명해!"라고 분명히 밝힌다.

🐾 순종, 영광 그리고 축복

강아지와 고양이가 각기 자기 삶 속에서 순종하는 모습을 보면 강아지 성도와 고양이 신자가 어떻게 다른지 확연하게 알 수 있다. 강아지는 자기 주인에게 순종하는 법을 배운다. 반면 고양이는 자기 주인이 자기에게 순종하기를 원한다. 앞에서 말한 농담처럼, 강아지에게는 주인이 있지만 고양이에게는 부하가 있다. 신앙적인 면에서 강아지 성도는 하나님께 순종하기를 원하지만, 고양이 신자들은 하나님이 자기를 따르기를 원한다.

드번 프롬케 DeVern Fromke 는 그의 명저 「충만한 분량에 이르기까지 Unto Full Stature」에서 이렇게 말하고 있다. "오늘날 우리가 사람 중심의 회개라는 수확물을 거두어들이고 있는 것은 우리가 하나님보다는 사람에게 더 많은 관심을 기울이고 있기 때문이다. 우리는 하나님을 섬기는 사람보다는 사람을 섬기는 하나님에 더 많은 관심을 갖고 있는 것이다."[1] 이러한 태도는 고양이 신자들의 기도 생활 가운데 반영되어 있다. 그들의 초점은 자신의 삶, 자신의 부족함 그리고 자신이 원하는 것들에 맞추어져 있다. 그들의 기도는 수많은 '나를'과 '나의'로 이루어져 있다. 이 부분은 다음 장에서 더 자세히 다룰 것이다.

「예수님처럼 기도하라Praying Like Jesus, 엔크리스토」에서 제임스 멀홀랜드James Mulholland는 이렇게 말하고 있다. "나는 지난 12월에 산타클로스에게 소원을 빌었다. 그리고 그해 남은 기간 동안 하나님께 간구했다. 내가 진정 바라는 것은 어떻게 하면 하나님으로 하여금 내가 원하는 것을 주실 수 있게 하는가이다. 내 소원은 하나님을 아는 것보다는 그분을 내 마음대로 움직이는 것이다. 따라서 기도 역시 자기 중심적이다. 내게 복을 주세요. 나를 보호해주세요. 나를 돌봐주세요."[2] 기독교 역사상 가장 큰 개혁에 불을 당기는 일에 쓰임받은 마틴 루터는 이렇게 말했다. "죄의 본질은 사람이 모든 것 안에서, 심지어 하나님 안에서조차 자신의 것을 구하는 것이다."

그렇다. 고양이 신자는 자기를 위하여 하나님을 믿는다. 그리고 그들은 결코 그렇게 말하지는 않지만, 만일 누군가 그들에게 그리스도를 따르는 것보다 더 나은 삶을 줄 수 있게 되면 그들은 그것을 진지하게 고려할 것이다. 왜 그럴까? 고양이 신자들은 하나님 중심의 삶이 아니라 자기 중심의 삶을 살기 때문이다. 고양이 신자가 기독교에 들어서는 것은 그것으로부터 자신이 무엇을 얻을 수 있기 때문이지 하늘 아버지의 영광을 비출 기회를 얻기 위함이 아니다.

강아지 성도는 이렇게 말한다. "아니야, 그것은 하나님의 영광을 위한 거야." 그리고 그들은 로마서에 나타난 바울을 통해 배운다. 바울은 로마서 15장 8-9절에서 그리스도의 죽음에 대해 이야기하고 있다. 그는 이렇게 말한다. "내가 말하노니 그리스도께서 하나님의 진실하심을 위하여 할례의 수종자가 되셨으니 이는 조상들에게 주신 약속들을 견고케 하시고…."

여기서 잠깐 멈추라. 바울이 지금 어떤 말을 하고 있는지 주목하라. 그는 그리스도께서 왜 이땅에 오셨는지를 다음과 같이 선언하고 있다. 그것은 완전한 삶을 살고 고통스러운 죽음을 맞이하기 위해서다. 이것은 매우 중요한 열쇠다. 그 이유가 무엇일까? 바울은 말한다. "이방인으로" 아마도 이 책을 읽는 사람들은 대부분 이 안에 포함될 것이다 "지옥에 가지 않게 하시려고."

틀렸다. 로마서 본문은 바울이 그 말을 하기에 너무나 알맞은 장소이긴 하지만 그렇게 말하고 있지 않다. 만일 바울이 그렇게 말하지 않았다면, 도대체 뭐라고 했는가? 그는 이렇게 말했다. "이방인으로 그 긍휼하심을 인하여 하나님께 영광을 돌리게 하려 하심이라" 롬 15:9. 우리는 모두 다 어떤 목적을 위해 구원받았다. 그것은 하나님의 긍휼하심을 인하여 그분께 영광을 돌리는 것이다. 우리의 구원에는 목적이 있고, 그 목적은 단순히 지옥에 가지 않는 것 정도가 아니다.

🐾 만일 우리를 위해서라면…

고양이는 숲속에 들어가면 길을 잃는다. 왜냐하면 나무에만 초점을 맞추기 때문이다. 고양이는 자기 눈에 매일매일 슬쩍 비치는 세상에만 초점을 맞추다가 전체 그림을 놓치고 만다. 한번 생각해보라. 만일 당신이 하나님이고, 인간을 위한 환경을 창조할 예정이라고 해보자. 그러면 당신은 그들을 위해 모든 것을 계획하지 않겠는가? 그렇지만 우리 주위에 있는 모든 것들은 우리가 보기에는 우리를 위해 계획된 것이 아니라 하나님을 위해 계획된 것이다. "만물이 그에게 창조되되 하늘과 땅에서 보이는 것들과 보이지 않는 것들과 혹은 보좌들이나 주관들이나 정사들이나 권세들이나 만물이 다 그로 말미암고 그를 위하여 창조되었고"골 1:16. 그분은 우리를 위해 모든 것을 베푸셨지만, 그 모든 것은 그분을 위한 것이다.

만일 그것이 우리를 위한 것이라면, 왜 하나님이 지구의 4분의 3을 물로 덮이게 만드셨겠는가? 깊이 생각해보라. 우리 인간들은 지구 표면의 4분의 3 위에는 존재하지도 못한다. 만일 하나님이 우리를 위해 이 세상을 만드셨다면, 우리가 지구 표면의 4분의 3 위에는 존재할 수도 없게 만드신 것은 어리석은 일이 된다. 그렇지 않은가? 하지만 하나님은 어리석은 분이 아니시다. 세상은 우리가 아니라 하나님을 위해 창조된 것이다.

그리고 물속에 있는 것들은 또 어떤가? 그것들 역시 하나님을 위해 창조되었다. 그렇기 때문에 황새치를 갓 잡아 올리면 찬란하게 광채가 나는 아름다운 빛깔을 볼 수 있지만, 햇빛 아래서는 그 빛깔이 겨우 30초만에 사라지므로 계속해서 감상할 수는 없다. 황새치가 갖고 있는 아름다움은 물속에서 하나님께 보여드리기 위해 디자인된 것이지 우리를 위해 만들어진 것이 아니다. 그 아름다움은 하나님을 위한 것이다.

만일 모든 것이 우리를 위한 것이라면 왜 강아지는 들을 수 있는데 우리 귀로는 듣지 못하는 소리가 있겠는가? 이 생명과 창조가 우리를 위한 것이라면 왜 하나님은 그렇게 만드신 것일까? 왜 하나님은 우리보다 더 좋은 시력을 가진 독수리를 지으셨을까? 그것은 공평해 보이지 않는 일이다. 왜 망아지는 태어나자마자 바로 걸을 수 있는데, 사람은 9개월이 지나야 겨우 기는 법을 배울 수 있을까? 하나님은 우리에게 가야 할 장소, 만나야 할 사람 그리고 해야 할 것들이 있다는 것을 모르시는 것인가?

왜 우리 몸은 늙어가는가? 왜 하나님은 우리가 삶을 시작하고, 중년에 인생의 황금기에 도달하게 하신 후, 노년을 맞아 몸과 마음이 늙어갈 때 다른 사람들을 전적으로 의지하도록 만드신 것일까? 왜 하나님은 우리에게 잠이 필요하도록 만드셨을까? 당신은 기린이 한 번에 5분씩 토막잠을 자고, 그 시간을 모두 합해도 하루에 2시간이 넘지 않는다는 사실을 아는가? 하나님은 우리도 기린처럼 만드실 수 있었지만 그렇게 하지 않으셨다. 그분은 우리가 하루에 여덟 시간씩 꼼짝도 않고 바닥에 누워 세상이 어떻게 돌아가는지도 모르게 만드셨다. 활동하기 좋아하는 행동파들에게는 그 시간이 얼마나 아깝게 느껴지겠는가!

왜 우리 눈에 보이지도 않는 은하계가 존재하는 것일까? 그러니 그 은하계가 우리를 위해 만들어졌다는 것은 말도 안 되는 일이지 않은가! 그리고 왜 우리는 카멜레온처럼 겉모습을 바꿀 수 없는 것일까? 왜 우리는 "난 아프리카 사람처럼 보이고 싶어. 난 아시아 사람처럼 보이고 싶어. 난 코카서스 인종처럼 보이고 싶어. 나는 라틴 민족처럼 보이고 싶어" 혹은 "주님, 내 머리카락이 더 많아져야겠습니다"라고 말할 수 없는 것일까?

하나님이 만물을 자기가 원하시는 대로 창조하신 것은, 그것이 우리를 위한 것이 아니기 때문이다. 그것은 모두 그분을 위한 것이고, 그분은 그 일이 자기 마음에 들기 때문에 그렇게 하신 것이다. "우리의 주님이신 하나님, 주님은 영광과 존귀와 권능을 받으시기에 마땅하신 분이십니다. 주님께서 만물을 창조하셨으니, 만물은 주님의 뜻을 따라 생겨났고, 또 창조되었습니다" 계 4:11, 표준새번역.

🐾 살짝 엿본 계시

요한계시록 4장에서 요한이 어렴풋이나마 바라본 하늘나라를 통하여 우리는 우리를 겸손하게 만들면서도 도전이 되고 자유를 얻게 해주는 몇 가지 내용을 배운다. 요한은 8절에서 네 생물이 하나님께 영광을 돌리고 있는 모습을 보고 있다. "거룩하다 거룩하다 거룩하다 주 하나님 곧 전능하신 이여 전에도 계셨고 이제도 계시고 장차 오실 자라"계 4:8. 여기에서 사람에 대한 언급은 아무것도 없는가? 전혀 없다.

왜 요한계시록에 등장한 그 생물은 우리에 대해 전혀 언급하지 않았을까? 그 답은 간단하다. 그들은 하나님의 영광과 경이로움에 압도되어서 다른 것은 전혀 중요하게 느끼지 못했기 때문이다. 모든 것은 하나님과 그분의 놀라운 위엄을 위한 것이다. 장로들은 이 광경을 보고 그들과 동참했다. 그들이 어떻게 말했는지 주목하라.

> 그 생물들이 영광과 존귀와 감사를 보좌에 앉으사 세세토록 사시는 이에게 돌릴 때에 이십사 장로들이 보좌에 앉으신 이 앞에 엎드려 세세토록 사시는 이에게 경배하고 자기의 면류관을 보좌 앞에 던지며 가로되 우리 주 하나님이여 영광과 존귀와 능력을 받으시는 것이 합당하오니 주께서 만물을 지으신지라 만물이 주의 뜻대로 있었고 또 지으심을 받았나이다 하더라(계 4:9-11).

여기서 "만물이 주의 뜻대로 있었고 또 지으심을 받았나이다"11절라는 구절은 "그들은 당신을 기쁘시게 하기 위해 지음을 받았고 또한 존재하니다"라고 번역될 수 있다.

창조된 모든 것은 하나님을 기쁘시게 하기 위해 존재한다. 당신은 이 말이 무엇을 의미하는지 아는가? 그 의미는 다음과 같다.

- 개가 사람이 듣지 못하는 소리를 듣는 것은 그것이 하나님을 기쁘시게 하기 위함이다.
- 지구의 표면 대부분이 물로 덮인 것은 그 사실이 하나님을 기쁘시게 하기 때문이다.
- 독수리가 사람보다 뛰어난 시력을 갖고 있는 것은 그 사실이 하나님의 얼굴에 미소를 지으시게 하기 때문이다.
- 망아지는 태어나자마자 바로 걷지만 아기는 9개월이 지나야 겨우 길 수 있는 것은 하나님이 그렇게 되기를 원하시기 때문이다.
- 우리의 몸이 늙는 것은 우리로 하여금 영광을 받으시기에 합당한 유일한 분이신 하나님께 소망을 두게 하기 위함이다.
- 우리가 잠을 자는 것은 우리가 졸지도 아니하시고 주무시지도 아니하시는 하나님이 아님을 깨우쳐주기 위함이다.
- 은하계가 경이로운 광채를 내뿜으며 존재하는 것은 만물을 지으시고 각 별들의 이름을 붙이신 분을 기쁘시게 하기 위함이다.
- 우리가 우리의 겉모양을 바꾸지 못하는 것은 만일 우리가 그렇게 할 수 있게 되면 자신에게만 신경을 쓰다가 영광과 존귀와 찬송을 받기에 합당하신 분을 까맣게 잊을 수 있기 때문이다.

삶은 우리를 위한 것이 아니라 하나님을 위한 것이다!

2장 CAT & DOG THEOLOGY
강아지 성도와
고양이 신자의 차이점

　오래전에 나는 호주에 있는 한 교회에서 목회를 했다. 그때 샤론Sharon 과 내가 그 지역에서 오랫동안 지냈기 때문에 사람들은 우리에 대해 잘 알았다. 그중 한 부부가 나에 관해 두 가지 사실을 기억하고 있었다. 그들은 내가 특정한 채소를 매우 싫어하고, 유머 감각이 많다는 사실을 알았다. 내가 마음 내키는 대로 우스갯소리를 할 뿐 아니라 상대방의 농담도 자연스럽게 받아들인다는 것을 잘 알았다.

　어느 날 저녁 우리는 교회에서 그 부부와 함께 저녁식사를 하고 있었다. 그쪽 부인은 내가 가장 좋아하는 호주식 디저트 가운데 하나인 파블로바Pavlova를 공들여 만들어주었다. 이 근사한 별미가 무엇인지 익숙하지 않은 사람들을 위해 설명을 덧붙이자면 파블로바는 케이크와 비슷한 것인데 겉에 달걀 흰자와 설탕을 반죽해 구워 만든 딱딱한 머랭meringue이 입혀져 있는 디저트다.

저녁식사를 하면서 멋진 교제를 나눈 뒤에 그 부인은 커피와 디저트를 내놓았다. 나는 디저트를 본 순간 눈에 불이 켜졌다. '파블로바 아냐!' 나는 한 조각 먹고 싶어서 참을 수가 없었다. 내가 그 남편과 대화에 빠져 있는 동안 그 부인이 한 조각을 잘라 내 접시 위에 담아주었다.

나는 포크로 파블로바 조각을 집다가 뭔가 작고 단단한 물체가 안에 있는 것을 발견했지만 대화에 열중하느라 그것에 신경 쓰지 못했다. 그리고 그 부부가 나를 바라보고 있다는 것을 발견했지만 그것 역시 신경 쓰지 못했다. 그렇지만 파블로바 한 조각을 입에 넣는 순간 왜 그 부부가 함께 나를 쳐다보았는지 알 수 있었다. 그 부인이 하얀 케이크 안에 꽃양배추를 넣은 것이었다.

그 파블로바는 오늘날 교회 안에서 만나는 강아지 성도와 고양이 신자의 모습에 완벽하게 대응한다. 외부적으로 강아지 성도와 고양이 신자의 차이점에 대해 말하는 것은 매우 어려운 일이다. 왜 그런가? 겉으로 보기에 강아지 성도와 고양이 신자는 거의 흡사하게 보인다. 그래서 겉모습만으로는 구분하기가 쉽지 않다. 그들은 모두 그리스도를 자신의 삶 가운데 모셔들였다. 그들은 모두 교회에 다니고, 기도하며, 경건의 시간을 가지고, 겉으로 보기에 모든 일들을 거의 똑같이 한다. 그러나 내부적으로 보면 전혀 다른 마음가짐이 자리하고 있다. 한 사람은 "모든 것은 나를 위한 거야"라고 말하고, 다른 한 사람은 "모든 것은 하나님을 위한 거야"라고 말한다.

🐾 천국에 가고자 하는 두 가지 마음

우리 교회 안에서 고양이 신앙을 가진 사람과 강아지 신앙을 가진 사람의 차이점이 하나 있다. 그것은 그들을 천국으로 인도하는 것이 무엇인지를 보면 알 수 있다. 강아지 성도와 고양이 신자는 매우 다른 동기에서 천국에 간다. 천국에 이르는 길은 같지만 그곳에 가고 싶어하는 이유는 매우 다를 수 있다.

고양이 신자들은 지옥을 보는 순간 그곳에서부터 걸어서, 혹은 뛰어서 도망간다. 만일 지옥이 맨 오른쪽에 있고 천국이 맨 왼쪽에 있다면, 고양이 신자들은 오른쪽에서 왼쪽으로 천국을 향해 움직인다. 그러나 그들은 초점을 지옥에 맞추고는 뒷걸음질치며 이렇게 말한다. "난 지옥에 가고 싶지 않아. 난 지옥에 가고 싶지 않아. 난 지옥에 가고 싶지 않아."

고양이 신자들은 자신이 그리스도를 자신의 삶 가운데 모셔들일 수 있다는 것을 안다. 그래서 고개를 숙이고 기도를 드린다. 그런 다음 약간의 믿음을 가지고 이렇게 말한다. "주님을 찬양하라. 우리는 이제 지옥에 가지 않는다." 고양이 신자가 그런 일을 할 때는 대부분 자기 자신에게 초점이 맞추어져 있다. 그들의 초점은 오직 자기 인생뿐이다. 그들은 자기 어깨 너머를 살짝 보면서 그리스도를 어렴풋하게 본다. 비록 그것이 그렇게 나쁜 시작은 아니지만 하나님이 원하시는 것에는 한참 부족하다.

예상했겠지만 강아지 성도들은 다른 이유에서 천국에 가기를 원한다. 강아지 성도 또한 지옥에서 벗어나 천국으로, 오른쪽에서 왼쪽으로 움직이지만, 그들은 앞으로 전진한다. 지옥은 그들 뒤에 있고, 천국은 그들 앞에 있다. 강아지 성도는 말한다. "나는 아름다울 뿐 아니라 아름다움 그 자체이신 분을 발견했다. 나는 강하실 뿐 아니라 능력 그 자체이신 분을 발견했다. 나는 사랑하실 뿐 아니라 사랑 그 자체이신 분을 발견했다. 나는 그분께 내 삶을 드려야 한다."

강아지 성도의 구원은 마태복음 13장 44절에 묘사되어 있다. "천국은 마치 밭에 감추인 보화와 같으니 사람이 이를 발견한 후 숨겨두고 기뻐하여 돌아가서 자기의 소유를 다 팔아 그 밭을 샀느니라."

그 농부는 먼저 보화를 발견했고, 이어서 자기가 가진 것을 모두 팔아 그 밭을 샀다는 사실에 주목하라. 그는 이 모든 일을 기쁨으로 행했다. 그는 기쁨 가운데 자기가 가진 모든 것을 팔았고 그 밭을 산 것이다. 왜 그런가? 그는 자기가 가진 모든 것보다 더 귀한 가치를 가진 보화를 발견했다. 그는 이 한 가지 커다란 보화를 얻기 위해 기쁨으로 다른 모든 재산을 포기한 것이다.

우리는 세미나를 개최할 때 항상 다음과 같은 질문을 던진다. "여러분 가운데 아무런 기쁨도 없는 그리스도인을 알고 계신 분은 몇 분이나 됩니까?" 그러면 청중 가운데 상당수가 손을 든다. 우리는 왜 그렇게 많은 그리스도인들이 기쁨을 얻지 못하고 있는지 한 가지 이유를 발견했다. 그들의 구원은 기본적으로 화재 보험과 같은 것이어서 자기 자신에게 초점을 맞춘 채 지옥을 벗어났다는 것에 불과하다. 그들은 결코 보화를 발견하지 못했다. 한번 생각해보라. 지옥을 벗어나는 것만으로는 기쁨이 없다. 안도의 한숨은 내쉴 수 있을지 몰라도 거기에 기쁨은 없는 것이다.

🐾 구원의 확신

강아지 성도와 고양이 신자에게 구원의 확신은 다르게 나타난다. 많은 고양이 신자들은 자신이 '기도를 드리기' 때문에 그리스도인이라는 것을 잘 알고 있다. 그들과의 대화는 이런 식으로 진행될 수 있다.

"그러니까 당신은 그리스도인이 맞는 거죠?"

"아, 그럼요." 고양이 신자는 이렇게 말한다. "제가 기도를 했거든요. 제 기억에, 그때가 아마 초등학교 6학년 때일 거예요. 목사님이 회개의 초청을 했는데, 그때 무언가 저를 자리에서 일어나게 만들었습니다. 저는 하나님이 그렇게 하셨다는 것을 알았어요. 저는 얼굴이 눈물로 범벅된 채 강단 앞으로 걸어나갔고 제 삶을 예수님께 드렸지요."

"그럼, 지금 당신의 삶은 어떻습니까?"

"아, 그렇게 좋지는 않습니다." 고양이 신자는 계속해서 말한다. "곧 이혼할 예정입니다. 덕분에 아이들이 고생이죠. 아이들에게 상처를 주고 싶지는 않지만, 그 사람과는 더 이상 살 수 없습니다."

"그럼, 경건의 시간은 어떻게 된 거죠?"

"어, 그건 전혀 하고 있지 않아요. 물론 꼭 해야 한다는 것은 알고 있지만, 솔직히 말해서 전 지금 하나님께 화가 나 있거든요. 아니, 분노하고 있다고요."

"그렇지만 당신은 그리스도인이잖아요."

"아, 그럼요. 난 기도를 드렸거든요."

이 구원은 누군가 고양이 신자에게 "당신은 그리스도인인가요?"라고 물을 때 "예, 난 구원받았어요!"라고 말하게 만든다. 고양이 신자가 한 말은 무슨 의미인가? 그가 생각하는 기독교는 구원받아 지옥에 가지 않는 것이다. 기독교는 자기를 지옥에 가지 않게 하는 것에 초점이 맞추어져 있고, 모든 것은 자기 인생을 중심으로 돌아간다.

강아지 성도는 자신이 그리스도인이냐는 질문에 전혀 다르게 대답한다. 강아지 성도와의 대화는 이런 식으로 진행될 것이다.

"당신은 그리스도인인가요?"

"아, 그럼요." 강아지 성도는 대답한다.

"그걸 어떻게 알죠?"

"아, 저는 그리스도를 향한 뜨거운 마음을 갖고 있고, 그분의 영광이 빛나는 것 이상을 원합니다. 저는 그분의 영광이 일터와 가정, 내 삶의 모든 영역 그리고 지구상 모든 나라에 퍼지기를 원합니다."

"당신도 기도를 했나요?"

"어렸을 때 기도를 했어요. 그렇지만 대학에 가서야 하나님이 그렇게 멋지고 놀라운 분이란 사실을 알게 되었어요. 그때부터 그분을 기쁘시게 하기 위해 무엇이든 기꺼이 기쁜 마음으로 드리게 되었죠."

고양이 신자는 자신의 구원을 자신이 드렸던 기도를 통해 입증하고, 그것을 근거로 자신이 신자임을 증명한다. 강아지 성도는 자신이 하나님을 갈망하고 있고, 자신의 삶 가운데 그분을 더 많이 원하고 있으며, 자신의 삶을 통해 그분이 빛나기를 바라고 있다는 사실을 통해 자신의 구원을 입증한다. 이러한 소원은 그들이 그리스도인임을 보증한다.

🐾 기도

고양이 신자와 강아지 성도는 기도를 할 때도 전혀 다른 시각에서 한다. 사실 강아지 성도와 고양이 신자는 동일한 내용의 기도를 드릴 수 있지만, 그 의미는 전혀 다르다. 예를 들어, "사랑의 주님, 주님이 우리 교회에 복 주시기를 원합니다"라는 기도를 살펴보자.

이 기도에는 즉각적으로 경고의 깃발이 있어야 한다. 고양이 신자들은 오직 자기네 교회만을 위해 기도하지 그보다 더 큰 하나님 나라나 자기가 살고 있는 지역 내의 다른 교회들 혹은 세상을 위해 기도하지 않는다. 많은 기도의 초점은 언제나 그리고 오로지 자기네 교회에만 맞추어져 있다. 그러나 이러한 사실 외에도 그들의 기도에는 다른 점이 있다. 겉으로 보기에 누가 강아지 성도고, 누가 고양이 신자인지 구별하기 어렵다고 말한 것을 기억하라. 그 차이점은 다만 내적인 면에서만 구별할 수 있다.

내적인 면에서, 고양이 신자는 이렇게 기도할 수 있다. "하나님 아버지, 당신은 우리에게 청소년부를 위한 새로운 교육관이 필요하다는 것을 아십니다. 그리고 하나님, 우리 교회의 주차장이 너무 좁아서 사람들을 잃고 있습니다 교인 수가 줄어들고 있습니다. 그리고 하나님, 오르간이 너무 낡았습니다 카펫은 말할 것도 없고요. 우리는 그저 하나님이 이 사실을 우리 교회 안에 있는 부유한 사람의 마음속에 심어주셔서 그들이 헌금을 하게 해주시고 우리가 하나님의 축복을 받을 수 있게 해주시기를 원합니다."

그러나 하나님은 강아지 성도들이 드리는 동일한 기도에서 전혀 다른 생각을 들으실 수 있다. 강아지 성도가 "사랑의 주님, 주님이 우리 교회에 복 주시기를 원합니다"라고 기도할 때 그 의미는 다음과 같은 것이다. "주님, 우리 지역에 사는 청소년들에게 다가갈 수 있도록 지혜를 주시고, 우리 젊은이들에게 주님의 영광을 온 세상에 펼칠 수 있는 열심과 비전을 주십시오. 그리고 주님, 우리가 어떤 부류의 사람들을 받아들이기를 원하시는지 보여주십시오. 하나님 아버지, 또한 도시 안의 낙후된 지역에 복음을 전하기 위한 발판을 마련할 수 있기를 기도합니다. 그곳에는 하나님의 영광이 드러나지 않고 있습니다. 그리고 그 지역에는 세계 여러 나라에서 이주해온 가족들이 함께 살고 있습니다. 그들에게 어떻게 다가가는 것이 하나님의 영광이 될지 보여주시옵소서."

고양이 신자는 기본적으로 이렇게 말한다. "사랑의 주님, 우리가 담대히 주님 앞에 나아와 우리의 나라를 세우도록 도와주시기를 구합니다." 고양이 신자는 자신이 원하는 것, 자신의 삶을 더욱 편하고 안락하게 만드는 것들을 위해 기도한다. 그래서 그들의 기도는 이런 식으로 들린다. "하나님 아버지, 이런저런 것들을 주시고, 제가 이런저런 것들을 할 수 있게 해주시며, 제게 이런저런 것들을 허락해주십시오."

강아지 성도 역시 하나님 앞에 담대하게 나아가지만 그들은 이렇게 말한다. "주님, 우리는 큰 믿음을 가지고 이 자리에 나왔습니다. 우리가 주님의 나라를 세우기 위해서는 주님의 도움이 필요합니다. 우리는 주님의 이름이 널리 알려지기를 원합니다. 우리는 주님이 우리 기도를 들어주실 것을 압니다."

그들의 기도는 이런 식으로 들린다. "아버지 하나님, 이 아픔 가운데 당신의 영광이 빛나게 하옵소서. 당신의 영광이 내가 우리 부모님과 배우자 그리고 우리 아이들을 대하는 태도 가운데 빛으로 드러나게 하옵소서. 당신의 영광이 드러나지 않는 남아프리카와 북아프리카 그리고 인도와 파키스탄에도 일꾼들을 세우셔서 당신의 영광이 전 세계에 밝히 드러나게 하옵소서."

존 파이퍼John Piper는 많은 사람들고양이 신자의 기도 생활을 집 안에 있으면서 부엌에 있는 것들을 요청할 때 사용하는 인터폰으로 비유했다. 기도는 부엌에 있는 물건들을 가져다달라고 하나님께 구하는 정도가 아니다. 그렇지만 많은 고양이 신자들은 기도를 그런 식으로 사용한다. 강아지 성도는 자신의 나라가 아닌 하나님 나라의 확장을 위하여 기도를 한다.

콜로라도 주에 있는 한 교회가 이런 고양이 신앙으로 선교헌금하나님 나라을 함부로 전용하여 새 오르간자기네 나라을 구입하는 데 사용함으로써 선교사들이 필요한 후원을 받지 못하게 되었다. 그 사람들은 새 오르간을 위해 열심히 기도한 결과 선교에 필요한 금액을 전용하는 일을 합리화하고 자신들에게 초점을 맞추었다그 교회는 몇 년 뒤에 문을 닫았다.

강아지 성도도 축복을 구하는 기도를 드리는가? 물론 그렇다. 그렇지만 그것은 그들의 주된 관심사가 아니라 부수적인 것이다. 그리고 그들이 자신을 위해 기도할 때 그것은 보통 다른 사람들의 삶에 더 큰 영향력을 미칠 수 있기 위함이다. 강아지 성도도 더 멋진 차와 더 큰 집을 달라고 기도하는가? 그렇다. 하지만 그런 것들이 정말 필요할 때에만 그런 기도를 드리는 것이지 단순히 그것들에 대한 욕심이 생겼기 때문이 아니다.

🐾 예배

예배 역시 강아지 성도와 고양이 신자에게 판이하게 다른 부분이다. 고양이 신앙에서 보면, 고양이 신자들은 하나님이 자신들을 위해 행하신 것을 기뻐하며 그분을 예배한다. 바꿔 말하면 이런 것이다. "주님이 저를 위해 행하신 위대한 일들에 감사합니다. 주님은 저에게 이 모든 것을 베푸셨습니다. 주님은 저를 보호하셨습니다. 주님은 이것도 주시고, 저것도 주시며, 또 다른 것들을 주셨습니다. 감사합니다!" 물론 그런 생각 자체에 무슨 잘못이 있는 것은 아니다. 그러나 그것은 모든 것을 자기 위주로 바라본 것이다.

반면에 강아지 신앙을 가진 성도들은 하나님의 하나님 되심을 기뻐하며 먼저 그분께 예배 드린다. 그리고 그분이 자신들을 위해 행하신 일들은 그 다음 것으로 여긴다. 바꿔 말하면 이런 것이다. "오, 하나님 아버지! 당신은 놀라우신 하나님이십니다. 당신은 자비로우시며 공의로우십니다. 당신의 창조는 경이롭고, 당신의 위엄은 장엄합니다. 그리고 하나님 아버지, 당신은 사랑의 하나님이십니다. 당신은 이슬람교도도 사랑하시고, 힌두교도도 사랑하시며, 불교도도 사랑하시고, 우리도 사랑하십니다! 우리는 당신과 당신의 모든 것을 경배합니다. 모든 민족이 당신의 하나님 되심을 인하여 경배하기를 바랍니다!"

당신은 얼마나 많은 노래가 고양이 신자의 시각에서 만들어졌는지 알면 깜짝 놀랄 것이다. 수많은 찬양곡들이 '나', '나를' 그리고 '나의'라는 주제를 담고 있다. 그런 노래들은, 그런 노래를 부르는 이들이 주님으로부터 얻는 것들에 우선적으로 초점을 맞추고 있는 가사들로 이루어져 있다.

그런 노래가 잘못된 것인가? 반드시 그런 것은 아니다. 그것은 그런 찬양을 드리는 사람의 시각에 달려 있는 것이다. 강아지 성도와 고양이 신자가 같은 노래를 부를 수는 있지만 그 노래를 바라보는 관점은 전혀 다르다. 고양이 신자는 자신의 개인적인 영광에 초점을 맞추고 있는 반면에 강아지 성도는 하나님의 영광에 초점을 맞춘다.

한 목사가 주일 아침에 '강아지 성도와 고양이 신자'에 관한 설교를 들었다. 그는 월요일 아침에 사무실에 나가 몇 가지 일을 마치고 음악을 틀었다. 5분 정도 후에 그는 자신이 듣고 있는 노래가 역겨워졌다. 그것은 전적으로 고양이 신자의 시각에서 만들어진 것이었다. 그래서 그는 음악을 꺼버렸다. 강아지 신앙을 이해하는 일은 자신의 삶 가운데 일어나는 모든 일들을 바라보는 시각을 재음미하게 만든다.

주님의 주님 되심

여기서 강아지 신앙과 고양이 신앙 사이의 또 다른 차이점을 살펴보면 그것은 주님의 주님 되심이다. 고양이 신자들에게 주님의 주님 되심은 매우 제한되어 있다. 알다시피 고양이 신자는 즐거울 때에만 하나님을 섬긴다. 그들은 그런 일이 자신의 영혼에 유익이 되며 하나님이 그것을 기뻐하신다는 것을 알고 있다. 그러나 그런 일이 재미가 없어지면 그들은 그분을 '주님'이라고 부르기를 멈추고, 마땅히 해야 할 일인 그분을 섬기는 일을 그만둔다. 그분은 그들이 어떤 혜택을 받을 때에만 그들의 주님이시다.

다만 고양이 신자도 하나님께 가까이 나아가기를 원한다는 사실을 잊지 말라. 그들은 주님의 주님 되심을 원하지만, 그것이 자신의 삶에 방해가 되는 것은 원하지 않는다. 주님이 자신에게 방해가 되기 시작하면 더 이상 그분은 주님이 아닌 것이다. 물론 고양이 신자들은 기독교라는 게임은 계속 즐길 것이다. 그들은 계속해서 교회에 출석하고, 여전히 "주님을 찬양하라"고 말할 것이다. 그러나 마음속으로는 자신의 삶을 편안하게 만드는 것만을 원할 것이다.

그렇지만 강아지 성도들에게 하나님은 언제, 어디서나 완벽한 주님이시다. 강아지 성도는 자신이 원하지 않을 때에도, 설령 그것이 해외로 나가는 일이라 하더라도 순종한다. 강아지 성도는 보화를 발견했을 때 그 가치가 자신의 삶이나 삶 안의 모든 것보다 더 귀한 것임을 분명히 깨달은 사람이다. 그리고 강아지 성도는 높이 뛰라는 명령을 받으면 그저 얼마나 높이 뛰면 되는지만 묻는다. 그들은 온 마음을 다해 순종한다. 왜 그런가? 이는 그들이 하나님 안에 있는 보화를 발견했고, 그들의 초점이 그분을 기쁘시게 하는 것에 맞추어졌기 때문이다.

🐾 절반의 하나님

강아지 성도와 고양이 신자 사이에 또 다른 차이점이 있다. 고양이 신자는 하나님을 절반만 알고 있다. 이게 무슨 말인가? 그들은 하나님의 사랑, 자비 그리고 은혜에 초점을 맞추지만 죄를 미워하심, 분노, 심판에 대해서는 관심을 기울이지 않는다. 고양이 신자는 자신의 삶을 불편하게 만들 수 있는 하나님의 속성에 대해서는 인정하거나 초점을 맞추려 하지 않는다. 그들이 원하지 않는 이런 속성 가운데 하나가 죄에 대한 하나님의 심판이다.

고양이 신자들은 하나님이 자신들을 심판하신다는 생각은 절대 하지 않으려 한다. "하나님은 나를 심판하지 않으실 거야. 그분은 나를 사랑하시거든! 그분은 나를 위해 돌아가셨어! 그분은 나를 심판하기를 원치 않으실 거야!" 미국의 고양이 신자들은 하나님이 자신들이 살아 있는 동안 미국을 심판하실 거라는 생각을 이해하지 못한다. 그들은 겉으로는 말하지 않지만, 하나님 역시 미국 사람일 것이라고 대부분 생각한다. 그들은 하나님의 사랑에 지나치게 초점을 맞추고 있기 때문에 하나님이 자신들이 지은 죄를 미워하신다는 것을 전혀 깨닫지 못하고 있다.

미국이란 나라는 고양이 신앙에 빠져 있다. 가만히 생각해본다면 미국은 근본적으로 다음과 같은 메시지를 하나님께 전달하고 있다는 것을 발견하게 될 것이다.

- 주님, 우리는 당신을 우리 정부 안으로 끌어들이고 싶지 않습니다. 우리는 교회와 국가를 분리시켰거든요.
- 주님, 우리는 당신이 학교 안에 개입하는 것을 원하지 않습니다. 죄송하지만 학교 안에서는 어떤 아이도 기도를 할 수 없습니다.
- 주님, 우리는 당신이 우리의 자궁 안으로 들어오는 것을 원하지 않습니다. 생명에 대한 당신의 정의는 우리의 생각과 너무 다릅니다. 그리고 여성들은 자신의 생각에 따라 낙태를 자유롭게 선택할 권리를 갖고 있거든요.
- 그리고 주님, 우리는 음란물을 인쇄하여 전 세계에 퍼트리고 주님의 말씀에 대적하는 생활 방식을 조장하는 TV 프로그램도 함께 퍼트릴 예정입니다. 우리에게는 언론의 자유가 있기 때문이죠.

- 그렇지만 사랑의 주님, 테러리스트들이 우리를 공격하고 있습니다. 제발 저희에게 복을 주시고 저희를 보호해주세요.

이 얼마나 위선적인 모습인가! 입으로는 "하나님, 미국을 축복하소서"라고 노래하면서 그분을 정부, 학교 그리고 여성의 삶에서 쫓아낸다. 음란물 수출 1위를 달리고 주님이 가증히 여기시는 생활 방식으로 악취를 풍기는 TV 프로그램을 만들어내고 있는 것은 축복해달라는 말과 앞뒤가 맞지 않는다. 당신도 알다시피, 고양이 신자는 권리 하나님의 축복과 보호하심 는 누리려 하면서 의무 하나님의 법 는 지지 않으려 한다. 이것이 바로 그들의 모습이다!

강아지 성도는 하나님이 심판하신다는 사실을 깊이 인식하고 있다. 그들은 다윗이 싸움에 나갈 만한 사람의 숫자를 계산하였을 때 하나님의 심판을 받아 그 결과로 7만 명의 사람이 죽은 사실을 보아 알고 있다 대상 21:1-17. 그들은 모세가, 하나님이 단지 말만 전하라고 하셨는데 반석을 두드린 것으로 인해 하나님께 심판을 받은 사실 민 20:9-12 을 잘 알고 있다.

강아지 성도는 그분의 거룩하심은 그분이 사랑하시는 이들의 불순종을 눈감아주지 않으실 것이며 또한 그분이 사랑하시는 이들을 심판하신다는 사실을 잘 알고 있다. 강아지 성도는 테러리스트의 공격을, 극소수 3천 명 를 희생하여 나머지 미국 전체 2억 9천만 명 가 회개할 수 있도록 하나님이 미국에 보내는 사랑의 경고로 생각한다. 어쩌면 바로 이 순간이 하나님께 대한 외침을 "하나님, 미국을 축복하소서"에서 "미국이여, 하나님을 찬양하라"로 바꾸어야 할 순간일 것이다.

🐾 더 많은 차이점을 원하는가?

고양이 신자에게 성공은 인간의 기준에 의해 규정된다. 우리 교회는 얼마나 큰가? 우리는 해마다 몇 명이 세례를 받는가? 우리 주일학교에는 몇 명이 출석하는가? 반면에 강아지 성도는 하나님의 기준으로 성공을 규정한다. 그들은 '우리 교회가 얼마나 큰가'라고 묻지 않고, '우리 양 떼들은 얼마나 주님께 순종하고 그분을 예배하고 있는가'라고 묻는다.

고양이 신자에게도 회개가 겉으로는 나타나지만 그 안은 자존심으로 뭉쳐 있다. 강아지 성도에게 회개는 삶의 일부분이며 거룩함이 그 안에 심겨져 있다.

고양이 신자는 교회 안에서 즐거움을 얻기를 갈망한다. 강아지 성도들은 하나님을 예배하고 그분의 영광을 드러내기를 갈망한다.

고양이 신자는 머리로 아는 지식을 사랑하며 잡다한 성경 지식을 쌓는 것을 재미있어한다. 그들은 성경에서 발견한 다양한 사실들을 인용할 수는 있지만 그것을 적용하는 일에는 부족함이 많다. 강아지 성도는 자신을 하나님께 더 가까이 인도하는 것들을 좋아한다. 그들은 단지 주님에 관해 아는 것보다는 그분께 순종하는 것에 더 관심이 있다.

고양이 신자는 하나님께 순종하기 전에 전체 그림을 보기 원하지만, 강아지 성도는 주님이 주시는 작은 것에 순종하기를 기뻐한다.

고양이 신자는 교회가 화평 가운데 있다고 믿지만, 강아지 성도는 교회가 전쟁 중에 있다고 믿는다.

고양이 신자는 흐름이 바뀜에 따라 변하게 되는 자의적인 진리를 믿지만, 강아지 성도는 영원히 변하지 않는 절대적인 진리를 믿는다.

고양이 신자는 '자기 만족'의 신앙을 갖고 있지만, 강아지 성도는 '순종'의 신앙을 갖고 있다.

고양이 신자는 자기 자녀가 선교 현장에 나가는 것을 막지만, 강아지 성도는 그들이 선교 현장에 나가도록 격려한다.

고양이 신자는 한 사람이라도 지옥에 보내는 사랑의 하나님을 생각조차 할 수 없는 반면, 강아지 성도는 지옥은 존재하는데, 이는 하나님이 거룩하시고, 공의로우시며, 죄를 심판하시기로 약속하셨기 때문임을 알고 있다.

어떤 고양이 신자는 왜 하나님이 어떤 사람을 몇 가지 한정된 죄 때문에 영원히 고통을 받게 하시는지 짐작조차 하지 못하는 반면, 강아지 성도는 지옥이 영원히 존재하는 것은 무한한 영광이 거절되었기 때문이라는 것을 잘 알고 있다.

고양이 신자는 한 이민자 가정이 옆집에 이사 오는 것을 보고 '새로운 이웃이 왔군' 하고 생각하지만, 강아지 성도는 그것을 다른 문화권에 속한 사람에게 하나님의 영광을 드러낼 기회로 본다.

고양이 신자는 자기 자녀들이 부모의 이름을 높이기를 원하지만, 강아지 성도는 자기 자녀가 하나님의 이름을 높이기를 원한다.

고양이 신자는 직업을 재물을 얻는 수단으로 보지만, 강아지 성도는 직업을 사역의 기회로 본다.

고양이 신자는 하나님을 목적을 위한 수단으로 생각하지만, 강아지 성도는 하나님을 목적으로 생각한다.

이러한 차이점은 한없이 계속 이어질 수 있다.

🐾 경고

그렇다면 당신은 고양이 신자인가, 아니면 강아지 성도인가? 아마도 당신은 그 어느 쪽도 아니어서, 그 둘 사이의 중간 어디쯤에 속한 사람일 것이다.

지난 몇 년 동안 이 내용들이 '우리와 그들'로 편을 가르는 사고방식을 불러일으키는 일에 '남용'되는 것을 보아왔다. 어떤 이들은 이러한 깨달음을 하나님을 더욱 닮아가고 그분의 영광을 위해 살도록 권면하는 데 사용하지 않고, 은연중에 '나는 완전한 강아지 성도야'라고 생각하면서 다른 사람을 '고양이 신자'라고 규정짓고 그들을 판단하는 데 사용해왔다.

짐 터버Jim Thurber, '영광 플러스 사역'의 국제 이사가 어떤 중대한 세미나에서 말한 것처럼 "우리는 모두 순간순간 강아지 성도로 살아가는 고양이 신자일 뿐이다." 아니면 다른 식으로 말해서, 어떤 이들은 가끔씩 '강아지 성도처럼 사는' 고양이 신자이며, 어떤 이들은 가끔씩 자신의 '고양이 신자 같은' 시절로 되돌아가는 강아지 성도다. 우리는 모두 그 중간 어딘가에 존재한다. 어느 상냥한 노부인은 자신은 고양이 신자나 강아지 성도가 아닌 새끼 강아지라고 생각했다. 그녀가 말하고자 했던 것이 바로 여기서 우리가 말하고 있는 내용이다.

이 책에서 말하고 있는 것을 '우리와 그들'로 편을 갈라 그리스도의 몸을 나누는 데 사용하지 말라. 기억하라. 우리 모두에게는 어느 정도의 차이는 있어도 고양이 신자의 모습이 들어 있다는 사실을! 항상 겸손한 마음으로 행하고, 모든 것을 '우리와 우리' 문제로 받아들이며, 다른 이들을 격려하는 가운데 우리 자신이 먼저 그리스도를 더욱 닮아가도록 노력하자.

3장 CAT & DOG THEOLOGY
틀린 것이 아니라 불충분한 것

샤론과 나^{제럴드, Gerald}는 보통 사람과 다른 유머 감각을 갖고 있어서 결혼하고 지금까지 몇 년 동안 많은 추억들을 갖고 있다. 우리는 자주 농담을 하며 장난을 친다^{사실 농담과 장난을 하는 쪽은 나이고, 아내는 조용히 듣고 있다가 정곡을 찌르는 농담이나 못된 장난의 즐거운 희생자가 되곤 한다.}

우리 부부는 잠자는 습관이 서로 다르다. 아내는 아침형 인간이고, 나는 저녁형 인간이다. 나는 아내가 잠자리에 들고 나서 한참 뒤에 침대에 올라가고, 아내가 일어난 지 한참 뒤에 침대를 벗어난다. 그러나 나는 되도록이면 아내가 잠자리에 들기 전에 잠자리를 펴놓고 또 내가 일어난 다음에는 침구를 정리하려고 노력한다.

어느 날 아내가 나의 음흉한 미소를 눈치 채고는 무슨 일이 있었느냐고 물어보았다. 나는 그저 미소만 띤 채 아무 말도 하지 않으려 했다. 아내는 내가 무슨 일을 했고, 무슨 생각을 했는지 계속해서 꼬치꼬치 캐물었다. 그러나 나는 여전히 미소만 지었다. 아내는 계속 내 뒤를 따라왔고 마침내 나는 항복하고서 다음과 같이 말했다. "아무것도 아냐. 그냥 당신 잠자리를 봐준 것뿐이야." 그러나 내 웃음은 아내의 의혹을 더욱 증폭시켰다.

"당신 무슨 일을 벌인 거예요?" 아내가 물었다.

"아니야. 그냥 침대를 정리한 거라구." 내가 대답했다.

"당신 또 시트 한 장으로 두 장처럼 보이게 장난했죠?"

"아니야."

"그럼, 무슨 짓을 한 거예요?"

"아무 짓도 안 했어. 그냥 잠자리를 정리한 것뿐이라고."

"내 베개 숨겼죠?"

"아니."

"침대 커버 감췄죠?"

"아니."

"그럼 도대체 뭘 한 거예요?"

"아무것도 아냐. 의심도 되게 많네." 내 얼굴 표정이 더 음흉하고 장난기 넘치는 표정이 되었다.

"내가 가서 봐야겠어요."

아내는 2층에 올라가서 침대를 보자마자 웃음을 터뜨렸다. 분명히 나는 잠자리를 폈다. 그렇지만 그것은 내가 잠자는 딱 절반만이었다. 침대 절반은 쫙 펴지고, 깨끗하며, 완벽하게 정리되었지만, 나머지 절반은 구겨지고 주름투성이에 엉망이었다.

"잠자리 정리했어"라는 나의 말은 틀린 말이 아니었지만, 완전한 말도 아니었다. 그 말은 전체의 일부분만을 담고 있는데 그것은 있는 그대로의 사실을 왜곡하는 것이다.

TV에서 방영되는 수많은 법정 드라마에서 한 사람이 증인 선서를 할 때는 "일체의 가감 없이 오직 진실만을 말할 것을 맹세합니다"라고 말한다. 여기서 가감 없는 진실이란 어떤 것에 대한 정확한 모습을 제공하는 것이다. 고양이 신앙은 하나님의 말씀, 그분의 뜻 혹은 그분의 방법에 대해 가감 없는 전체 모습을 제공하지 않는다. 고양이 신앙이 틀린 것은 아니지만, 그것은 불충분한 것이다. 그리고 그것은 불충분한 것이기 때문에 그분이 원하시는 것과 그분이 우리에게 말씀하시는 것에 대해 왜곡하고 있다. 이런 일이 그리스도인의 삶 가운데 어떻게 나타나는지 살펴보자.

고양이 신자들은 지옥으로부터 구원을 받았지만 그들을 주인공으로 하는 복음서는 거기서 멈춘다. 그들은 일단 구원을 받은 다음에는 이렇게 생각한다. "할렐루야! 하나님을 찬양하라. 난 이제 천국에 가게 되었다." 그러나 강아지 성도에게 있어서 구원받은 것은 삶의 진정한 목적을 향한 디딤돌에 불과하며 복음이 가장 중요한 것이다. 강아지 성도는 예배하기 위해 지옥으로부터 구원을 받았다. 그들은 자신의 구원이 단 하나의 목적, 곧 하나님의 임재 안에 거하고, 그분을 예배하기 위함이라는 것을 잘 알고 있다. 그리고 강아지 성도는 하루 24시간과 한 주간 내내 그 일을 행하는 법을 배운다.

무엇으로부터 구원을 받은 것과 무엇을 위해 구원을 받은 것 사이에는 엄청난 차이가 있다. 당신이 무엇으로부터 구원을 받으면 당신은 당신 자신에게 그리고 그 구원을 통해 무엇을 얻을지에 초점을 맞추게 된다. 그 경우 구원은 다음과 같은 것이 된다.

- 당신은 지옥에 가지 않게 된다.
- 당신은 자신이 마땅히 치러야 할 대가를 지불하지 않아도 된다.
- 당신은 하나님의 자비를 얻는다.
- 당신은 하나님의 은혜를 받는다.
- 당신은 영원히 하나님과 함께 거한다.
- 당신은 그리스도께서 하나님 아버지의 집에 예비하신 처소를 얻는다.

반면에 당신이 무엇을 위해 구원을 받게 되면, 그때는 하나님께 초점이 맞추어지며, 당신의 구원은 다음과 같은 목적을 지향하게 된다.

- 하나님의 자비를 증거한다.
- 그분을 예배한다.
- 그분이 받으시기에 합당한 영광을 돌린다.
- 그분의 이름을 높인다.
- 그분의 위대하심을 찬양한다.
- 그분을 영원히 찬양한다.

그러면 지옥으로부터 구원을 받는 것이 무슨 잘못이 있는 것인가? 그렇지는 않지만 그것으로 멈출 수는 없는 것이다. 그것만으로는 충분하지 않다. 고양이 신앙은 우리가 천국에 가는 것만으로 만족한다. 강아지 신앙에도 그것이 포함되지만 더 나아가 하나님의 영광을 비추고 드러내는 것이 포함된다.

🐾 기도

불충분한 고양이 신앙은 우리의 기도 가운데 나타날 수 있다. 이 기도문을 자세히 들어보라. "사랑의 주님, 우리 죄를 위해 십자가에서 돌아가신 것을 감사합니다. 아멘." 고양이 신앙의 기도는 여기서 끝이다. 그분이 우리 죄를 위해 십자가에서 돌아가신 것으로 모든 것이 끝나고 모든 것이 종결된 것이다. 거기에는 왜 그분이 우리 죄를 위해 십자가에서 돌아가셔야 했는지에 대한 아무런 언급이 없다. 따라서 그 일은 곧 우리를 위한 것이라는 의미가 된다. 그 기도는 잘못된 것은 아니지만, 충분한 것 역시 아니다.

강아지 성도는 그런 기도를 들으면 이렇게 외치고 싶어한다. "그 다음도 말해! 그 다음이 있어! 그분은 우리 죄를 위해 십자가에서 죽으셨어. 그래서 우리는 그분을 높이고, 그분께 영광을 돌림으로써 그분의 자비하심을 증거할 수 있는 거야!" 그러나 고양이 신자들은 오로지 자기 죄에만 신경을 쓴다. 그래서 그들은 자기 죄가 용서받았다는 것에 대한 감사로 기도를 마치고는 왜 그리스도께서 자기들을 위해 죽으셨는지에 대한 더 큰 이유를 놓치고 만다. "이방인으로 그 긍휼하심을 인하여 하나님께 영광을 돌리게 하려 하심이라" 롬 15:9.

🐾 축복

고양이 신앙은 축복에 대해 충분하지 못한 시각을 갖고 있다. 하나님은 한 가지 이유로 우리에게 복을 주신다. 창세기 12장은 왜 하나님이 아브라함에게 복을 주셨는지 다음과 같이 증거한다.

> 내가 너로 큰 민족을 이루고
> 네게 복을 주어
> 네 이름을 창대케 하리니
> 너는 복의 근원이 될지라
> 너를 축복하는 자에게는 내가 복을 내리고
> 너를 저주하는 자에게는 내가 저주하리니
> 땅의 모든 족속이
> 너를 인하여 복을 얻을 것이니라(창 12:2-3).

하나님은 아브라함에게 복을 주셔서 그로 하여금 그 주위에 있는 사람들뿐 아니라 땅에 거하는 모든 민족들의 복이 되게 하셨다. 하나님은 그와 동일한 이유로 우리에게도 복을 주신다. 우리는 다른 사람들에게 복된 존재가 되기 위해 복을 받았다. 하나님은 그 복이 우리를 통해 땅 끝까지 전해지기를 원하신다.

고양이 신자는 이 복들을 바구니에 담아 자기를 위해 간직하고 있기를 바란다. 그러나 축복은 바구니에 담아놓으라고 주시는 것이 아니다. 강아지 성도들은 자신을 정원에 물을 줄 때 사용하는 긴 호스나 수도관이라고 생각한다. 그들의 목적은 물로 가득 채워져 다른 곳에 전달해주는 것이지 자기를 위해서만 열리고 나오는 수도꼭지와 같은 것이 아니다. 강아지 성도는 그 축복을 누리고 그것을 다른 이들에게 전달한다.

강아지 성도는 자신을 축복의 파이프 혹은 통로로 생각한다. 그들은 하나님이 자신에게 주신 복에는 하나의 계획이 있음을 깨닫는다. 하나님은 내일, 다음 주, 내년 그리고 당신의 남은 생애에 누가 당신을 통해 복을 받을지 아신다. 그분은 당신을 통해 다른 이들을 돌보시며, 그들이 당신을 통해 하나님을 보게 되기를 원하신다. 그분은 모든 언어, 모든 민족 그리고 모든 나라의 사람들에게 알려지기를 원하신다. 이것이 바로 하나님이 당신을 축복하기를 원하시는 가장 중요한 이유다.

그러나 고양이 신자는 다른 이들에게 축복이 된다는 더 큰 목표에 이르지 못하기 때문에 그들에게서 하나님의 목표가 완성되지 못한다. 그들은 하나님이 주신 복들을 나누어 주는 대신 자기를 위해 저장하기만을 좋아한다. 이러한 모습은 우리가 성경을 통해 배운 주일학교 공과들 가운데서 충분히 살펴볼 수 있다. 예를 들어, 사자굴 속에 들어간 다니엘을 보자. 우리는 그 사건을 통해 어떤 교훈을 배우는가? 하나님은 우리가 어려움에 처할 때 우리를 보살피실 것이다. 이 교훈은 틀린 것은 아니지만, 충분한 것은 아니다. 왜 그런가? 그 교훈은 하나님이 우리를 위해 하신 일, 곧 우리에게 복을 주시려는 하나님께만 초점을 맞추고 있다. 그래서 왜 하나님이 우리에게 복을 주시는지에 대해서는 말하고 있지 않다.

당신은 이 이야기를 알고 있을 것이다. 왕이 누가 나쁜 놈인지를 알아내고는 다니엘을 사자굴에서 꺼내고 나쁜 놈들을 그 안에 던져넣는다. 그런 다음 다음과 같은 내용의 조서를 작성하여 그 땅의 모든 임금들에게 전달한다. "내가 이제 조서를 내리노라 내 나라 관할 아래 있는 사람들은 다 다니엘의 하나님 앞에서 떨며 두려워할지니" 단 6:26. 무슨 일이 일어났는가? 이 이방 임금은 전 세계의 모든 이방 임금들에게 하나님을 널리 알린 것이다.

사자굴 속에 들어간 다니엘 사건으로부터 배울 수 있는 또 하나의 교훈은, 하나님이 당신을 보살피시는 것과 마찬가지로 서로 다른 문화와 나라에 속한 백성들도 감동을 받아 당신의 하나님에 대해 자기 나라에 있는 다른 사람들에게 말하게 될 것이라는 사실이다. 그러면 강아지 성도는 이것을 자신의 삶에 어떻게 적용하는가? 그들은 우리에게 우리 주위에 있는 다른 나라와 문화에서 온 사람들과 사귀어 그들로 우리의 삶을 보게 하여 그들에게 하나님을 널리 알리라고 가르쳐준다. 그러나 고양이 신자는 그런 교훈을 좀처럼 배우지 못한다. 그들은 '축복받는 것'에만 만족하고 있는 것처럼 보인다. 그들이 배운 것은 틀린 것은 아니지만 불충분한 것이다.

혹시 또 다른 보기가 필요한가? 솔로몬이 하나님께 세속적인 쾌락 대신에 지혜를 구했다가 지혜와 함께 복도 얻은 일을 기억하는가? 고양이 신자는 그 일을 통해 무엇을 배우는가? 하나님께 지혜를 구하면 하나님은 지혜와 함께 복도 주실 것이다. 이것은 맞는 말이지만, 그 이야기의 절반일 뿐이다. 그럼 나머지 절반은 무엇인가?

강아지 성도는 그 이야기가 솔로몬에 대한 명성과 연관이 있음을 발견한다. 솔로몬은 지구상에 존재하는 그 어떤 왕보다 더 많은 재물과 지혜를 소유했다. 그 결과 하나님이 그에게 주신 지혜를 보기 위해 먼 곳에서도 사람들이 찾아왔다 왕상 10:23-25. 솔로몬은 '국제 지혜 세미나'를 개최한 것이나 마찬가지였다 선교사이자 저술가이며 강사인 돈 리처드슨(Don Richardson)이 이 말을 만들어냈다. 잠언은 솔로몬이 무엇을 가르쳤다고 말하는가? "여호와를 경외하는 것이 지혜의 근본이요 거룩하신 자를 아는 것이 명철이니라" 잠 9:10. 솔로몬은 하나님이 주신 지혜로 하나님을 널리 알렸고 다른 민족들에게 복을 주었다.

이것을 우리에게 어떻게 적용할 수 있을까? 하나님은 미국이 최고의 지식과 기술을 소유할 수 있는 복을 주셨다. 그래서 전 세계의 많은 사람들이 그것을 배우기 위해 미국에 온다. 그리고 그것은 미국에 함께 살고 있는 외국 학생들에게 하나님을 널리 알리는 훌륭한 기회인데, 국제학생 법인International Students Incorporated은 미국 안에 거주하는 외국 학생의 70-80퍼센트는 미국 사람들의 집에 초대된 적이 한 번도 없다고 보고하고 있다. 왜 그런가? 고양이 신앙에 푹 빠져 있기 때문이다. 고양이 신자는 어떻게 하면 하나님께 복을 받을 수 있을지에만 몰두하느라 다른 나라에서 온 학생들을 초대해 함께 삶을 나누고 하나님을 널리 알리는 일은 고사하고 그들을 생각할 시간조차 갖지 않는다.

아직도 더 많은 보기들이 필요한가? 그럼 하나님 앞에서 아무 말없이 조용히 있는 것은 어떤가?시 46:10 당신은 이 말을 알고 있다. 다음 구절을 완성해보라. "너희는 가만히 있어 _____ 알지어다 _____ 받으리라." 어쩌면 당신은 그 나머지 부분을 완성하지 못할 수도 있다. 물론 당신은 "내가 하나님 됨을" 부분은 생각해낼 수도 있다. 그러나 그것은 전체 구절의 3분의 1에 불과하다. 나머지 구절은 뭐라고 말씀하고 있는가? "너희는 가만히 있어 내가 하나님 됨을 알지어다 내가 열방과 세계 중에서 높임을 받으리라." 이것이 시편 46편 10절 전체다. 그리고 이 뒷부분까지 암송하고 있는 사람은 드물다.

왜 그런가? 고양이 신앙은 우리로 하여금 하나님이 우리 안에서, 그리고 우리를 통해서 행하시기 원하시는 것이 아니라 하나님이 우리를 위해 해주신 것들에만 초점을 맞추게 한다. 이 구절의 의미는 무엇인가? 이 구

3장 틀린 것이 아니라 불충분한 것_55

절은 당신이 하나님 앞에서 가만히 있는 동안, 그분과 함께 조용한 시간을 갖는 동안, 그분의 영광을 인하여 그분께 경배하는 동안 하나님은 당신이 하나님의 영광이 지구상 모든 민족에게 전파되는 것에 초점을 맞추기 원하신다. 왜냐하면 하나님이 그렇게 되리라고 선포하시기 때문이다.

당신은 하나님의 영광이 10/40창 북위 10-40도 사이의 지역으로, 전 세계 인구의 3분의 2가 살고 있으면서도 대부분이 비기독교 국가인 지역을 가리키는 말, 역주 가운데 빛나게 되도록 기도해야 한다. 당신은 온 세상에 어떤 일이 일어나고 있는지 관심을 가져야 한다. 당신은 힌두권, 불교권, 중국어권 그리고 복음을 접하지 못한 다른 모든 지역에 필요한 것들을 채워주어야 한다. 당신은 하나님께 추수할 곡식은 많으나 일꾼은 적으므로 일꾼들을 보내달라고 간구해야 한다. 고양이 신자가 알고 있는 것은 틀린 것은 아니지만 불충분한 것이다. 고양이 신자는 나머지 복음의 절반을 더 알아야 한다.

성경에는 그 밖에도 수많은 이야기들이 있는데, 많은 그리스도인들이 반드시 배워야 하는 것들 가운데 절반만 알고 있다. 고양이 신자들이 발견해야 할 또 다른 절반의 교훈들이 있는 것이다. 이 부분에 대해 더 자세히 알고 싶으면 밥 쇼그린 Bob Sjogren 이 집필한 「마침내 드러나다 Unveiled At Last, 죠이선교회」를 읽어보라. 그러면 그 잃어버린 나머지 절반을 확실하게 알게 될 것이다.[3]

🐾 틀린 보기와 가르침

우리는 주로 어디서 이런 잘못된 가르침과 신앙을 배우는가? 그것은 우리 주위에 있는 구체적인 예를 통해서다. 그것은 대부분 말로 전해진 것이 아니라 말로 전해지지 않은 것들을 통해서 온다.

1990년대 초반 2,000명의 젊은 사람들을 대상으로 한 대규모의 기독교 강습회에서 비슷한 규모의 또 다른 기독교 강습회와 전화 통화를 실시했다. 청중들은 수화기에서 "여보세요? 여보세요? 거기 누구 있나요?" 하는 목소리가 들리는 것을 듣고 있었다. 이윽고 상대방과 연결이 되었다. "예, 전화 받았습니다." 그리고 미국 쪽 스피커에서 처음으로 음성이 들려오기 시작했다.

"하나님이 어떻게 복을 주셨나요?" 들려온 대답은 모두 하나님이 그들 모두에게 내리신 축복에 관한 것들이었다. 모두 편하고 건강했지만, 무언가가 빠져 있었다. 그들이 받은 질문은 틀린 것은 아니지만, 불충분한 것이었다. 스피커에서는 "하나님이 어떻게 높임을 받고 계시나요?", "하나님이 어떻게 영광을 받으셨나요?" 혹은 "하나님이 어떻게 찬양을 받으셨나요?"와 같은 질문은 한 번도 나오지 않았다. 그 결과, 모든 것이 우리를 위한 것이라는 개념이 은근히 전달되고 있었다. 우리는 주님이 우리를 위해서 죽으시고 또한 살아나실 만한 그런 존재라고 생각한다. 2,000명의 사람들 앞에 설치된 스피커에서 나오는 그 말은 고양이 신앙이었다.

당신은 기독교 라디오와 강단으로부터 불충분한 고양이 신앙과 불충분한 가르침을 들을 수 있다. 혹시 새장 안에 있는 새에 관한 비유를 들어본 적이 있는가? 그 새는 자신이 새장 안에 갇혀 있다고 느낀다. 그래서 자유롭게 날아가기를 원한다. 그 새는 마음껏 날개를 펴고 자유롭게 날아가기를 원한다. 그러나 그 새는 새장 바로 밖에는 자기를 잡아먹으려고 고양이가 기다리고 있다는 사실을 전혀 알지 못한다. 이 이야기가 주는 교훈은, 그 새는 새장 안에 있는 것이 자신에게 더 좋다는 것이다.

그 교훈은 하나님이 주신 율법과 요구에 갇혀 있다고 생각하는 많은 그리스도인들에게도 똑같이 적용되어야 한다. 그들은 그런 제한된 규정들을 지키며 살아가는 것이 불공평하다고 생각한다. 그러나 새가 새장 안에 있을 때 가장 안전하듯이, 우리는 하나님의 법 안에 있을 때 가장 안전하다. 그 법은 우리를 보호하기 위해 기록된 것이다.

이 가르침은 옳은 것이지만 충분하지 않다. 하나님이 그 새가 고양이에게 죽임을 당하는 것을 허락하시겠는가? 우리는 "아니요. 그런 일은 절대 일어나지 않아요"라고 큰 소리로 대답한다. 왜 그런가? 그것은 우리가 고양이의 입장에서 생각하려 들지 않기 때문이다. 우리는 오직 새(우리)의 관점에서만 그것을 바라본다. 하나님은 우리가 어떤 고난을 당하거나 피해를 입는 것을 결코 원치 않으실 것이라고 생각한다. 따라서 고양이 신자들은 하나님이 바울로 하여금 수차례 매를 맞고, 스데반이 돌에 맞아 죽임을 당하며, 수많은 그리스도인들이 하나님의 영광을 위하여 순교하는 일에 강아지 신앙을 적용하지 못하는 것이다.

위에서 순교를 말하며 '하나님의 영광을 위하여'란 수식어를 붙인 것을 알아챘는가? 그렇지만 우리가 하나님의 축복에 관해 이야기할 때는 그분의 영광이라는 맥락에서 그런 말을 하는 경우는 매우 드물다. 우리는 그저 축복에만 관심을 둔다.

🐾 함축된 의미

이런 생각은 우리가 국가를 위해 기도할 때의 모습을 여실히 드러내 보여준다. 고양이 신자들은 하나님이 미국을 위하여 미국을 축복하시기를 원한다. 그러면서 그들은 더 큰 집과 낮은 이자율을 기대하고, 세금은 적고 기름값은 저렴해져서 더 좋아진 경제를 꿈꾼다.

강아지 성도들은 위에 언급한 이유 때문만이 아니라 미국이 하나님의 영광을 지상의 모든 나라에 가장 많이 수출할 수 있는 나라가 될 수 있도록 하나님이 복 주시기를 원한다. 강아지 성도는 경제가 더 좋아져 단기 선교팀들이 지구 구석구석까지 찾아가 아직 복음을 들어보지 못한 이들에게 영화 〈예수JESUS〉를 상영할 수 있도록 기금을 마련한다. 그리고 장기 선교사들이 해마다 충분한 지원을 받을 수 있게 되기를 기도하고, 미국 교회 안에서 제3세계 선교가 불붙어 자기네 일꾼들을 지원한다. 또한 정치인들이 거룩한 삶을 영위하여 기독교에 대한 평가가 높아질 수 있게 되기를 항상 꿈꾼다. 이것이 바로 강아지 성도들이 미국을 위해 기도하는 내용이다.

아마 당신은 「야베스의 기도 The Prayer of Jabez, 도서출판 디모데」4 란 책을 알 것이다. 그 책은 백만 권 이상이 팔린 베스트셀러다. 그 책의 저자인 브루스 윌킨슨 Bruce Wilkinson 이 강아지 성도의 마음을 갖고 있는 사람이다. 그는 많은 그리스도인들로 하여금 하나님께 자신의 삶과 사역에 복을 주셔서 복음이 땅 끝까지 전해질 수 있게 해달라고 기도하도록 하기 위한 구체적인 목적을 가지고 그 책을 썼다. 그는 처음부터 끝까지 철저한 강아지 성도다.

불행하게도 그 책을 읽는 사람은 고양이 신자들이다. 사람들은 하나님께 더 많이 사역할 수 있는 기회를 달라고 기도하는 것이 아니라 더 큰 집, 더 큰 수입, 더 큰 배기량의 자동차를 위해 기도하고 있다. 그들은 하나님의 축복은 그 자체가 목적이 아니라는 사실을 놓치고 있다. 축복은 그분의 영광을 드러내고, 그분을 널리 알리며, 우리 자신의 언어와 민족과 나라가 다른 지구상 모든 사람들에게 복이 되는 것이다.

우리는 하나님이 주신 축복을 넘어 그 이유가 무엇인지 살펴보아야 한다. 로마서 11장 36절은 이를 이렇게 완벽하게 요약하고 있다. "이는 만물이 주에게서 나오고 주로 말미암고 주에게로 돌아감이라 영광이 그에게 세세에 있으리로다 아멘." 얼마나 많은 것들이 그렇게 된다는 것인가? 만물이다. 그냥 '많이'가 아니고, '대부분의 것'이 아니라, '모든' 만물이다! 그것이 바로 축복을 바라보는 시각이다.

기차가 다니는 철길에 놓여 있는 두 개의 레일과 같은 두 가지 교훈우리가 잘 아는 것과 종종 잊는 것을 생각해보자. 하나의 레일은 우리가 '축복'이라고 부른 것이며우리 모두가 익숙하게 잘 알고 있는 것, 다른 하나의 레일은 우리가 '축복이 되는 것'이라고 부르는 것이다대부분의 크리스천들이 놓치고 있는 부분.

고양이 신자라면 어느 레일 위를 걸어가려고 하겠는가? 바로 '축복'이라고 표시되어 있는 레일 위다. 그들은 하나님이 주신 복을 사랑하고 그것에 초점을 맞추지만, 거기서 멈춘다. 당신이 보기에 강아지 성도들은 어디를 가고 있는가? 대답하기 전에 한번 곰곰이 생각해보라. 아마 그 대답은 당신을 깜짝 놀라게 할지도 모른다. 강아지 성도는 두 철로 위를 모두 걸어갈 것이다. 강아지 성도들은 축복을 누릴 뿐 아니라 그 자신이 축복의 통로가 된다.

이 점을 명심하라. 강아지 성도의 신앙은 고양이 신자의 신앙을 빼버린 것이 아니라, 그것을 채워 완성한 것이다.

'강아지 성도의 교회'는 오로지 하나님께만 초점을 맞추기 때문에 그 안에서 인간적인 면들을 하나도 찾아볼 수 없을 것이라고 생각하지 말라. 그렇지 않다. 사람들로 하여금 하나님의 사랑과 하나님이 부어주시고자 하는 축복을 알지 못하게 하는 것 역시 그 자체로 불충분한 것이다. 건강한 '강아지 성도의 교회'도 하나님의 사랑과 축복에 관한 말씀을 많이 알고 있고 기꺼이 그것을 가르친다. 그러나 차이점은 그들은 거기서 멈추지 않는다는 점이다. 그들은 거기서 더 나아가 다른 사람들을 축복함으로써 하나님의 영광을 드러내는 일에 대해 말한다.

4장 CAT & DOG THEOLOGY
강아지 성도는 무엇이 다른가?

"선생님, 여기 코셔 밀^{kosher meal, 유대인이나 이슬람교도의 음식 규정에 맞게 준비된 식사, 역주} 나왔습니다." 비행기 승무원이 내게 말했다.

"뭐라고요?" 나는 어리둥절했다. "전 코셔 밀을 주문한 적이 없는데요…." 그런 다음 왼쪽을 바라보았다. 제프 리버만^{Jeff Liverman, 나의 가장 친한 친구 가운데 한 사람}이 웃음을 참으며 앉아 있었다. 그는 내가 자기와 같은 비행기에 탑승하자 코셔 밀을 주문해 내게 갖다주게 한 것이었다.

그로부터 몇 달 뒤에는 내가 그에게 복수를 했다. 우리 두 사람은 오하이오 주 콜럼버스에서 개최된 한 교회의 선교 강습회에 강사로 참석했다. 그곳에서는 또 다른 나의 가장 친한 친구인 칩 웨이언트^{Chip Weiant}가 슈크림빵으로 유명한 독일식 패밀리 레스토랑을 운영하고 있었다. 나는 제프에게 그 집 음식이 맛이 좋으니 한번 먹어보자고 권했다.

이윽고 음식이 나왔다. 우리는 주식을 먹고 난 뒤 후식으로 슈크림빵을 주문했다. 똑같이 생긴 세 개의 슈크림빵이 식탁 위에 놓여졌다. 제프는 내가 미리 칩에게 말해서 슈크림빵 가운데 하나에 소금을 잔뜩 넣게 했다는 사실을 꿈에도 몰랐다. 문제의 슈크림빵은 제 주인을 잘 찾아갔고, 드디어 때가 되었다.

제프는 자기 앞에 놓인 슈크림빵을 살짝 한입 베어물었다. 그때 칩이 그를 멈추게 하고 말했다. "제프, 이건 세계적으로 유명한 음식이라네." 그러자 제프는 입을 크게 벌려 슈크림빵을 통째로 입 안에 집어넣었다.

칩이 물었다. "맛이 어떤가?"

제프는 입에 슈크림빵을 잔뜩 문 채로 정중하게 대답했다. "맛이, 그러니까, 음, 좋군."

그리고 내가 제프를 주목하게 하고 대답했다. "코셔 밀이지 않은가?" 제프는 내 말을 듣자마자 자리에서 벌떡 일어나 손으로 식탁을 내리치고는 입 안에 들어 있던 것을 휴지에 뱉었다. 그는 자신이 한 방 먹었다는 것을 안 것이다.

세 개의 슈크림빵이 있는데, 그 가운데 하나는 전혀 다른 것이었다. 세 사람이 한 교회에 앉아 있다. 그들은 모두 비슷하게 보이고, 또 비슷하게 행동한다. 그렇지만 그 마음가짐에 따라, 성경이 누구를 중심으로 하고 있다고 믿는가에 따라 그 가운데 한 사람은 전혀 다른 사람일 수 있다.

강아지 성도는 하나님이 성경의 주인공이라는 사실을 잘 알고 있으며, 예수님이 어떻게 자기 아버지께 영광을 돌려드렸는지도 알고 있다. 그들은 예수님이 하나님 아버지의 영광을 위해 살았다는 것을 알고 있으며, 자신도 마땅히 그렇게 살아야 한다는 것을 알고 있다. 성경은 우리에게 예수님은 하나님 아버지의 영광에 계속적으로 초점을 맞췄을 뿐 아니라 그 아버지의 영광을 위하여 목숨을 버리셨다고 말씀하고 있다. 요한복음 12장 27-28절을 보라. 예수님은 십자가의 고통을 생각하고 계셨다. 예수님은 이렇게 말씀하신다. "지금 내 마음이 괴로우니, 내가 무슨 말을 하여야 할까? '아버지, 이때를 벗어나게 하여 주십시오' 하고 말할까? 아니다. 내가 바로 이 일을 위하여 이때에 왔다. 아버지…" 표준새번역.

잠깐! 다음 본문을 읽기 전에, 이 상황은 그분이 견뎌내야 할 고통, 아픔 그리고 고난의 한가운데임을 잊지 말라. 이 상황은 전혀 무의미한 순간이 아니다. 왜냐하면 그분은 지금 전적으로 자신이 왜 고난을 당하셔야 하는지에 초점을 맞추고 있기 때문이다. 여기서 예수님은 장차 다가올 고난을 감당해야 하는 궁극적인 이유를 제시하고 계시다. 예수님이 말씀하신 그 이유는 무엇인가?

이 단락에 기록된 내용을 강조하기 위해서는 본문이 말하고 있지 않은 것이 무엇인지 살펴보는 것이 도움이 된다. 본문은 "아버지, 이 멋지고 훌륭한 이들을 지옥으로부터 구해주십시오. 그들은 그럴 만한 자격이 있습니다!"라고 말하고 있지 않다. 왜 그런가? 그것은 십자가를 바라보시는 그리스도의 주된 관심사가 아니다. 어떤 사람은 이렇게 말할 것이다. "만일 그분이 그렇게 말씀하지 않으셨다면, 만일 그분이 그것에 초점을 맞추고 계시지 않았다면, 도대체 그분은 무엇에 초점을 맞추고 계셨는가?" 본문이 전하고 있는 그분의 다음 말씀에 주목하라. "아버지, 아버지의 이름을 영광스럽게 드러내십시오" 요 12:28, 표준새번역.

물론 예수님은 우리를 위해 죽으셨고 또한 아버지의 영광을 위해 죽으셨다. 우선순위에 있어 어느 것이 더 앞서는가? 본문에서 예수님은 우리에게 그 해답을 제시해주신다. 그분은 우선적으로 아버지 하나님의 영광에 초점을 맞추셨다. 그분의 최우선순위는 아버지의 영광이다. 고양이 신자는 이 말을 들을 때 얼마나 싫어하는지 모른다. 그러나 강아지 성도는 이 말을 들을 때 평안한 마음이 된다. 그리스도는 정말로 우리를 사랑하신다. 어렸을 때부터 불러온 다음과 같은 찬송가 가사를 조금도 의심하지 말라. "예수 사랑하심은 거룩하신 말일세… 날 사랑하심 날 사랑하심 성경에 써 있네." 그러나 우리를 위한 그분의 사랑도 중요하지만, 아버지의 영광을 위해 사는 것이 더 앞섰음을 잊지 말아야 한다.

불행히도 너무나 많은 최고의 찬양들이 신학적인 면에서 이 점을 놓치고 이렇게 노래한다. "예수님은 십자가를 지시기 전에 우리만을 생각하셨다." 그렇지 않다! 그분이 십자가를 지신 것은 무엇보다 아버지 하나님의 영광을 위한 것이었다.

당신은 아버지 하나님께 영광을 돌리려는 이 큰 열심이 그분이 우리의 기도를 들어주시려 하는 이유라는 점을 생각해본 적이 있는가? "나는 그분이 우리 기도를 들어주시는 것은 우리에게 복을 주기 원하시기 때문이라고 생각했어요"라고 고양이 신자는 생각한다. 그런 생각은 틀린 것은 아니지만 불충분하다. 강아지 성도는 더 깊은 대답을 알고 있다. 요한복음 14장 13절에서 왜 예수님이 우리 기도에 응답해주시기를 기뻐하시는지에 대한 이유를 지적하고 있다. 예수님이 자기 제자들에게 하시는 말씀에 귀 기울여보라. "너희가 내 이름으로 무엇을 구하든지 내가 시행하리니 이는 아버지로 하여금 아들을 인하여 영광을 얻으시게 하려 함이라."

예수님은 우리의 기도를 들어주심으로 아버지 하나님이 영광받으시기를 원하신다. 예수님은 아버지께서 영광받고, 높임받으시며, 찬양받으시기를 간절히 원하신다. 예수님은 아버지 하나님의 영광을 위해 자신의 일을 이루셨다. 요한복음 17장 4절에서 그리스도는 이렇게 기도하신다. "아버지께서 내게 하라고 주신 일을 내가 이루어 아버지를 이 세상에서 영화롭게 하였사오니." 그리스도는 하나님 아버지를 영화롭게 하기 위해 자신의 사역을 행하셨다.

🐾 하나님의 영광이란 무엇인가?

무엇이 하나님의 영광인가? 사람마다 나름대로 '영광'에 대해 그럴듯한 생각을 갖고 있거나 최소한 떠오르는 의미가 있기는 하겠지만, 영광이 무엇인지 정확한 정의를 내리는 것은 매우 어려운 일이다. 그리고 만일 영광이 무엇인지 알지 못한다면 어떻게 그것에 관해 이야기할 수 있겠는가?

영광이 무엇인지 규정하는 일은 개구리를 해부하는 것과 동일한 것일 수 있다. 사실, 개구리를 해부하면 개구리에 관해 더 많은 것을 알 수 있지만, 결국 그 개구리는 죽고 만다. 사랑이 무엇인지 정의하는 일도 마찬가지여서, 사랑에 대해 이런저런 말들을 할 수 있지만 그렇게 하는 가운데 사랑을 사랑답게 만드는 감정을 상당 부분 놓치게 된다. 마찬가지로, 우리는 하나님의 영광을 규정하기 위해 이런저런 수고를 할 수는 있지만, 그렇게 하는 가운데 영광의 본질인 충만함과 위엄과 신비를 놓칠 수도 있다. 그 위험과 모험을 충분히 인식한 채로, 본질을 놓치지 않도록 조심하면서 앞으로 나아가보자.

성경 전체에는 하나님의 영광을 눈으로 볼 수 있게 분명히 드러나도록 묘사된 부분이 많이 있다. 하나님의 영광은 종종 하나님의 영광의 현현이라고 불리는 빛나는 광채나 밝은 빛과 연결되는 일이 많다. 그 영광은 구약에서 성막이 봉헌되었을 때 그리고 다시 항구적인 성전이 봉헌되었을 때 나타났다. 신약에서는 천사들이 예수님의 탄생을 알렸을 때 나타났다. "주의 영광이 저희를 두루 비취매" 눅 2:9. 하나님의 영광은 예수님이 변화되셨을 때 제자들에게 나타났고, 다메섹으로 가던 중에 예수님을 만났던 바울에게 분명하게 나타났다. 이런 영광은 하나님의 임재의 현시다. 모세는 바로 그런 하나님의 영광을 볼 수 있기를 간청했지만, 하나님은 자신의 충만한 영광을 보고 살아남는 것은 불가능하다고 말씀하셨다 출 33:18-20.

만일 당신이 하나님의 영광을 보지 못했다고 해서 약간 실망된다면, 인내하라. 기회가 올 것이다. 요한계시록은 하늘나라에는 해나 달이 필요 없을 것이라고 말한다. 왜냐하면 어린 양의 영광이 필요한 모든 빛을 제공해 주기 때문이다 계 21:23. 만일 해나 달이 필요 없다면 그곳이 얼마나 밝은 곳인지 상상할 수 있겠는가? 그것은 결코 놓치고 싶지 않은 빛의 축제가 열리고 있는 모습일 것이다.

영광은 하나님의 임재 가운데 드러나지만, 우리는 이땅에서 그분의 창조 능력 가운데 드러난 영광을 볼 수 있다. "하늘이 하나님의 영광을 선포하고 궁창이 그 손으로 하신 일을 나타내는도다 날은 날에게 말하고 밤은 밤에게 지식을 전하니" 시 19:1-2. 피조물은 자신의 존재 자체를 통해 하나님께 영광을 돌리고 그분의 영광을 선포한다.

우리는 하늘에서뿐 아니라 한 송이 꽃 가운데서도, 풀 한 포기 가운데서도, 나뭇잎 가운데서도, 아보카도 한 알에서도, 단단한 바위 하나에서도 그리고 아가의 부드러운 피부 가운데서도 그분의 영광을 본다. 하나님은 그만큼 창조적이시다. 그분의 독창성이 드러난 모든 것들이 하늘과 함께 그분의 영광을 선포한다. 바로 이러한 이유로 인해 우리는 시편 기자처럼 하나님을 높일 수 있다. "여호와여 주의 행사로 나를 기쁘게 하셨으니 주의 손의 행사를 인하여 내가 높이 부르리이다" 시 92:4. 그분의 손으로 하신 일들을 기쁨으로 노래하는 것은 하나님을 영화롭게 하는 방법 가운데 하나다.

하나님의 성품 역시 그분의 영광을 드러낸다. 출애굽기 33장에서 모세가 여호와께 요청드린 것이 무엇이었는가? 그는 자신에게 하나님의 영광을 보여달라고 간구했다. 여호와께서 그 요청에 어떻게 응하셨는가? 본문은 이렇게 말씀하고 있다. "여호와께서 가라사대 내가 나의 모든 선한 형상을 네 앞으로 지나게 하고 여호와의 이름을 네 앞에 반포하리라 나는 은혜 줄 자에게 은혜를 주고 긍휼히 여길 자에게 긍휼을 베푸느니라."

하나님이 말씀하신 선한 형상이란 바로 자신의 성품을 가리킨다. 하나님이 자신의 이름을 반포하신다는 말은 그분이 어떤 분이신지를 나타낸다. 또한 그분이 "내가 은혜 줄 자에게 은혜를 주고 긍휼히 여길 자에게 긍휼을 베푸느니라"고 말씀하시는 것은 자신의 성품을 드러내거나 그 성품대로 사시는 것을 말씀한다. 모세가 "당신의 영광을 내게 보여주십시오"라고 말하자 하나님은 자신의 성품을 말씀하셨다. 하나님의 성품은 그분의 영광을 드러내 보여주신다.

이상의 내용에 비추어, 하나님의 영광을 다음과 같이 정의할 수 있다.

하나님의 영광은 그분의 임재, 창조성 그리고 성품 안에 있는 그분의 탁월하심을 계시하거나 드러내는 모든 것이다.

만일 이것이 하나님의 영광이라면, 우리는 어떻게 하나님께 영광을 돌릴 수 있겠는가? 그 방법을 아는 것은 매우 근사한 일이다. 왜냐하면 성경은 거듭해서 우리에게 여호와께 영광을 돌리라고 명령하고 있기 때문이다 시 34:3, 시 63:2, 시 69:30, 시 86:12.

이것을 알기 쉽게 설명하기 위해, 달을 주목해서 보라. 옛날 노래에 의하면 사랑하는 연인들은 '은처럼 빛나는 달빛을 받으며' 산책하기를 좋아했다. 그렇지만 자세히 생각해보면, 우리는 달이 빛을 발하고 있는 것이 아님을 알 수 있다. 달은 그 스스로 빛을 내는 것이 아니라 태양 빛을 받아서 반사하고 있는 것뿐이다.

이것은 우리가 하나님께 영광을 돌릴 수 있는 방법을 보여주는 좋은 비유다. 달이 스스로 빛을 내지 못하는 것처럼 우리 안에는 아무런 영광이 없다. 그렇지만 마치 달이 태양 빛을 반사하듯 우리도 하나님의 영광을 비출 수 있다.

우리가 하나님께 영광을 돌릴 때 우리는 하나님의 임재, 창조성 그리고 그분의 성품이라는 세 가지 영역 가운데 하나를 여러 가지 방식으로 그분과 다른 이들에게 비추고 있는 것이다.

하나님이 우리에게 베푸신 모든 좋은 것들에 감사하는 것은 그분의 영광을 비추는 동시에 그분의 성품을 반영하는 것이다. 꽃 한 송이를 그리거나 고층 빌딩 숲을 설계하는 일도 우리 안에 존재하는 하나님의 창조성을 드러내고 하나님을 영화롭게 한다. 상처 입은 사람 옆에 함께 있어주는 일 또한 우리 안에 있는 하나님의 임재를 그들의 삶 가운데 나타나게 하는 것이며, 그것은 하나님께 영광을 돌리는 일이다.

내밥, Bob가 잘 가르치고 있는지를 평가하는 방법 가운데 하나는 아이들이 그것을 이해하고 있는지 알아보는 것이다. 나는 어른들의 설교보다 아이들의 설교에서 더 많은 것을 배우곤 한다. 그래서 우리 아이들에게 말하면서 내 생각이 분명하게 전달되고 있는지를 확인해본다. 어린이들이 쉽게 이해하지 못하는 것이라면 어른들에게도 얼른 '와닿지' 못한다는 것을 발견했기 때문이다. 따라서 만일 지금까지 한 말이 이해는 가지만, 쉽게 다룰 수 있는 '단서'가 더 필요하다면 아이들이 이해할 수 있는 용어로 쉽게 말해보겠다. "하나님께 영광을 돌린다는 말은 하나님을 유명하게 만드는 그런 삶을 사는 것이다!"

어떤가? 정말 간단하고 분명하지 않은가? 이 책에서 강조하고 있는 것처럼 하나님의 영광을 위해 열정적으로 살아가는 것은 쉽게 말해서 하나님을 유명하게 만들려고 열심히 사는 것과 같다. 자기 자신에게 이런 질문을 던져보라. '나는 어떻게 내 배우자에게 하나님을 유명하게 만들고 있는가?' '나는 어떻게 우리 아이들에게 하나님을 유명하게 만들고 있는가?' '나는 어떻게 내가 일하는 곳에서 하나님을 유명하게 만들고 있는가?' '나는 어떻게 반 친구들에게 하나님을 유명하게 만들고 있는가?' '나는 어떻게 독신의 기간에 하나님을 유명하게 만들고 있는가?' '나는 어떻게 자동차를 운전하면서 하나님을 유명하게 만들고 있는가?'

설사 사랑이 무엇인지 완벽히 정의내리지는 못할지라도 자신이 사랑에 빠졌을 때 스스로 아는 것처럼, 우리 영혼은 언제 자신이 신령과 진정으로 하나님을 예배하는지 안다. 그 마음에 벅차오르는 충만함을 담아내지 못하고 "나는 주님을 찬양합니다. 나는 당신을 예배합니다. 나는 당신께 무릎 꿇고 당신을 기뻐합니다. 전능하신 하나님, 우리 주님이요 구세주이신 당신의 이름을 찬양합니다"라고 외치고 싶은 때가 언제인지 안다. 하나님 역시 그것을 아신다. 이것은 내 제럴드가 아내와 가까워지기 위한 목적을 가지고 일부러 다가갈 때와 같은 것이다. 나는 아무 말도 하지 않고 그저 아내의 눈을 똑바로 바라보기만 하는데도, 아내 역시 나를 바라보며 "알았어요"라고 말한다. 하나님은 당신의 마음이 언제 충만한지, 당신의 영이 언제 흘러넘치는지, 당신의 생각이 언제 흔들리지 않게 초점이 맞추어졌는지 아신다. 그리고 당신이 그분의 선하심을 표현하고, 반영하며, 드러내기에는 제한된 언어로 표현할 수가 없어 다만 "하나님께 영광!"이라고 말할 수밖에 없는 때가 언제인지 아신다. 하나님은 우리 속에 무엇이 존재하는지 아시며, 우리의 예배와 찬양을 받으신다. 그 순간, 우리는 그분을 영화롭게 한다.

🐾 '질투하는 하나님 사역'

우리의 '영광 플러스 사역 UnveilinGLORY'이 언제나 이 이름을 갖고 있었던 것은 아니다. 우리 사역의 원래 명칭은 '2000년을 향하여 Destination 2000'였지만, 새로운 천 년이 시작되면서 그 이름의 '유효 기간' 혹은 '유통 기한'이 만료되고 말았다. 그리고 우리는 이 사역에 걸맞는 새로운 이름을 찾기 시작했다. 우리는 알맞는 이름을 찾기 위해 가능한 모든 노력을 기울였다. 그리고 결국 '질투하는 하나님 사역 Jealous God Ministries'으로 정했다. 이 이름은 출애굽기 20장 5절에 근거한 것이다. "그것들에게 절하지 말며 그것들을 섬기지 말라 나 여호와 너의 하나님은 질투하는 하나님인 즉." 우리는 이 이름이 너무나 훌륭하다고 생각했다.

그래서 우리는 시장 조사를 실시했다. 약 300여 개의 이름이 수록된 이메일을 통해 다음과 같은 질문을 던졌다. "당신은 '질투하는 하나님 사역'이란 이름을 어떻게 생각하는가?" 열에 아홉은 그 이름이 불쾌하다고 응답했다. 우리는 그들에게 그 이름은 성경에 나오는 이름이라고 알려주었지만 반응이 크게 달라지지는 않았다. 그들은 다만 '질투하다'라는 말에 담긴 부정적인 의미 때문에 그런 대답을 한 것이었다. 질투하는 하나님이라는 말은 십계명의 두 번째 계명에 나오는데, 대부분의 사람들은 "그 이름을 사용하지 말라!"고 말했다. 그들은 모든 질투는 나쁜 것이라고 생각하고 있었다.

왜 그런 부정적인 반응이 나왔을까? 보통 질투란 말이 사용될 때는 부정적인 의미가 담겨 있는 경우가 많다. 가인은 아벨을 질투했고, 그 결과 살인을 저질렀다. 피겨스케이트 선수였던 토냐 하딩 Tonya Harding 은 라이벌인 낸시 케리건 Nancy Kerrigan 을 질투했고, 결국 범죄로 이어졌다. 존 힝클리 2세 John Hinkley Jr 는 영화배우 조디 포스터 Jodie Foster 의 관심을 얻으려는 마음에서 레이건 대통령을 암살하려는 시도를 했다. 우리가 뉴스에서 질투에 관한 소식을 접할 때는 항상 부정적인 경우가 많다. 긍정적인 질투란 것이 존재할 수 있는 것일까? 결코 그렇지 않다.

그렇지만 긍정적인 질투도 있을 수 있다. 바울은 고린도후서 11장 2절에서 "나는 하나님께서 질투하시는 것과 똑같이 여러분에 대해 질투하고 있습니다" 쉬운성경 라고 말하고 있다. 선하고, 건전하며, 경건한 질투도 있을 수 있다. 그러나 하나님이 하나님 자신을 질투해도 되는 것일까? 고양이 신자들은 그런 생각에 반대한다. 강아지 성도들은 그런 생각이 성경적인 것임을 잘 알고 있다. 그것이 없이는 어떤 것도 의미가 없다.

당신은 예수님이 자신이 겪으셔야 했던 모든 아픔과 고통에 관해 생각하시고 "아버지 당신의 이름을 영광스럽게 하옵소서"라고 말씀하셨을 때 그 다음에 나온 구절이 무엇인지 기억하는가? 바로 그 다음 구절에서 하나님은 자신의 아들에게 응답하신다. 그분이 무슨 말씀을 하셨는지 알아보기 전에 우리가 한번 추측해보자. 고양이 신자는 그분이 이런 식으로 말씀하셨을 거라고 생각한다. "아들아, 날 영화롭게 하려는 네 열심이 고맙구나. 그렇지만 난 그런 관심이 필요 없단다. 그러니 너 자신에게만 집중해라." 그러나 그것은 하나님 아버지가 말씀하시는 것이 아니다. 그분은 이렇게 말씀하셨다. "이에 하늘에서 소리가 나서 가로되 내가 이미 영광스럽게 하였고 또다시 영광스럽게 하리라 하신대" 요 12:28.

하나님은 이렇게 말씀하고 계신다. "네 말이 맞다. 아들아, 모든 것이 나를 위한 것이다. 가시 면류관이 네 머리에 얹혀질 때, 못이 네 손에 박힐 때, 창이 네 옆구리를 꿰뚫을 때, 네 생명 없는 몸이 십자가에서 내려져 무덤에 들어갈 때 내 영광이 빛나고 온 우주에 찬란하게 비쳤다." 하나님, 곧 성부 하나님은 자신의 이름을 질투하신다.

고양이 신자들은 이 말을 처음 들을 때 이렇게 외치고 싶어한다. "아니야, 그건 옳지 않아. 하나님은 자신을 질투하실 수 없어. 그건 있을 수 없는 일이야!" 고양이 신자들은 만일 하나님이 자기 자신을 질투하신다면 그것은 일종의 자아도취라고 생각하는 경향이 있다. 아마도 하나님은 하늘 높이 계시면서 기분이 나쁘실 것이다. 하나님은 이기적이 되시고 그날 하루를 망치실 것이다. 그들은 이런 생각에 빠진다. "하나님은 형편없는 자아상을 갖고 계시는가? 하나님은 하늘에 거하시면서 누군가 자신을 찬양하기를 기다리고 계시는가?"

하나님은 어떻게 좋은 의미로 질투를 하실 수 있을까? 이것을 이해하기 위해서는 간단한 질문이 필요한데, 하나님이 누구를 위해 사시는가 하는 것이다. 당신은 하나님이 금으로 만든 길을 걸으시면서 자기 턱을 쓰다듬으며 자기에게 이런 질문을 하시는 것을 상상할 수 있는가? "내가 누구를 위해 살아야 할까? 음, 제안할 것이 정말 많은데. 무엇을 지목하고, 높이 들어올리며, 찬양하고, 영광을 돌려야 할까?" 한번 신속하게 생각해보라. 하나님이 선택하실 수 있는 항목은 무엇이겠는가? 답은 여러 가지가 있겠지만, 우선 다음 네 가지를 생각해보고자 한다. 창조, 천사들, 인류 그리고 하나님 자신이다. 이것들을 하나씩 살펴보자.

첫 번째 항목인 창조를 생각해보자. 모든 피조물은 한시적인 것이다. 그것들은 한순간에는 존재하지만 언젠가는 사라질 것들이다 벧후 3:10. 그렇다면 영원하신 하나님이 왜 그런 일시적인 것들을 위해 사시겠는가? 그건 말이 안 되는 일이다. 따라서 그 항목은 선택 가능한 조건에서 삭제하도록 하자.

두 번째 항목은 천사들이다. 왜 하나님은 천사들을 위해서 살지 않으시는가? 사탄과 타락한 천사들에게는 회개의 표시가 없으며, 성경은 그런 회개가 결코 일어나지 않을 것이라고 말하고 있다. 또한 성경은 사탄은 오직 도적질하고 죽이고 멸망시키려는 것뿐이라고 말한다 요 10:10. 따라서 이것도 그다지 좋은 선택으로 보이지 않는다.

세 번째 항목은 무엇인가? 그건 인류, 인간, 사람들이다. 왜 하나님은 우리를 위해 살지 않으시는가? 고양이 신자는 이렇게 말한다. "아니에요.

이건 맞는 말이에요. 그리스도는 자기 아버지의 영광을 떠나 우리를 위해 비참하게 죽으시려고 이땅에 내려오셨어요. 그분은 우리를 위해 죽으셨기 때문에 반드시 우리를 위해 사셔야 해요! 우리가 가장 중요한 거죠!" 그러나 강아지 성도들은 그 말에 이렇게 이의를 제기한다. "성경은 우리 인간들에게 우리를 위해서 살 만한 어떤 가치가 있다고 말하는가?" 마가복음 7장을 재빨리 훑어보자. "사람에게서 나오는 그것이 사람을 더럽게 하느니라 속에서 곧 사람의 마음에서 나오는 것은 악한 생각 곧 음란과 도적질과 살인과 간음과 탐욕과 악독과 속임과 음탕과 흘기는 눈과 훼방과 교만과 광패니 이 모든 악한 것이 다 속에서 나와서 사람을 더럽게 하느니라" 막 7:20-23.

솔직히 말해보자. 우리가 목숨을 걸 만한 가치가 있는 그런 존재인가? 강아지 성도는 자기 자신만으로는 어떤 가치가 있거나 목숨을 걸 만한 존재가 아니라는 것을 잘 알고 있다. 우리는 창조가 그 자체로 어떤 가치가 있는 것이 아님을 보았다. 그것은 일시적인 것이다. 우리는 천사들이 가치 있는 존재가 아님을 보았다. 그들은 아무런 회개의 증표도 없이 타락한 존재다. 우리는 인간도 아무런 가치가 없다는 것을 보았다. 우리는 죄인이다. 그러면 하나님은 무엇을 위해 사시려고 선택하실까? 바로 하나님 자신이다. 그럼 왜 하나님은 자신을 위해 사시려고 선택하실까? 하나님은 대체 어떤 분이신가? 성경은 하나님에 대해 다음과 같이 밝히고 있다.

- 영광의 주님
- 왕의 왕
- 위대한 의사

- 의로우신 분
- 폭풍 가운데 피난처
- 만물의 설계자이자 건축자
- 과부들의 보호자
- 고아들을 돕는 분
- 영원한 구원의 근거
- 알파와 오메가
- 만물을 지으신 이
- 선한 목자
- 큰 상급
- 지옥 문의 열쇠를 갖고 계신 분
- 은혜의 하나님
- 소망의 하나님
- 사랑의 하나님
- 오래 참으시는 하나님
- 우리의 죄를 도말하시는 분
- 어려울 때 바로 옆에서 도우시는 분
- 놀라우신 하나님
- 신실하신 하나님
- 전지하신 분
- 무소부재하신 분
- 자비로우신 분
- 유일하게 선하신 분

만일 우리에게 그 네 가지 가운데 하나를 선택하라고 한다면 우리는 누구를 위해서 살까? "아, 그건 문제도 아니죠." 어떤 사람은 이렇게 말할 것이다. "나는 하나님의 성품과 그분이 행하신 일로 인해 하나님을 위해 살 겁니다." 하나님이라고 왜 다르시겠는가? 만일 그 질문이 우리에게 전혀 주저할 필요가 없는 문제라면, 하나님께도 마찬가지로 아무 거리낄 것이 없는 질문이다. 하나님은 하나님 자신을 위해 사신다. 그분은 수억, 수십억 가지 다른 방식으로 자신의 영광을 비추기 위해 사신다.

고양이 신자들은 이렇게 역공한다. "그러면 왜 그리스도께서 우리를 위해 죽으셨죠?" 강아지 성도들은 그 이유가 하나님을 기쁘시게 하기 위함이라는 것을 잘 알고 있다. 첫째, 하나님의 형상이 우리 안에 있다. 우리 안에 그 형상을 주신 이는 하나님 아버지시다. 따라서 그분이 우리를 구속하시는 것은 우리의 존재 안에 구현된 자신의 형상을 구속하시는 것이다. 둘째, 하나님은 우리를 향한 자신의 최초의 목적과 계획을 성취하고 계신다. 그것은 우리로 하여금 그분과 교제하게 하는 것이다. 셋째, 하나님은 자신의 성품의 본질을 표현하고 계신다. 그분은 사랑이시며, 자신의 피조물들을 사랑하신다. 그분은 그 사랑을 아무 조건 없이 보여주고 계신다. 또한 그분은 자비와 긍휼이 충만하신 분이다. 그래서 그분은 자기 자신을 위해 사시고, 자기 자신과 자신이 추구하는 것을 드러내시며, 자신의 영광을 비추고 계신다.

고양이 신자는 이것을 이해하지 못한다. 그들은 재빨리 이렇게 반격한다. "하나님은 우리에게 자신을 위해 살지 말라고 말씀하십니다. 그러니까 하나님이 자기 자신을 위해 사신다면 그것은 결코 올바르지 못한 일입니다. 하나님이 자신을 위해 사실 수는 없어요."

그러나 강아지 성도는 피조물에게 적용되는 것이 반드시 그것을 지으신 창조주에게 적용될 필요는 없다는 것을 알고 있다. 마치 가정에서 자녀들에게 적용되는 규칙이 어른들에게도 적용될 필요가 없는 것과 마찬가지다. 아직 어린아이들을 위해서는 다음과 같은 규칙을 말할 수 있다. "새로 산 카펫 위에서 시리얼을 먹지 마렴. 그러다 흘릴라." 그러나 어른이 그 카펫 위에서 시리얼을 먹는다고 해서 나무랄 사람은 없다. 왜 그런가? 어른들은 카펫 위에서 시리얼을 먹어도 흘리지 않고 먹을 수 있기 때문이다.

마찬가지로 우리는 우리 자신을 위해서 살 수 없다. 왜냐하면 우리는 우리의 범죄함으로 인해 우리 자신을 올바로 다루지 못하고, 결국 엉망으로 만들 것이기 때문이다. 그러나 하나님은 그 공의로우심과 은혜와 자비와 사랑 이 밖에 더 많은 것들 안에서 자기 자신을 망치지 않고도 자신을 위해 사실 수 있다. 우리가 우리 자신을 위해 살면서는 죄를 짓지 않을 수 없지만, 하나님은 그렇지 않으시다. 어떻게 하나님은 자기 자신을 위해 사시면서도 죄를 짓지 않으실 수 있을까? 이는 하나님은 사랑이시기 때문이다. 그리고 강아지 성도는 고린도전서 13장에서 "사랑은 자랑하지 아니하며 교만하지 아니하며 무례히 행치 아니하며 자기의 유익을 구치 아니하며"라고 말씀하고 있다는 것을 잘 알고 있다.

고양이 신자는 이렇게 반박하려 한다. "만일 하나님이 자랑하지 않으시고, 교만하지 않으시며, 무례히 행하거나 자기의 이익을 구하지 않으신다면, 어떻게 하나님이 자신을 위해 사실 수 있다는 거죠?" 만일 하나님이 무언가 좋은 것을 높이려 하신다면 반드시 자기 자신을 높이셔야 할 것이다. 그분보다 더 좋은 것은 존재하지 않는다. 세상에 아무리 좋은 것이 있다 해도 그것은 가장 좋은 것이 아니다. 그건 그럴 만한 것이 못 된다. 하나님 자신을 위해 사는 것이 바로 하나님이 하실 수 있는 유일한 선택이다.

그것은 모순이 아니다. 하나님보다 '더 좋은' 것은 존재하지 않는다. 이것이 문법적으로는 말이 되지 않는 것처럼 보여도 훌륭한 신앙이다. 하나님이 자신을 높이시는 것은 다음과 같은 말씀을 하시는 것과 같다.

> 만일 내 피조물을 위해 가장 좋고 귀한 것, 내가 꼭 붙들고 싶은 것, 내가 높이 평가하는 이상이나 도덕, 내가 생명을 걸 만한 가치가 있는 원리, 드러낼 만한 어떤 힘이나 창조성, 제시해야 할 가치가 있는 어떤 기준이 있다면 그것은 바로 나 자신이다.
>
> 따라서 나는 나를 위해 살고 나를 나타내는 모든 것을 보호할 것이다. 나는 내 능력과 창조를, 내 긍휼과 자비를 발휘할 것이다. 나는 내가 원하는 것을 할 것이다. 그리고 나는 사랑이기 때문에 아무 조건 없이 사랑하기를 원한다(그리고 그렇게 하려 한다). 나는 나를 희생해서 주기를 원한다(그리고 그렇게 할 것이다). 나는 자비를 베풀기 원한다(그리고 그렇게 할 것이다). 그리고 나는 은혜와 평화를 내가 사랑하는 이들에게 주기를 원한다(그리고 그렇게 할 것이다). 나는 질투하는 하나님이기 때문에 이 모든 것뿐 아니라 그보다 더 많은 것을 행할 것이다.

성경은 하나님을 '거룩하시다'라고 말한다. 헬라어에서 '거룩하다'라는 낱말은 '하나님께 성별된 것'을 의미하는데, 이는 '하나님을 섬기고 예배하기 위해 바쳐지거나 드려진 것'을 의미한다. 성경이 선포하고 있는 바, "거룩하다 거룩하다 거룩하다 주 하나님 곧 전능하신 이여 전에도 계셨고 이제도 계시고 장차 오실 자라" 계 4:8 는 말은 사실상 하나님이 하나님을 위해 따로 구별되었다고 말하는 것이다. 하나님은 하나님을 섬기기 위해 봉헌되었고 하나님을 예배하기 위해 바쳐졌다. 하나님이 자신의 영광을 위해 사는 일에 전적으로 헌신하고 계시다는 사실은 의심의 여지가 없다. 그분은 그 어떤 것도 그 자리를 대신 차지하는 것을 용납하지 않으신다. 왜냐하면 다른 모든 것은 그분만 못하기 때문이다. 이것이 그분이 질투하는 하나님이신 이유다. 하나님은 자신의 이름에 '질투하는' 이란 호칭을 사용하신다. "너는 다른 신에게 절하지 말라 여호와는 질투라 이름하는 질투의 하나님임이니라" 출 34:14. 그분은 거룩하시다. 그분은 스스로를 구별하신다. 하나님은 자신을 위해 사신다.

이렇게 되면 마치 하나님이 진퇴양난에 빠지신 것처럼 보이기도 한다. 왜 그런가? 하나님은 자신을 위해 사시는 가운데 늘 다른 이들을 위해서 사신다. 그렇다. 그것이 바로 그분이 자기 자신을 지목하는 중요한 이유다. 왜냐하면 그분은 그만큼 충분히 주시는 분, 베푸시는 하나님이시기 때문이다. 그분은 다른 이들을 위해 사는 것을 기뻐하시기 때문에 마치 자신을 위해 사시지 않는 것처럼 보이는 분이시다. 그분은 자신의 있는 모습 그대로 살아가신다. 그것은 그분이 자신의 삶의 방식을 유지하시고, 지키시며, 그대로 살아가시는 또 다른 이유다.

당신은 "그렇다면 그분은 항상 다른 사람들을 위해 살기 때문에 자신을 위해 사시는 것이라는 말씀인가요?"라고 생각할 수 있다. 바로 그렇다. 하나님은 자신을 위해 사신다. 그래서 우리를 향한 무조건적인 사랑과 긍휼과 자비를 드러내신다. 당신도 알겠지만, 만일 하나님이 다른 누군가나 다른 무언가를 위해 사셔야 한다면 그분은 우상숭배에 빠지게 되는 것이다. 하나님은 하나님을 위해 사신다. 그분은 누군가의 삶의 목적이나 목표가 될 가치가 있는 유일한 존재시다.

한번은 초등학교 5학년 학생들에게 이 원리를 이해할 수 있는지 알아보기 위해 이 개념을 가르쳐본 적이 있다. 그 수업은 토요일 저녁에 진행되었는데, 한 여학생이 하루종일 햇볕에 몸을 드러냈는지 온몸이 벌겋게 달아올라 있었다. 그래서 나는 그 여학생의 마음이 다른 곳에 가 있을 거라고 생각했다. 수업을 마치면서 학생들 모두에게 오늘 배운 것이 있는지 물어보는 시간이 있었다. 그 여학생은 자기 차례가 되자 이런 말을 함으로써 그 자리에 있던 모든 사람을 놀라게 했다. "그럼요, 나는 하나님은 자기 중심적이 되어도 좋다는 것을 배웠어요."

비록 그 여학생이 사용한 말은 부정적인 의미가 내포되어 있긴 하지만 정확한 것이었다. 하나님은 자기 중심적이어도 좋은 분이시다. 강아지 성도는 하나님의 영광을 중심으로 삶 전체를 이해하기 원한다. 왜 그런가? 다음 말씀을 살펴보라.

> 이러므로 하나님이 그를 지극히 높여 모든 이름 위에 뛰어난 이름을 주사 하늘에 있는 자들과 땅에 있는 자들과 땅 아래 있는 자들로 모든 무릎을 예수의 이름에 꿇게 하시고 모든 입으로 예수 그리스도를 주라 시인하여 하나님 아버지께 영광을 돌리게 하셨느니라(빌 2:9-11).

> 이는 만물이 주에게서 나오고 주로 말미암고 주에게로 돌아감이라 영광이 그에게 세세에 있으리로다 아멘(롬 11:36).

삶의 모든 것은 단순히 기독교 안에 속한 것만이 아니라 그 전체가 종국에는 성부 하나님의 영광으로 나타나게 될 것이다. 그 영광이야말로 최종적인 목표다. 그 밖에 다른 모든 것은 이 궁극적인 목표를 향한 하나의 수단에 지나지 않는다. 바로 이 점이 강아지 성도의 다른 점이다. 그들은 하나님의 질투는 모순되거나, 위선적이거나, 잘못된 자아에서 비롯된 문제가 아니라는 것을 알고 있다. 이 사실을 깊이 생각해보는 것은 의미 있는 일이다. 강아지 성도는 이 사실을 알고 있을 뿐 아니라 그 사실에 만족해한다.

5장 CAT & DOG THEOLOGY
고양이 신자는 어떻게 다른가?

겉으로 보이는 것으로 강아지 성도와 고양이 신자를 구별하기는 매우 어렵다는 사실을 잊지 말라. 그들 모두 교회에 다니고, 주일학교에 출석하며, 하나님께 복 받기를 원하고, 하나님이 역사하시는 것을 보기 원한다. 그들 모두 그리스도인처럼 보이고 또한 그렇게 행동한다.

그럼 그들의 차이점은 무엇일까? 그 차이점은 그들이 삶 가운데서 강조하는 것 혹은 원칙 가운데 찾아볼 수 있다. 이 부분은 여러 가지 방식으로 설명할 수 있다. 그 가운데 한 가지는 "성경의 주인공은 누구인가? 하나님인가, 사람인가?"라는 간단한 질문을 통해 알아볼 수 있다. 다른 질문은 "하나님이 인간을 섬기기 위해 존재하시는가, 아니면 사람들이 하나님을 섬기기 위해 존재하는가?"이다. 그리고 또 하나의 질문은 "하나님의 영광이 당신의 삶 가운데 최우선순위인가, 아니면 다른 누군가나 무언가가 더 높은 우선순위를 차지하고 있는가?"이다. 당신이 고양이 신자가 아니라면 그 차이점은 분명히 나타난다.

여기서 우리가 당신에게 잠시 책 읽는 것을 멈추고 창세기 1장을 읽어보도록 요청했다고 가정해보자. 우리의 경험상 대부분의 독자들은 5절에서 23절 사이쯤에서 지겨워지기 시작한다. 왜 그런가? 대부분의 사람들은 자신이 그 이야기를 잘 알고 있기 때문에 따분해지는 것이라고 말한다. 그러나 성경에는 우리가 잘 알고 있는 다른 많은 이야기들도 있는데 그 이야기들은 전혀 따분하지 않다. 이미 잘 알고 있지만 따분하지 않은 이야기들이 있다는 것은, 그 본문이 따분해지는 또 다른 그리고 더 깊은 이유가 있음이 분명하다는 것을 암시해준다.

이 문제를 생각하다보면 대부분의 독자들이 창세기 1장을 읽다가 지겨워지는 것은 그 안에 인간이 존재하지 않기 때문이라는 생각이 든다. 그곳에는 '그들'이 설 자리가 없는 것이다. 그리고 만일 '그들'이 그곳에 있지 않다면 '그들'은 따분해한다. 알다시피 3장에 도착할 때까지는 전혀 흥미가 생기지 않다가 그곳에 이르러서야 약간의 흥미가 생기는 것은 그때부터 무언가 붙잡을 건덕지인 인명 구조 작전이 발생하기 때문이다. 그러면 왜 사람들은 창세기 1장을 지겨워하는가? 고양이 신자의 마음속에는 인간이 주인공이며, 성경은 우리를 중심으로 진행된다는 믿음이 존재한다. 그리고 성경이 사람에 관해 말하지 않을 때면 고양이 신자들은 싫증을 내곤 한다.

이해를 돕기 위해 실생활에서 접할 수 있는 간단한 예화를 살펴보자. 제럴드의 아내 샤론은 자기가 좋아하는 배우인 숀 코너리Sean Connery가

출연하는 새 영화가 상영되고 있다는 사실을 알고 남편에게 함께 보러 가자고 말했다. 샤론은 숀 코너리의 모습을 보고 그 음성을 듣고 싶었다. 따라서 그가 주요 장면에 등장하지 않을 때면 매우 실망하며 따분해할 것이다. 누가 뭐래도 그가 주인공이기 때문이다.

비슷한 방식으로, 고양이 신자들은 성경의 모든 주요 장면들에서 인간의 모습을 찾는다. 그들은 그 이야기 가운데서 자신들에게 적용되는 부분을 찾아 헤맨다. 그들은 하나님을 찾는 훈련을 받아본 적이 없다. 그들은 성경을 읽으며 이렇게 질문하는 법을 훈련받았다. "나는 이 본문으로부터 무엇을 얻어야 하는가? 이 말씀은 내 삶에 어떻게 적용되는가? 이 말씀은 내게 어떤 영향을 미칠까?"

고양이 신자들은 자신이 주인공이라는 생각으로 인해 하나님이 사람을 섬기기 위해 존재한다고 믿는다. 그리고 모든 것이 그들을 중심으로 이루어져 있기 때문에 그들은 다른 무엇보다 기독교를 통해 얻을 수 있는 것을 더욱 갈망한다. 그들은 성경을 읽다가 하나님의 영광과 그분이 주시는 복 사이에서 선택할 기회가 주어지면 자연스럽게 그분의 영광보다는 그분이 주시는 복을 바란다.

그리고 그런 선택은 공공연한 것이 아니라 은밀한 것이다. 그래서 그들은 설령 하나님이 "규모를 줄여라. 그렇게 큰 집은 구입하지 마라. 그런 멋진 자동차는 구입하지 마라"고 말씀하시는 것처럼 느껴질 때도 "주님, 제가 오해했나봅니다. 저는 당신이 아브라함을 어떻게 축복해주셨는지 보았습니다. 다윗과 솔로몬을 어떻게 축복해주셨는지도 보았습니다. 오, 주님! 저는 주님이 그와 동일한 방식으로 저에게 복을 주시기 원하신다는 것을 압니다. 그래서 저는 예수님의 이름으로, 제가 하나님이 주신 복을 누리는 것을 방해하는 사탄의 시도를 거부하고 이 멋진 차와 더 큰 집을 믿음으로 요구합니다." 그들은 결국 더 큰 집과 멋진 자동차를 구입하였고, 그 과정에서 많은 부채를 지게 되었다.

하나님이 "나는 네가 내 이름을 위해 고난받기를 원한다"고 말씀하실 때 그들은 '고난? 고난이라고? 그럴 수는 없어. 난 하나님이 내게 그런 것을 원하시지 않을 거라 확신해. 그분은 나를 사랑하신단 말야'라고 생각한다. 그래서 그들은 자신의 삶을 안전하고, 쾌적하며, 편안하게 만들기 위해 할 수 있는 모든 일들을 행한다. 고양이 신자들은 하나님이 그들에게 해외로 나갈 것을 말씀하시면 이렇게 말한다. "오, 주님! 제가 고등학교 때 스페인어를 잘하지 못했던 것을 당신도 아십니다. 그리고 이 나이에 제가 아랍어나 중국어를 배울 수도 없고요. 그러니 주님, 제가 제안을 한 가지 하겠습니다. 앞으로 십일조를 10퍼센트가 아니라 11퍼센트를 내겠습니다. 그리고 청년부에서 봉사하겠습니다. 필요하면 무엇이든 할 테니 제발 이 안락하고, 아늑하며, 안전하고, 마음 편한 생활 방식을 유지하게 해주십시오." 그래서 그들은 하나님의 영광이 아직 나타나지 않는 곳에 크게 비추게 될 것이라고 찬양하지만, 자기가 직접 그곳에 가는 일은 전혀 고려하지 않는다.

고양이 신자는 기본적으로 자기 만족 중심의 신앙을 갖고 있다. 그들은 자기 마음을 만족시키는 것이라면 하나님이 무슨 일을 하셔도 포용한다. 그들이 생각하는 기독교의 목표는 안전하고, 아늑하며, 편안한 그리스도인의 삶이다. 그들은 자신을 불편하거나 불안하게 만드는 것은 무엇이든 배척한다. 이런 강조점의 변화는 어떻게 생겨난 것인가? 그것은 전적으로 악마와 관련된 것이다. 사탄은, 생명과 모든 피조물은 하나님과 그분의 영광을 위한 것이라는 사실을 잘 알고 있다. 그래서 사탄은 하나님께 반역한 처음 그날부터 그분의 영광을 도적질하려 했고, 지금도 우리를 통해 계속 같은 일을 시도하고 있다.

도널드 반하우스Donald Barnhouse는 「보이지 않는 전쟁The Invisible War」이라는 다분히 도전적인 책을 펴냈다. 그는 그 책에서 이사야 14장 12-14절에 "내가 …할 것이다I will"란 표현이 5번 등장하는 것에 주목하여 그 부분이 사탄의 반역을 묘사하고 있다고 본다. 그는 그 책에서 사탄은 원래 다른 천사들의 경배를 취합하여 하나님께 드리는 일을 하고 있었다고 말한다. 반하우스는 그러다 어느 순간 사탄이 이런 생각을 품게 되었을 것이라고 주장한다. '하나님만 존경을 받으라는 법이 어디 있어?' 이것이 바로 죄의 기원이다.5

이것은 그의 타락이었다. 그는 영광을 받으시기에 합당하신 지극히 거룩하신 분의 영광을 하나님께로부터 도적질할 생각을 했다. 그는 오늘날에도 똑같은 범죄를 저지르기 위해 애쓰고 있다. 사탄의 존재 자체는 오직 하나님만이 받으시기에 합당한 영광을 빼앗으려는 시도에 전적으로 기반을 두고 있다.

우리는 세미나를 통해서 사탄은 지금 이 순간에도 인간과 카드 게임을 하면서 온 세상에 '카드 한 벌'을 나누어줌으로써 그 일을 계속하고 있다고 말한다. 그 카드는 사람들의 초점을 하나님께로부터 다른 것들로 분산시키는 일에 사용된다. 사탄은 북아프리카, 중동 그리고 아시아 전역에 걸쳐 '이슬람'이라는 이름의 카드를 널리 뿌림으로써 그 일을 효과적으로 수행해냈다. 그리고 구소련과 중국에서는 '공산주의'라는 이름의 카드를 통해 그 일을 해냈다. 많은 부족들에게 그가 사용한 카드는 '애니미즘'이다.

'불교' 역시 다른 거짓 종교와 마찬가지로 그 임무를 잘 해내고 있다. 그가 온 세상에 뿌린 카드의 종류는 무수히 많다. 심지어 북아메리카에서도 그의 활동은 그리 저조하지 않다. 이곳에서 그가 사용하는 카드는 '물질주의' 며, 최근에는 '민족주의' 다. 그 밖에 다른 카드들로는 '환경주의', '스포츠', '오락' 등이 있다.

그렇지만 그리스도인에게는 어떻게 하는가? 그가 그리스도인에게는 두 손을 들고 뒤로 물러나 앉은 채로 이렇게 말할까? "이런, 나머지 인간들은 다 잘 됐는데. 이번엔 좀 힘들겠는데!" 아니다. 사탄은 절대 포기하지 않는다. 지옥의 복도를 왔다갔다 하면서 그리스도인의 시선을 하나님의 영광으로부터 떼어놓을 수 있는 방법을 찾기 위해 애쓰고 있는 그의 모습을 상상해보라.

"음." 그는 이렇게 혼잣말을 한다. "어떻게 하면 그리스도인의 마음을 하나님의 영광으로부터 멀어지게 할 수 있을까? 그자들이 직접 나를 섬기게 될 리는 만무하고, 거짓 종교 역시 마찬가지지. 그것도 쉽게 알아볼 거야. 음, 그자들에게는 무슨 카드를 사용하면 좋을까?"

"그렇지. 그자들의 시선을, 안전하면서 하나님의 마음과 가깝지만 그분의 영광에 초점을 맞추게 하지 않는 것으로 옮겨가게 하면 되겠다. 그자들이 모든 것을 자기 중심적으로 생각하게 만들어야지. 그래, 하나님은 그들을 위해 필요한 것은 무엇이든 하시는 분이라고 생각하게 만드는 거야. 이런 생각을 잔뜩 불어넣으면 하나님의 영광보다 그것들에 더 시선을 집중하게 될 거야." 그의 음산한 웃음 소리가 지옥의 복도에 울려퍼지는 것 같지 않은가?

그러면 사탄은 정확하게 무슨 일을 하는가? 그는 우리의 자연스러운 모습인 자기 중심적인 본성에 호소하며, 하나님이 자신의 영광을 드러내기 위해 선택하신 방법 가운데 하나를 채택하고 있는 카드를 만들어내 그것을 잔뜩 심어준다. 그것은 안전하면서도 하나님의 마음과 가까운, 이를테면 우리를 축복하시려는 하나님의 소원 같은 것이다.

고양이 신자에게 그리스도인으로서의 삶 전체는 하나님께 복을 받는 일과 전적으로 연관되어 있다. 그들은 이런 말을 듣는다. "하나님은 당신에게 복 주시기를 원하신다! 아니, 사실상 그보다 더 나아가 하나님은 당신을 위해 모든 것을 행하셨다!"

고양이 신자들은 이렇게 생각한다.

- 그분은 우리에게 더 나은 삶을 주시기 위해 죽으셨다.
- 천사는 우리를 섬기고 돌보기 위해 존재한다.
- 교회는 우리의 부족함을 채워주기 위해 존재한다.
- 하나님은 우리를 사랑하시고 우리에게 복을 주시기 위해 존재하신다.

그 안에 하나님의 영광은 어디에 존재하는가? "거기에 있다." 고양이 신자는 이렇게 소리 지른다. "하나님은 내게 복을 주심으로써 큰 영광을 얻으신다. 모든 것은 나를 위해서다! 하나님은 내게 더 많은 복을 주실수록 더 많은 영광을 받으신다!" 고양이 신자는 하나님이 자신들에게 복을 주시지 않고서 영광을 받으시는 장면은 상상조차 못한다. 바로 이 부분이 고양이 신자의 우선순위에 미세하면서도 미묘한 변화가 일어난 곳이다. 이제 더 이상 초점은 하나님이 우리에게 복을 주심으로써 영광을 받으시는 것에 있지 않다. 오히려 초점은 우리가 하나님께 복을 받는 것에 맞추어지며, 미처 깨닫기도 전에 고양이 신자가 우선이 되고 하나님의 영광은 뒷전으로 밀려난다. 사탄이 내민 카드는 고양이 신자가 "모든 것은 내가 우선이야!"라고 생각할 때 그 목적을 달성한다.

하나님은 우리에게 복을 주시기를 원하시는가? 그렇다. 그분은 우리에게 복 주시기를 기뻐하신다. 그러나 그분은 그 복이 자신의 영광보다 앞서는 것을 원하지 않으신다. 그분은 자신의 영광이 축복을 통하여 빛나기를 원하시지, 축복 때문에 그 영광이 소홀히 여겨지는 것은 원치 않으신다. 축복이 하나님의 영광을 부수적인 것으로 보이게 할 수 있는 것인가? 절대적으로 그렇다. 그리고 실제로 온 세상의 고양이 신자에게 그런 일이 일어나고 있다. 그들은 자신들에게 복을 주시려는 하나님의 소원에 푹 빠져 있어서 더 이상 하나님의 영광을 최우선순위로 여기지 않는다. 토미 테니 Tommy Tenney 는 그의 저서 「하나님 당신을 갈망합니다 The God Chasers, 두란노」에서 이렇게 말했다. "역설적이게도, 탕자가 자기 아버지의 품을 벗어나도록 '뒷돈을 대준 것'은 사실상 아버지의 축복이었다."[6]

사탄이 그리스도인들을 향해 갖고 있는 다른 카드들은 무엇인가? 안전하면서 하나님의 마음과 가까이 있는 것은 모두 다 그것이다. 그 가운데 하나가 낙태 반대 운동인 생명의 권리 Right-to-Life 운동이다. 태어나지 않은 아기의 생명을 구하는 것이 하나님을 기쁘시게 하는 일인가? 물론 그렇다. 신문을 한번 보라. 불행하게도 선하면서 하나님의 마음과 가까이 있는 어떤 것 태아의 생명을 구하는 것 이 무엇보다 앞선 일이 되어 '예수님의 이름으로' 의사를 죽이고 병원을 폭파시키게 만들 수 있다. 하나님이 그런 행동들을 묵과해주실까? 그러나 사탄은 몇몇 신자들로 하여금 한 가지 일에 몰입하게 하여 마치 그것이 삶 전체가 걸린 최우선순위인 것처럼 하나님의 다른 법을 어기게 만들 수 있는 것이다.

고양이 신자가 다니는 지역 교회 역시 또 하나의 카드가 될 수 있다. 어떤 고양이 신자는 그리스도인의 삶이 자신의 교회를 중심으로 움직인다고 생각한다. 돈이 교회에 퍼부어지고, 어떻게 하면 우리 교회를 더 크게 만들고 더 많은 사람을 모을 수 있을까에 초점이 맞추어진다. 그리고 하나님이 교회 안에 기적을 일으키실 것을 믿는다 장차 세워질 교회들에 대해서는 전혀 상관하지 않고. 청년부에 많은 시간이 투입되고 그 사역이 강조되어 우리는 청년들이 그리스도를 알고 그분과 동행하도록 돕기 위해 무엇을 할 수 있는가? 청년들에게 다가갈 수 있게 되어도 그들로 하여금 최종적으로 하나님의 영광에 초점을 맞추게 하지는 못할 수도 있다. 그들은 그런 생각에 너무 깊이 빠져 있어서 자신도 모르는 사이에 미래의 담임목사와 주일 오전 예배를 위해 기도하는 것을 까맣게 잊어버릴 수도 있다. 고양이 신자들은 무의식적으로 이렇게 생각한다. '왜 그들을 위해 기도해야 하지? 그들은 우리 교회에 속하지도 않았는데 말야.'

강아지 성도는 담임목사와 교회를 위해서 기도할 뿐 아니라 자신이 속한 공동체 안의 다른 목회자들과 교회들을 위해서도 기도한다. 그들은 기독교란 하나님 나라와 관련된 것이며, 다른 교회에도 하나님이 계심을 잘 알고 있다. 그럼 주일 아침에 자기 교회를 위해 기도하는 것이 잘못된 것인가? 물론 그렇지 않다. 그러나 그것만으로는 충분하지 않다. 고양이 신자는 다른 교회를 위해 기도하지 않는데 이는 그들이 오직 자신이 속해 있는 교회에만 관심을 갖고 있기 때문이다. 고양이 신자는 하나님이 세우신 더 큰 나라에 더 많은 관심을 기울이는 법을 배워야 한다.

🐾 병든 네 사람

이러한 자기 중심적인 생각은 말이 아닌 다른 방법을 통해서 미묘하게 우리에게 다가온다. 다음 이야기를 통해 그것을 분별하는 방법을 알아보자. 1999년 터키에 대규모 지진이 발생했다. 공식적인 보고에 의하면 18,000명이 사망했고, 수천 명의 사람들이 다쳤으며, 많은 사람들이 집을 잃었다. 일주일 내내 각 언론사에는 그와 관련된 소식들로 넘쳐났다. 그래서 그 나라에서 발생한 지진과 그 뒤로 진행되고 있는 구조 작업에 대해 들어보지 못한 사람은 한 사람도 없을 정도였다.

지진이 일어난 다음에 맞이한 첫번째 주일은 그해의 여느 주일과 전혀 다를 바가 없었다. 미국의 그리스도인들은 지구 반대편에 있는 한 나라에서 어떤 일이 일어났는지 분명히 알고 있는 가운데 아침에 일어나 교회에 갔다. 그리고 어떤 일이 일어났을까?

한 교회에서 기도를 드렸다. 그렇지만 그들이 무엇을 위해 기도했을까? 수십만 명의 부상당한 사람들 그리고 그 가운데서도 특히 그리스도를 알지 못한 채 죽음을 눈앞에 두고 있는 모슬렘 사람들을 위한 것이었을까? 그리스도인의 원조와 구조 가운데 하나님의 영광을 볼 필요가 있는, 집을 잃은 수백만 명의 사람들을 위한 것이었을까? 그렇지 않았다. 바로 그 주일에 그 교회는 병으로 인해 입원한 그 교회의 교인 네 사람을 위해 기도했다.

한번 생각해보라. 그 교회 사람들은 최고의 의료 시설과 최고의 의료진, 최고의 장비를 갖춘 미국의 도시에서 살고 있으며 예수 그리스도의 피로 영원한 죽음에서 구원을 받은 네 사람을 위해서는 기도하면서도, 터키에서 벌어진 상황에 대해서는 한 마디도 언급하지 않았다. 그 자리에 모인 사람들에게 어떤 생각이 들었을까? '모든 것은 우리를 위한 것이야! 우리 교인, 우리 청년부, 우리 건물, 우리 노인들에 대해 걱정해야지, 나머지 세상을 위해 걱정할 필요는 없어. 우리 교회 안에서 하나님은 우리에게 초점을 맞추고 계시니까!'

하나님은 우리를 사랑하시지만, 그와 동시에 우리를 향한 그분의 초점은 가장 우선이 되는 그분의 영광을 드러내는 것에 맞추어져 있다. 그분은 우리 가운데 그분의 영광이 새롭게 드러나고, 그 영광이 우리를 통해 땅끝까지 전파되는 것을 보는 것에 초점을 맞추고 계신다. 우리는 그 일에 핵심적이면서도 중요한, 그러나 매우 작은 일부분을 감당하고 있다. 고양이 신자는 복음을 지나치게 개인적이고 사적인 것으로 만들고 있다.

그렇다면 앞서 말한 교회의 지도자들은 세계에 대해 관심을 갖고 있지 않다고 말할 수 있을까? 물론 그렇지 않다. 그들은 주님과 세상을 알고 또한 사랑한다. 그러나 미처 알지 못하는 사이에 사탄이 그 교회에 내민 미묘한 카드는 그들이 전혀 전달하고 싶어하지 않는 생각들을 언어가 아닌 다른 방법으로 전달하게 만들었다. 그것은 틀린 생각은 아니지만 충분한 것도 아니다.

여기서 우리의 이기적인 생각이 어떻게 미묘하게 작용되는지 다른 예를 들어보겠다. 이것은 마치 사탄이 '교파주의'라는 카드를 사용하는 것처럼 보일 수 있다. 기독교는 자신들의 교단이 더 많은 사람들을 끌어모으고, 숫자가 더 많아지며, 더 많은 헌금을 걷는 일과 관련된 일이 될 수도 있다. 그런 일은 여전히 지금도 일어나고 있다.

우리는 수많은 사람들로부터 요청을 받기 때문에 우리 세미나의 강사들은 다양한 교단에 속한 교회들을 찾아간다. 한 교회에 갔을 때 어떤 사람이 자리에서 일어나 이렇게 말했다. "저는 이 교단에 속해 있는 것이 자랑스럽습니다." 강아지 성도는 이렇게 외치고 싶을 것이다. "어느 교단에 속해 있는 것 자체가 잘못된 것은 아니지만 그것을 자랑으로 삼지는 말라."

버지니아에 위치한 한 교회의 담임목사인 폴Paul 목사는 교인들이 모두 모인 자리에서 이렇게 말했다. "여러분이 무엇을 하든 천국에 갔을 때 하나님께 여러분이 하나님의 성회에 속해 있다는 말씀을 드리지 마십시오. 하나님은 그런 걸 따지지 않으십니다! 그분이 관심을 갖는 것은 여러분이 그분과 동행했느냐 하는 것입니다." 그 목사님은 강아지 성도다. 그는 하나님 나라라는 위대한 개념이 무엇인지 깨달았다. 당신이 어느 교단에 속해 있는지는 전혀 중요한 일이 아니다. 중요한 것은 하나님의 영광이 나타나느냐 하는 것이다.

🐾 선행이 하나님의 영광을 대신하다

고양이 신앙이 우리의 의사 소통을 어떻게 방해하는지 잘 보여주는 또 다른 증거가 있다. 그것은 우리의 의사 소통이 생략된 말로 진행된다는 것이다. 다시 말하자면, 우리는 듣는 사람이 필요한 부분을 채울 것이라고 예상하고 말하고자 하는 내용의 일부분만을 이야기한다. 이렇게 생략된 말로 의사 소통을 진행할 때 하나님의 영광을 제대로 채우지 못하는 결과가 빚어진다. 이런 일은 우리가 하나님의 영광에 대해 실제로 한 번도 언급하지 않았으면서도 바로 그것을 이야기하고 있다는 것을 누구나 이해할 것이라고 가정할 때 일어난다. 그런 일이 일어나서는 안 된다. 만일 우리가 하나님의 영광을 구체적으로 언급하지 않는다면, 그분이 영광을 받으시는 일이 거의 없게 된다.

내가 전에 한 신학교에서 강연을 한 적이 있었는데, 학장님이 나를 소개하기 위해 자리에서 일어나셨다. 그런데 그는 자신이 최근에 둘러본 여러 교회와 학교들에 대해 들려주면서 그곳에서 만난 수많은 목회자와 교수들이 이 신학교 졸업생들이었다고 말했다. 그분은 다른 졸업생들이나 하나님이 다른 곳에서 행하신 일들은 전혀 언급하지 않았다. 불행하게도 하나님의 영광이 구체적으로 언급된 부분은 전혀 없었다. 그저 하나님 나라가 관련이 되었다는 느낌만을 전달할 뿐이었다.

그러나 하나님과 그분의 영광이 전혀 언급되지 않았기 때문에 그 강연은 결코 의도적이지는 않았지만 듣는 이들로 하여금 하나님이 아니라 그 학교에 초점을 맞추게 만들었다. 그 강연은 그들에게 자신을 통해 일어나고 있는 것에만 열광해야 한다는 고양이 신자들이 좋아하는 것 생각을 심어주었다. 그는 분명한 말로 전한 것은 아니지만, 그리고 그럴 의도가 있었던 것은 분명 아니지만, 그가 전한 메시지는 그런 의미로 비쳐질 수 있었다.

학생들이나 교직원들 가운데 그런 생각을 한 사람이 있었을까? 아니, 그것을 의식한 사람은 없었다. 학장이 그런 식으로 이야기했을까? 의식적으로 하지는 않았다. 그러나 무의식적인 가운데 미묘한 손상이 가해졌다. 그들의 초점은 우선적으로 그 신학교를 향하였고, 그 다음에야 하나님 나라에 맞추어진 것이다. 생략된 의사 소통은 우리의 주된 관심을 하나님이 아닌 다른 무언가로 향하게 한다.

🐾 네 개의 손

고양이 신앙에 대한 또 다른 완벽한 보기는 그레그 리빙스턴Greg Livingstone이 1980년에 복음주의적이며 교단 지향적인 한 대형 교회에서 행한 설교 가운데 잘 드러나 있다. 그 당시 52명의 미국인이 이란 주재 미국 대사관에 인질로 잡혀 있었다. 그는 이슬람에 대해 연설하도록 초대를 받았지만 그 주제에 대해 강연하는 대신 선교 보고만 하도록 요청을 받았다. 크게 실망할 수 있는 상황이었지만 그의 짧은 메시지는 설교보다 더 큰 능력을 발휘했다.

간단한 소개와 함께 자리에서 일어난 그는 이렇게 말했다. "이 가운데서 이란에서 인질로 붙잡혀 있는 52명의 미국인들을 위해 기도하시는 분은 손들어보십시오." 그러자 4,000여 명의 사람들이 즉시 손을 들었다. 그는 다시 이렇게 말했다. "와, 대단하군요. 그럼, 다른 질문을 드리겠습니다. 하나님이 보고 계시니까 솔직히 대답하시기 바랍니다. 여러분 가운데 이슬람교에 인질로 붙잡혀 있는 4천 2백만 명의 이란 사람들을 위해 기도하고 계신 분은 얼마나 되는지 손들어보십시오."

그러자 네 사람만이 천천히 손을 들었다. "겨우 네 분뿐인가요? 그럼, 여러분의 신분은 먼저 미국인이고, 그 다음에야 그리스도인이란 말인가요? 저는 여러분이 성경대로 믿는 사람들이라고 생각했었습니다." 그러고 나서 그는 자리에 앉았다 말할 것도 없이 그는 두 번 다시 그 교회에 초대받지 못했다.

그러나 그의 말이 옳았다. 우리는 먼저 이땅에서의 자기 나라 시민이고 그 다음에야 그리스도인이 되는 경우가 많다. 우리는 하나님이 온 세상에 세우신 하나님 나라를 위해 행하시는 일보다는 우리 교단 안에서 행하시는 일에 더 열광할 수도 있다. 우리는 우리 교회 안에서 일어나는 혹은 일어나지 않는 일에 더 열심을 내느라 장차 일어날 부흥에 대해 실제로는 분개할 수도 있다.

고양이 신자는 유익하고 편안한 것과 함께하기 때문에 고양이 신자가 되는 것은 쉬운 일이다. 그리고 그런 것들은 하나님의 마음과 가까운 것이 맞다. 그들은 "아니, 우리가 어떻게 잘못될 수가 있어?" 하고 의아해한다. 고양이 신자들은 그리스도인으로 살아가면서도 자신에게 유익한 것들이 일순위가 되게 하기 위해 하나님의 영광을 두번째 자리로 기꺼이 밀어넣는다.

여기에서, 다음 장으로 넘어가기 전에 이 책에서 말하고자 하는 바를 다시 한 번 강조하고 싶다. 고양이 신자의 신앙이 잘못된 것은 아니다. 다만 거기에 머무르는 것이 잘못된 것이다. 그 신앙에서 배운 몇 가지 적용 방식은 잘못이지만, 그들의 신앙 자체가 잘못은 아니다.

만일 당신이 지금까지 살아오면서 배워온 신앙이 고양이 신앙이라 해도, 당신의 삶이 헛된 것은 아니다. 당신에게는 배워야 할 것이 더 많이 있고, 말씀을 다르게 적용하는 방법을 배워야 하지만 지금까지의 삶 자체가 낭비는 아니다. 이제 그리스도의 온전한 복음을 선포하는 일에 더욱 박차를 가하라.

 고양이 신자가 보이는 열한 가지 증상

무엇이 문제인가

미국 철도의 표준 궤간, 즉 레일과 레일 사이의 간격은 4.85피트1.435m다. 그 수치는 매우 엉뚱한 숫자다. 왜 하필이면 4피트 하고도 8과 1/2인치일까? 왜 그런 기준이 사용되는 것일까? 그것은 그 궤간이 처음에 영국에서 시작되었고, 영국을 탈출한 사람들이 미국의 철도를 깔았기 때문이다.

　그럼, 당신은 이렇게 질문할 것이다. "좋아요. 그렇다면 왜 영국 사람들은 그런 간격으로 철로를 만들었죠?" 영국에서 최초로 세워진 철로는 철도 이전에 세워진 전차를 건설했던 사람들에 의해 세워졌고, 그 간격이 그들이 사용했던 궤간이었다. 그럼, 그들은 왜 그런 궤간을 사용했을까? 전차를 건설했던 사람들은 마차의 바퀴 간격에 사용했던 것과 동일한 양식과 모형 그리고 도구를 사용했던 것이다.

　그럼 이제 당신은 이런 의문이 들 것이다. '그렇다면 왜 마차 바퀴의 간격은 그 이상한 치수를 사용한 것일까?' 그것은 만일 다른 바퀴 간격이 사용되었다면 마차 바퀴가 영국에서 오래전부터 사용된 장거리 도로에 새겨진 바퀴자국과 간격이 맞지 않아 부서질 수 있기 때문이다.

　그러면 다시 이런 질문이 생길 것이다. '그럼 누가 장거리 도로에 바퀴자국을 냈는가?' 영국에서 최초로 만들어진 장거리 도로는 로마 제국이 그들의 병사들을 위해 세운 것이다. 그때 만들어진 길이 지금까지 사용되어 온 것이다. 그러면 바퀴자국은 어떻게 생긴 것인가? 그 길에 맨 처음 바퀴자국을 낸 것은 로마군의 전차戰車였고, 다른 사람들은 자신의 마차가 부서질까봐 그 자국에 맞추어야 했던 것이다. 로마가 전차를 만든 이후로 모든 바퀴의 간격은 그와 동일한 치수를 갖게 되었다. 그리고 로마 전차는 두 마리의 전쟁용 군마軍馬의 후미 부분을 충분히 수용할 수 있을 만한 너비로 만들어졌다.

따라서 우리는 맨 처음 제기한 질문에 대한 답을 얻은 셈이다. 미국의 철도가 사용하는 4피트 하고도 8과 1/2인치라는 표준 철로 궤간은 로마 제국의 전차를 끄는 두 마리 말의 후미 부분의 너비에서 유래된 것이다.

이런 내용이 우습게 보이겠지만, 그보다 더한 것도 있다. 발사대에 놓여진 우주선을 보면, 메인 연료 탱크 측면에 커다란 두 개의 추진 로켓이 부착되어 있는 것을 알 수 있다. 이것은 SBR solid booster rocket 이라 불리는 고체 연료 추진 로켓인데, 유타 주에 위치한 티아콜Thiakol 사의 공장에서 제작하고 있는 것이다.

풍문에 의하면, 그 고체 연료 추진 로켓을 설계한 엔지니어는 원래 그 로켓을 조금 더 크게 만들고 싶어했다고 한다. 그렇지만 그 SBR은 공장에서 우주선 발사대까지 기차로 운반되어야 했다. 그리고 공장에서 출발한 기차가 중간에 산을 통과하는 터널을 지나야 했기 때문에 SBR은 그 터널을 지날 수 있는 크기로 맞추어져야 했다. 터널의 넓이는 기차 궤간보다 약간 넓은 크기였고, 그 궤간은 꼭 말 두 마리의 후미만큼이었다. 결국 지구상에서 가장 발달한 최첨단 운송 수단의 주요 설계 도면은 말 두 마리의 꽁무니 크기에 맞추어 결정된 셈이었던 것이다.

당신은 올바른 기초를 놓는 일이 얼마나 중요한지 아는가? 기초가 올바로 되어 있지 못하면 모든 것이 엉뚱한 방향으로 기울어지고, 당신은 잘못된 방향으로 가게 될 것이다. 우리가 고양이 신앙을 받아들일 때 바로 그런 일들이 일어난다. 그 신앙은 우리를 어딘가로 인도한다. 우리가 미처 깨닫지 못하고 있지만, 시간이 지나면서 많은 위험에 직면하게 되는 자기중심적인 신앙에 사로잡히게 된다. 이 책의 다음 내용을 통해 고양이 신자가 보이는 열한 가지 증상에 대해 알아보기로 하자.

1. 고양이 신자는 자기 만족의 신앙을 갖고 있다.
2. 고양이 신자는 읽고 듣는 것을 골라서 한다.
3. 고양이 신자는 골라서 적용한다.
4. 고양이 신자는 승자를 위한 복음을 갖고 있다.
5. 고양이 신자는 이기적인 기도를 드린다.
6. 고양이 신자는 하나님의 영광을 가로챈다.
7. 고양이 신자는 영원을 바라보며 살지 않는다.
8. 고양이 신자는 잘못된 우선순위를 만들어간다.
9. 고양이 신자는 신학도 취사선택한다.
10. 고양이 신자는 삶이 공평해야 한다고 생각한다.
11. 고양이 신자는 인본주의를 끌어안는다.

6장 CAT & DOG THEOLOGY
자기 만족의 신앙:
읽기, 듣기, 적용을 취사선택함

데비Debby와 나밥는 아이들과 함께 온 식구가 야외에서 자전거 타는 것을 좋아한다. 그렇지만 우리가 살고 있는 곳은 시골이라서 자전거를 안전하게 탈 만큼 길이 넓지 못하다. 그래서 우리는 보통 아이들과 함께 자전거를 트럭 뒤 칸에 싣고 자전거를 타기에 적합한 장소를 찾아다닌다. 우리 동네 근처에 멋진 호수가 있다. 자전거를 타고 그 호수 주위를 돌면서 집들을 바라보는 것은 신나는 일이다. 하나의 길에는 입구와 출구가 있고, 그 밖에 다른 곳으로 빠져나갈 길은 없다.

어느 화창한 봄날에 우리는 아이들을 데리고 그 호수로 갔다. 우리는 자전거를 타고 하이킹을 떠났고, 내가 선두에 섰다. 우리는 뒤로 스쳐가는 아름다운 숲과 각 가정에서 예쁘게 꾸민 뒤뜰을 바라보며 행복해했다. 나는 어디로 가는지는 신경쓰지 않고 그 동네 뒷부분으로 가서 왼쪽으로 방향을 틀었다. 그 길을 따라 늘어선 집들 역시 근사했다. 우리는 그 집들을 보면서 저마다의 독특한 모습과 단정히 손질된 정원에 들인 엄청난 노력에 감탄했다.

시간이 흘렀다. 나는 갑자기 우리가 들어선 길이 다른 길과 연결된다는 것을 발견했다. '이상한데.' 나는 속으로 생각했다. '이 동네에는 입구가 하나였던 것으로 기억되는데.' 나는 이제 곧 발견하게 될 새로운 지역을 생각하면서 마음이 들떴다. 우리 식구가 교차로에 들어서는 순간 나는 어떤 상황인지 깨달았다. 정신없이 집 구경을 하느라 길이 약간 옆으로 구부러져 있었던 것을 눈치 채지 못했던 것이다. 결국 우리는 완전히 한 바퀴를 돌아 전혀 깨닫지 못하는 가운데 180도 회전을 한 것이다.

이것이 바로 당신이 고양이 신자의 신앙에 푹 빠질 때 일어나는 일이다. 당신은 미처 깨닫지 못하고 있는 사이에 180도 방향 전환을 한 것이다. 당신은 하나님과 그분의 영광에 초점을 맞추고 출발했다고 하지만 나중에는 "모든 것은 나를 위한 거야!"라고 말하는 가운데 그 반대 방향으로 향하게 된 것이다. 느리지만 180도로 회전하는 이 일은 그 자체로 중대한 문제를 불러일으키며, 우리는 그런 문제가 발생한다는 것을 알지도 못하는 경우가 자주 있다.

🐾 자기 만족의 신앙

많은 그리스도인들은 자신도 알지 못하는 가운데 자기 마음에 여과 장치를 만들어놓고 자기 기분을 좋게 하는 구절들에만 초점을 맞추고 암송한다. 그들은 마치 냉장고 문을 열듯이 성경을 펼치고는 자기를 만족시키는 구절만 찾고 다른 내용들은 건드리지도 않은 채 그냥 놓아둔다. 이런 일이 어떻게 일어나는지 실례를 들어보자.

그리스도인들이 가장 선호하여 암송하는 구절을 보면 그 내용이 평안과 안전에 관한 내용을 다루고 있다는 것을 알게 될 것이다. 고양이 신자는 시편 103편 11-13절과 같은 구절을 암송하는 것을 좋아한다.

> 이는 하늘이 땅에서 높음같이 그를 경외하는 자에게 그 인자하심이 크심이로다 동이 서에서 먼 것같이 우리 죄과를 우리에게서 멀리 옮기셨으며 아비가 자식을 불쌍히 여김같이 여호와께서 자기를 경외하는 자를 불쌍히 여기시나니.

그러나 그들이 고난받는 것이 아름다운 일이라고 말씀하고 있는 베드로전서 2장 19절을 암송해본 적이 있는지 물어보라. 그들은 아마 이렇게 대답할 것이다. "아니요. 내가 고난을 받아야 한다고요? 정말이에요?" 그들은 기쁜 마음으로 마태복음 11장 28-30절 말씀을 묵상한다.

> 수고하고 무거운 짐 진 자들아 다 내게로 오라 내가 너희를 쉬게 하리라 나는 마음이 온유하고 겸손하니 나의 멍에를 메고 내게 배우라 그러면 너희 마음이 쉼을 얻으리니 이는 내 멍에는 쉽고 내 짐은 가벼움이라 하시니라.

그러나 그들이 하나님은 '질투하시는 하나님'이라고 말씀하고 있는 출애굽기 20장 5절을 묵상하고 있는지 물어보라. 아마 이렇게 말할 것이다. "아니요. 하나님이 질투하신다고요? 정말이에요? 말도 안 돼요."

그들은 예레미야 29장 11-13절 말씀을 즐겁게 외우고 또한 실천에 옮긴다.

나 여호와가 말하노라 너희를 향한 나의 생각은 내가 아나니 재앙이 아니라 곧 평안이요 너희 장래에 소망을 주려 하는 생각이라 너희는 내게 부르짖으며 와서 내게 기도하면 내가 너희를 들을 것이요 너희가 전심으로 나를 찾고 찾으면 나를 만나리라.

그러나 그들은 경건의 시간을 갖기 전에 분쟁을 화해하라는 마태복음 5장 23-24절 말씀을 실천하는 법은 알지 못하고 있다.

그들은 시편 40편 1-3절이 자신의 삶 가운데서도 그대로 적용된다고 생각한다.

내가 여호와를 기다리고 기다렸더니 귀를 기울이사 나의 부르짖음을 들으셨도다 나를 기가 막힐 웅덩이와 수렁에서 끌어올리시고 내 발을 반석 위에 두사 내 걸음을 견고케 하셨도다 새 노래 곧 우리 하나님께 올릴 찬송을 내 입에 두셨으니 많은 사람이 보고 두려워하여 여호와를 의지하리로다.

그러나 그들은 마태복음 28장 18-20절에 기록된 지상 명령이 자신의 삶 가운데 그대로 적용된다는 사실은 좀처럼 받아들이지 않는다.

그들은 야베스의 기도를 기쁨으로 드린다.

> 원컨대 주께서 내게 복에 복을 더하사 나의 지경을 넓히시고 주의 손으로 나를 도우사 나로 환난을 벗어나 근심이 없게 하옵소서(대상 4:10).

그러나 바울이 드린 다음의 기도는 절대 따라 하지 않는다.

> 내가 바라는 것은 그리스도를 알고, 그분의 부활의 능력을 깨닫고, 그분의 고난에 동참하여 그분의 죽으심을 본받는 것입니다(빌 3:10, 표준새번역).

왜 그들은 이런 구절들은 암송하지 않는가? 그 이유는 간단하다. 이런 구절들은 그들을 기분 좋게 하지 않기 때문이다. 그리고 고양이 신앙은 자기를 기분 좋게 해주는 구절들로 이루어진 자기 만족의 신앙이다. 고양이 신자들은 그렇게 하나님의 가르침 가운데 일부분만 선택해서 듣기 시작하고 모든 곳에 존재하는 하나님의 영광을 놓치고 있다.

🐾 골라 읽기와 골라 듣기

당신은 "하나님은 당신을 사랑하시고 당신에게 복 주시기를 원하신다. 하나님은 언제나 좋은 분이시다"라는 구절에 친숙할 것이다. 당신은 아마 그 말 혹은 그와 비슷한 말을 찬양곡 가운데서 들어보았을 것이다. 우리가 그 노래를 듣고, 그 노래를 부르며, 그 가사를 외운다고 해서 사탄이 신경질을 내지는 않는다. 왜 그런가? 그 구절에는 사탄이 핵심 요소라고 알고 있는 것이 빠져 있기 때문이다. 무엇이 빠져 있는가? 바로 하나님의 영광이다. 만일 모든 피조물과 생명체가 그분의 영광에 초점을 맞춘다면 그 구절들 가운데 어디에 하나님의 영광이 자리하고 있는가? 이것은 우리가 갖고 있는 기독교의 메시지가 너무나 생략되어 있음을 보여주는 또 하나의 예다. 어떤 이들은 이렇게 반응할 것이다. "음, 물론, 그게 옳을 수도 있지만 나는 좋은 내용을 들었어. 하나님이 나를 사랑하시고 내게 복 주시기를 원하신다는 거야. 그것이야말로 중요한 거지!"

여기서 원래의 구절이 위치한 문맥 안에서 하나님의 영광에 관한 몇 가지 중요한 구절을 살펴보고 어떤 차이점이 있는지 살펴보자.

하나님은 은하계로부터 뒤뜰에 이르기까지, 빛으로부터 사자에 이르기까지, 아이들의 웃음에서부터 천둥소리에 이르기까지 모든 피조물 안에 자신의 영광을 보이신다. 그분의 영광은 그분이 만백성을 사랑하시는 방식과 하나님이 당신을 사랑하시고 당신에게 복 주시기를 기뻐하시는 방식 가운데 가장 감동적으로 드러난다.

그리고 그분은 당신이 별을 보고 경탄하고 장미 냄새를 맡으면서, 따뜻한 햇볕을 쬐고 사자의 생활 방식을 배우면서, 아이들의 웃음소리를 듣고 천둥소리에 귀를 기울이면서 그리고 당신의 이웃과 다른 민족에게 복의 근원이 되는 가운데 그분의 영광을 누리기 원하신다. 그분의 영광은 물이 바다를 덮음같이 땅 위에 가득할 것이다. 그분의 영광은 만물 안에 깃들어 있다. 하나님은 선한 분이셔서 우리로 하여금 언제나 그분의 영광을 경험하고 나눌 수 있게 하신다.

어떻게 생각되는가? 다르게 들리지 않는가? 이 안에는 처음에 말한 문장이 들어 있지만, 그 문장은 하나님의 영광이라는 더 큰 메시지에 속한 작은 부분으로 보인다. 하나님은 항상 하나님이시다. 그렇지만 그분은 우리로 하여금 그분의 영광을 보고, 알며, 사랑하고, 소중히 여기며, 지향하는 것을 허락하신다. 그분은 우리가 그분의 영광에 초점을 맞추기를 원하신다. 그러나 우리의 골라서 듣는 행위는 하나님이 우리를 위해 행하신 일에만 우리의 초점을 맞추게 만든다.

나[b]는 전에 라이베리아에서 열린 한 강습회에서 강연했을 때 이 원리를 자세히 살펴본 적이 있다. 그리고 마침내 사회자가 일어나 "하나님은 선하시다"와 비슷한 가사의 찬송을 선창하자 청중들이 "언제나"라고 화답했다. 이렇게 두세 번 반복해서 부른 다음 사회자는 순서를 바꾸어 "언제나"라고 말하고, 회중들이 "하나님은 선하시다"라고 화답했다.

사회자가 이 찬송을 시작하는 동안 나는 자리에서 일어나 두 팔로 사회자를 감싸안고 말했다. "그 말을 할 때는 조심해야 해요. 왜냐하면 하나님의 영광이 아니라 자기 자신에게 초점을 맞추기 쉽기 때문이죠. 새 가사로 한번 해보죠. 내가 먼저 '하나님은 질투하시는 분이다'라고 말하면 당신은 '언제나'라고 화답하세요. 그런 다음 내가 다시 '언제나'라고 말하면 당신은 '하나님의 영광을 위하여'라고 화답하세요." 그 자리에 모인 250명의 목회자들이 "하나님의 영광을 위하여"라고 외치는 것을 들으면 당신도 그들에게 변화가 일어났다는 것을 볼 수 있었을 것이다. 그들은 알았다. 그들은 그 순간 모든 것이 하나님의 영광을 위한다는 사실을 알았다. 그들은 그 말로 인해 자신에게 익숙한 무언가가 바뀌었고, 초점이 변화되었기 때문에 그 사실을 깨달은 것이다.

또 다른 예가 필요한가? 많은 사람들이 성경 암송 카드를 냉장고 문이나 거울에 붙여놓는 것을 보기도 하고 또 실제로 사용하기도 한다. 그 카드에는 에베소서 2장 6-7절과 같은 구절들이 적혀 있다. "또 함께 일으키사 그리스도 예수 안에서 함께 하늘에 앉히시니…." 당신은 이 문장이 생략되어 있다는 것을 알고 있는가? 고양이 신자들은 그 문장 가운데 자신과 관련된 부분만을 골라 암송하려 한다. 우리는 하나님의 말씀을 읽을 때 우리 자신에게 초점을 맞추기가 쉽다. 우리는 우리에게 다가오는 구절만 선택하지 우리에게 초점을 맞추지 않은 부분을 힘들게 외우려 하지 않는다. 이 구절 뒤에는 "이는 …하려 하심이라"란 내용이 이어지고 있다. 그 내용이 어떤 것인지 궁금한가? 그 부분에 주목해본 적이 있는가?

위에서 생략된 "이는 …하려 하심이라" 부분에는 하나님이 우리를 구원하신 이유가 들어 있다. 하나님은 그 구원에는 이유가 있다고 말씀하신다. 그분이 당신을 구원하신 데는 이유가 있다. 그 이유는 무엇일까? 왜 그분은 우리를 구원하셨을까? 그 구절의 나머지 부분이 그 질문에 대한 대답을 제공해준다. "이는 그리스도 예수 안에서 우리에게 자비하심으로써 그 은혜의 지극히 풍성함을 오는 여러 세대에 나타내려 하심이니라" [7절].

하나님은 자신의 영광을 나타내시려고 우리를 구원하셨다. 이 얼마나 놀라운 생각인가? 하나님은 엄청난 영광, 엄청난 은혜와 자비를 갖고 계시기 때문에 그분은 그것을 영원토록 드러내기를 원하신다. 그분은 그것을 우리에게 영원토록 부어주실 수 있도록 우리를 창조하셨다.

그럼 이 구절에서 다음과 같은 내용을 주목해보라. 하나님은 네 번에 걸쳐 자신을 이렇게 언급하셨다. "그분은", "그분의", "그분의", "그리스도 예수"NIV 기준, 우리말 성경에는 명확하게 번역되어 있지 않음. 하나님은 자기 자신은 네 차례 언급하신 반면, 우리에 대해서는 단 한 차례만 언급하셨다. 그런데도 우리는 이 구절에서 무엇에 초점을 맞추는가? 우리는 '우리에게' 만 초점을 맞추고 이렇게 말한다. "하나님을 찬양합니다! 모든 것은 우리를 위한 것이군요. 하나님, 당신이 십자가에서 죽으신 것은 우리를 위해서, 우리를 일으키시고, 그리스도와 함께 앉게 하시기 위함이군요."

물론 그분이 그렇게 하신 것은 맞다. 그러나 그것은 그분의 자비하심을 장차 올 모든 세대에 나타내시기 위한 일의 일부분이다. 자신이 듣기 원하는 부분만 듣고, 읽고 싶은 부분만 읽는 것은 하나님의 영광을 나타내기 위한 그분의 계획을 걸러내는 것이다. 그리고 그 대신에 우리 자신에게 초점을 맞추는 것이다.

요한복음 3장 16절은 또 다른 예다. 당신은 강아지 성도와 고양이 신자가 요한복음 3장 16절을 다르게 읽는다는 것을 아는가? 다음 내용은 강아지 성도들이 요한복음 3장 16절을 읽고 해석하는 방법을 예로 든 것이다. 괄호 안은 강아지 성도들이 그 부분을 읽고 무슨 생각을 하는지를 나타낸다.

- 하나님이(알파와 오메가이신 분, 위대하신 스스로 있는 분, 전능하신 주 하나님)
- 세상을(왜 우리인가? 우리는 태어날 때부터 죄를 짓는데. 우리는 너무도 부정하고, 자기 중심적인데. 우리의 마음은 회복될 수 없을 만큼 병들어 있는데. 그분

은 정말 세상을 사랑하시는가?)
- 이처럼 사랑하사(하나님이 아무 조건 없이 사랑하신다고? 내가 그분을 거역해도? 정말 놀라운 일이야!)
- 독생자를 주셨으니(그분이 자기 아들을 주셨다고? 그것도 하나뿐인 외아들을? 그가 우리의 벌을 모두 감당하셨다고? 우리를 대신해 희생되셨다고? 하지만 그분은 아무 죄가 없으신 분인데.)
- 이는 저를 믿는 자마다(믿는 자면 모두 다 된다는 것인가? 남자, 여자, 어른, 아이 가리지 않고? 힌두교도? 불교 신자도? 어느 인종, 어느 민족이든 가리지 않고? 이건 정말 엄청나게 희망적인 말이야.)
- 멸망치 않고 영생을 얻게 하려 하심이니라(그분이 모든 사람들의 죄를 용서해 주신다고? 우리는 이제 우리가 지은 잘못에 대해 대가를 치르지 않아도 된다고? 우리가 모두 의롭고, 정결하며, 거룩하게 된다고? 그분은 자비하심이 충만하신 분이야! 그분은 놀라우신 분이야!)

고양이 신자들도 요한복음 3장 16절을 읽지만, 그들은 다른 점을 강조하면서 읽고 해석한다. 고양이 신자가 읽는 모습은 다음과 같다.

- 하나님이(좋아, 이건 하나님에 관한 거군. 그럼 빨리빨리 지나가야지.)
- 세상을 이처럼 사랑하사(이봐, 여기 우리가 나왔군. 이건 우리에 관한 거야. 멋진데. 하나님은 우리를 위해 모든 것을 하시는 분이야!)
- 독생자를 주셨으니(이야! 드디어 나왔군. "예수님 축하해요, 축하합니다." 그런데 이 사실을 지나치게 반복할 필요는 없지 않나요?)
- 이는 저를 믿는 자마다(이봐, 다시 우리가 나왔어! 이게 중요한 거야. 하나님은 우리를 위해서 이 모든 일을 하신 거라고!)
- 멸망치 않고 영생을 얻게 하려 하심이니라(아, 그래, 영생이야. 난 기다리기 힘

들어. 천국에 가면 큰 집과 아름다운 폭포 옆에 위치한 땅을 갖고 싶어. 그리고 그곳에 방이 많았으면 좋겠어. 그것도 큰 방으로 말야. 그리고 천국에서도 TV를 보고 테니스와 골프를 계속 칠 수 있었으면 좋겠어. 그곳에서도 신나게 지낼 거야. 신나는군!)

당신은 이 차이를 분명히 볼 수 있다. 강아지 성도는 하나님이 사랑하신다는 사실에 감격한다. 그분은 그들만을 사랑하시는 것이 아니라 누구든 가리지 않고 모든 사람을 사랑하신다. 이슬람교나 불교, 힌두교나 그 밖에 다른 종교를 갖고 있는 사람이라도 말이다. 고양이 신자들은 하나님이 자기들을 사랑하신다는 사실에 초점을 맞춘다. 그들은 자기 이외의 것을 보지 못한다.

🐾 골라서 적용하기

사실 고양이 신자는, 인생의 고난에 관해 말하고 있는 구절에 대해서는 암송은 고사하고 거의 읽지도 않는다. 왜냐하면 그런 구절들을 읽으면 기분이 좋지 않기 때문이다. 그리고 그들이 오직 자기의 기분을 좋게 만드는 것에만 초점을 맞춘다면 또 다른 증세가 나타나게 된다. 바로 자기가 원하는 것만 골라서 적용하는 문제다.

만일 고양이 신자가 성경에서 임의로 선택한 부분만을 읽고 듣는다면 그들은 성경 가운데서 임의로 선택한 부분만을 적용하게 된다. 따라서 골라서 읽고, 원하는 것을 듣는 것에서부터 마음대로 적용하는 행위가 반복

된다. 고양이 신자들은 골라서 적용할 때 성경에서 자신의 이익에 대해 말씀하고 있는 부분, 축복에 관해 말씀하고 있는 부분만 적용한다. 고양이 신자들은 자신에게 만족감을 더해주는 부분만을 적용하는 경향이 있다.

애리조나에서 있었던 지도자 모임에서 몇몇 전문가들이 믿음의 조상들이 어떻게 자기가 속한 조직 안에서 더 훌륭한 지도자가 될 수 있었는지에 대해 가르치고 있었다. 그 리더십 전문가는 도입 부분을 이런 질문으로 시작했다.

"하나님은 아브라함의 삶을 위한 계획을 갖고 계셨습니까?"
(그 대답은 분명히 '그렇다' 이다.)
"하나님은 모세의 삶을 향한 계획을 갖고 계셨습니까?
(그 대답은 분명히 '그렇다' 이다.)
"하나님은 다윗의 삶을 향한 계획을 갖고 계셨습니까?
(그 대답은 분명히 '그렇다' 이다.)
"하나님은 바울의 삶을 향한 계획을 갖고 계셨습니까?"
(여기서도 분명히 그 답은 '그렇다' 이다.)
"하나님은 여러분의 삶을 향한 계획을 갖고 계십니까?"
(예상되는 대답은 '그렇다' 이다!)

어떤 이는 손을 들고 이렇게 말할 것이다. "죄송합니다. 그렇지만 내가 모세와 같은 수준의 인물이라고 생각하는 것은 매우 교만한 생각 같습니다. 모세는 한 민족 가운데서 택함받은 사람입니다. 나는 이 자리에서 다른 사람들과 함께 강연을 듣고 있는 청중일 뿐입니다. 그런데 어떻게 우리가 모두 모세나 다윗이나 아브라함 혹은 바울과 같은 사람이 될 수 있겠습니까? 그 사람들은 한 민족을 지도하기 위해 택함받은 사람들입니다. 하나님은 우리 모두를 모세와 같은 사람이 되라고 말씀하시는 건가요? 차라리 보통 사람들, 평생 동안 애굽의 노예로 종살이하던 사람과 같다고 하는 것이 더 맞지 않나요?"

이 문제를 한번 살펴보자. 애굽에서 10세대가 노예로 살아왔다 400년을 노예로 지낸 셈인데, 한 세대를 평균 잡아 40년으로 보면 10세대가 지난 셈이다. 그리고 그 가운데 오직 한 세대만이 자유를 얻었다. 고양이 신자가 이 기간의 역사로부터 교훈을 가르친다면 어느 부분에 초점을 맞출까? 아마 자유를 얻은 세대에 초점을 맞추고 하나님이 우리 모두에게도 자유를 주시기 원하신다고 전제할 것이다.

강아지 성도는 다른 질문을 제기하기를 바란다. 하나님은 노예 상태에 있던 다른 세대들도 사랑하셨을까? 당신은 "물론이죠!"라고 대답할 것이다. 하나님은 그들의 삶을 위해서도 어떤 계획을 갖고 계셨을까? 당신은 역시 "분명히 그렇죠!"라고 대답할 것이다. 그들을 향한 하나님의 계획은 무엇일까? 고양이 신자는 이 부분을 좋아하지 않지만, 노예로 태어나 노예로 살아가다 노예로 죽는 것이 그들의 삶을 향한 하나님의 계획이었다. 왜 그런가? 그 계획은 그들이 아니라 하나님의 목적을 위한 것이었기 때문이다. 그 한 가지 목적은 하나님이 그들의 노예 생활을 통하여 다음세대들에게 그들 주위에 살고 있는 외국 사람들에게 친절을 베풀라고 가르치기 위한 것이었다. 신명기 24장 18절을 보라.

그럼 왜 고양이 신자는 처음 9세대의 삶이 주는 교훈을 자신의 삶에 적용시키지 않는 것일까? 그들이 사용하는 골라서 선택하는 방법에 의하면,

6장 자기 만족의 신앙: 읽기, 듣기, 적용을 취사선택함 _ 119

마지막 세대만이 자신들의 삶에 적용시킬 수 있는 어떤 것을 갖고 있는 셈이다. 그래서 그들은 처음 세대들의 삶 가운데도 배울 수 있는 교훈이 있을 것이란 점을 고려하지 않고 마지막 세대의 삶에만 초점을 맞추고 적용하기를 원한다.

여기서 솔직하게 대답해보라. 당신은 애굽에서 노예로 살다가 자유를 얻은 사람들에 관한 설교나 교훈을 얼마나 많이 들어보았는가? 그 가운데 모세에 대해서 또 그들이 노예 상태에서 해방된 것에 초점을 맞춘 것은 얼마나 되며, 노예로 태어나 노예로 살다가 노예로 죽은 사람들에게 초점을 맞춘 것은 몇 번이나 되는가? 분명 우리는 노예 상태에서 해방된 것에 관한 교훈을 가르칠 수도 있다. 아니면 전혀 다른 교훈을 가르칠 수도 있다. 그것은 하나님이 다음세대에 교훈을 삼기 위해 당신으로 하여금 노예로 사는 가운데 먹고, 숨쉬다가 죽기를 원하신다는 것이다. 틀림없이 이런 교훈은 잘 팔리지 않는 교훈일 것이다. 그렇지만 그 교훈은 타당하다. 반드시 사람들에게 들려주고 숙지하게 해야 하는 교훈이다. 그것은 우리가 아니라 하나님이 중심이 된 교훈이다.

하나님을 믿는 사람들의 삶에 좋은 것, 행복한 것 그리고 복 받는 일만을 준비해준다고 해서 그것이 그들에게 호의를 베푸는 것은 아니다. 인생에는 재난과 위기, 슬픔과 좌절, 그 밖에 많은 일들이 일어나는데 고양이 신자의 교훈은 이런 것들을 준비시켜주지 않는다. 실제로 어떤 고양이 신자는, 그리스도인들에게는 그런 일들이 일어나지 않는다고 가르친다. 만일 그것이 사실이라면 우리는 선지자들, 사도들, 바울, 다니엘, 다윗, 스데반, 초대 교회의 순교자들 그리고 욥을 찾아가 헛고생하지 말라고 말해야 할 것이다.

그 교훈이 잘못된 것인가? 그렇지 않다. 그러나 마음대로 골라서 적용하는 덕분에 한 가지가 빠졌다—틀린 것이 아니라 불충분한 것이다. 고양이 신자가 자기 마음에 드는 것만 골라서 적용하는 곳은 단지 이 부분만이 아니다. 그들은 긍정적인 면을 가르치려고 선택했지만 실제로 그 가운데 다른 교훈이 들어 있는 이야기들이 정말 많다. 예를 들어 다음과 같은 교훈은 왜 가르치지 않는가?

- 당신의 형제가 당신을 노예로 팔아버려 하나님이 당신을 외국에서 사용하실 수 있게 하신다(요셉 이야기).
- 하나님은 당신이 다른 문화에 속한 사람과 결혼하여 그 인척들과 유대를 맺어 당신의 배우자가 죽은 다음에 그들에게 친절함을 보여줄 수 있기를 원하신다(룻 이야기).
- 당신은 교회의 선지자 노릇을 하다 감옥에 갇히게 되고, 사역하는 기간 동안에는 아무 열매도 보지 못할 것이다(예레미야 이야기).
- 하나님은 우리나라가 공격을 받고 유린당하여 복음을 밖으로 전하게 되기를 원하실 수도 있다(예루살렘 교회의 흩어짐).
- 하나님은 당신이 하나님의 능력을 드러내기 위해 타오르는 불 가운데 던져지기를 원하실 수 있다(사드락, 메삭, 아벳느고 이야기).
- 하나님은 당신이 돌에 맞아 죽임당하기를 원하실 수도 있다(스데반 이야기).
- 하나님은 당신이 고향에서 강제로 옮겨져 다른 나라의 지도자가 되고, 이어서 거짓 모함을 받아 사자굴에 던져지기를 원하실 수도 있다(다니엘 이야기).
- 하나님은 당신의 나라에 기근이 들어 당신이 다른 나라로 이주하여 당신의 믿음을 전하기를 원하실 수도 있다(창세기 12장 10절에 나오는 아브라함이 애굽으로 간 첫번째 선교 여행).

- 하나님은 당신이 노예가 되어 다른 민족에게 복음을 전하기를 원하실 수도 있다(열왕기하 5장에 나오는 나아만의 계집종).
- 하나님은 당신이 가진 모든 재산을 강탈당하고, 자녀가 죽임을 당하며, 극심한 고통에 시달리는 시험을 주실 수 있다(욥 이야기).
- 하나님은 당신이 감옥에 갇혀 다른 사람에게 복음을 전하게 되기를 원하실 수도 있다. 그분은 당신이 매를 맞고, 돌에 맞으며, 파선하고, 벌거벗으며, 추위에 노출되고, 굶주리며, 채찍을 39대씩 여러 번 맞게 하실 수도 있다(사도 바울 이야기).

왜 사역자들은 이런 교훈을 일상적으로 가르치지 않는 것일까? 솔직하게 말하면, 그런 교훈은 잘 팔리지 않기 때문이다. 그 교훈이 잘 팔리지 않으면 당연히 교인 수가 줄어들 것이다. 교인 수가 줄어들면, 수입도 줄어들게 마련이다. 돈이 부족하면 하나님 나라를 위하여 더 많은 일을 할 수 없게 된다.

결론은 고양이 신앙은 불충분하며, 때때로 잘못된 길로 나아간다는 것이다. 만일 당신이 정직한 사람이라면 고양이 신앙이 널리 퍼지고 있다는 것을 인정할 것이다. 우리 교회 안에 고양이 신앙이 아무 소리도 없이 죽음을 불러일으키는 암처럼 번지고 있다.

7장 CAT & DOG THEOLOGY
승자 위주의 신앙

만일 하나님께 목적이 있다면 그것을 위해 우리의 생명을 바칠 수 있을까? 당신은 미국 독립선언서에 서명한 56명의 사람들에게 어떤 일이 일어났는지 알고 싶어한 적이 있는가? 5명의 서명자는 영국군에게 반역자로 체포되어 심한 고문을 받고 죽었다. 12명은 그들의 집이 약탈당하고 불태워졌다. 두 사람은 독립전쟁 중에 아들들을 잃었다. 그리고 다른 사람은 두 아들이 체포당하는 아픔을 겪었다. 56명 가운데 9명은 독립전쟁에 참가했다가 전쟁 중 입은 상처로 숨을 거두었다. 그들은 그 선언서에 자신의 생명과 재산과 고귀한 명예를 건 것이다.

그들은 어떤 사람들이었는가? 그 가운데 24명은 변호사이자 법률가였고, 11명은 상인, 9명은 농부이자 대규모 농장을 소유한 사람이었다. 그들은 모두 부자였고, 많은 교육을 받았으며, 잃을 것이 많은 사람들이었다. 그러나 그들은 붙잡히면 그에 대한 처벌로 죽임을 당하게 될 사실을 잘 알면서도 독립선언서에 서명했다.

버지니아 주의 부유한 농장주이자 상인이었던 카터 브랙스턴 Carter Braxton 은 자신의 배가 바다에서 영국 해군에 의해 습격당하는 것을 지켜봐야 했다. 그는 빚을 갚기 위해 집과 재산을 모두 팔았고, 거지가 되어 죽었다.

토마스 맥킴 Thomas McKeam 은 영국군에게 쫓기느라 온 가족이 함께 도망다녀야 했다. 그는 무보수로 의회에서 봉사했고, 그의 가족들은 계속 숨어 지냈다. 그의 재산은 몰수당했고, 그는 빈곤하게 살아야 했다. 폭도들과 군인들은 딜러리 Dillery, 할 Hall, 클라이머 Clymer, 월턴 Walton, 그원넷 Gwinnett, 헤이워드 Heyward, 루틀리지 Routledge, 미들턴 Middleton 과 같은 이들의 재산을 약탈해갔다.

요크타운 전투에서 토마스 넬슨 2세 Thomas Nelson Jr. 는 영국군 사령관 콘월리스 Cornwallis 가 넬슨 가문의 저택을 장악하여 지휘 본부로 사용했다고 기록하였다. 그는 조지 워싱턴 장군에게 그곳에 포격을 가하라고 은밀하게 촉구했다. 넬슨의 저택은 파괴되었고, 그는 나중에 파산한 채 숨을 거두었다.

프랜시스 루이스 Francis Lewis 는 가정과 소유를 파괴당했다. 적군은 그의 아내를 옥에 가두었고, 그녀는 몇 달 뒤에 숨졌다. 존 하트 John Hart 는 죽어가는 아내 곁을 억지로 떠나야 했다. 그들 부부가 낳은 13명의 자녀들은 목숨을 구하기 위해 도망해야 했다. 그의 밭과 방앗간은 폐허가 되었다. 그가 일 년 이상 숲과 동굴에서 연명하다가 자기 집에 돌아왔을 때 아내는 죽고 자식들은 방치되어 있었다. 몇 주 뒤에 그는 기력이 다하고 마음에 받은 상처로 인해 숨을 거두었다. 노리스 Norris 와 리빙스턴 Livingston 역시 비슷한 운명을 겪었다.

이것이 바로 미국 독립과 관련된 희생자들의 이야기다. 그 사람들은 무모하거나 난폭한 폭도들이 아니었다. 그들은 상당한 재산을 소유하고 정규 교육을 받은 온화한 사람들이었다. 그 사람들은 신의 섭리에 의한 보호를 굳게 믿었지만 고통을 당하고 죽었다. 그렇다면 신의 섭리가 그들을 무너뜨린 것일까? 아니, 전혀 그렇지 않다. 하나님은 자신이 원하시는 모든 것을 이루셨으며, 이 새로운 나라에 그분의 영광을 드러내고 널리 전할 자유가 굳게 세워지게 하셨다. 하나님의 목표는 바로 이것을 이루는 것이지, 그 일과 관련된 사람들의 재산이나 가족 혹은 명성을 지키는 것이 아니다. 그리고 하나님께는 또 다른 목표들이 있는데, 그 안에 우리의 명성과 부귀가 반드시 포함되어야 하는 것은 아니다. 물론 그럴 수도 있지만, 그렇지 않을 수도 있는 것이다. 하나님은 하나님을 위해 존재하시며, 우리는 그분의 영광을 드러내기 위해 존재한다.

🐾 문화의 눈가리개

고양이 신자들은 하나님이 그리스도인들에게 그런 식의 고통을 요구할 것이라고 전혀 생각하지 않는다. 왜냐하면 '문화라는 눈가리개'를 한 채로 성경을 해석하기 때문이다. 말하자면, 그들은 지난 40-60년 사이의 역사를 중심으로 성경을 해석한다. 그 기간에 미국에서 어떤 일들이 일어났는지 간단히 살펴보자.

그 기간 동안 달에 사람을 보냈다. 24시간 안에 온 세상에 수백 명의 사람들을 실어나를 수 있는 비행기를 만들었다. 소련이 붕괴되는 것을 보았고 걸프전에서 승리를 거두었다. 탁상용 컴퓨터와 노트북 컴퓨터가 흔한 물건이 되었다. 휴대폰은 고등학생들도 사용하고 있다. 그리고 이 모든 일들을 통하여 미국의 자산을 불린 장밋빛 주식 시장이 존재한다. 물론 여러 가지 예외도 존재하지만 2001년 9월 11일에 일어난 테러도 그 가운데 하나다 기본적으로 모든 것이 잘 진행되었다.

비록 인식하지 못하더라도 지나간 최근의 기록들을 통해 무엇을 배울 수 있는가? 과학 기술의 발전을 통해서 우리는 무엇이든 상상하고 또한 그것들을 만들어낼 수 있다. 우리는 대적을 물리침으로써 항상 승리할 것이라는 기대를 한다. 전망 좋은 주식 시장은 최고만을 기대하는 법을 우리에게 가르쳐주었다. 그 결과, 싫든 좋든 간에 고양이 신자들은 성경 안에서 항상 승리자, 정복자 그리고 챔피언에 대해서만 언급한다.

그리고 고양이 신자들은 결승선에 가장 먼저 도착한 경주마처럼 승리자의 대열에 합류하게 되기를 기대한다. 그들은 언제나 주인공에 대해서만 이야기하지, 별 볼일 없는 사람들에 대해서는 말하지 않는다. 그들은 안전하고, 쾌적하며, 편안하고, 안락하며, 안정된 삶을 기대하고, 항상 선두에 서기를 기대한다. 그들은 하나님이 우리 모두에게 주고 싶어하시는 것이 바로 그런 것이라고 믿는다.

강아지 성도는 승리자의 무리 밖에서 교훈을 찾는다. 그들은 또한 중요하지 않은 사람들에게 주목한다. 그것이 무슨 의미겠는가? 여기서 한 가지 예를 들어보자. 당신은 욥에 대한 이야기를 잘 알고 있을 것이다. 하나님은 사탄으로 하여금 그의 목숨을 제외하고 모든 것을 빼앗아갈 수 있도록 허락하셨다. 고양이 신자들은 이를 통해 무엇을 배울 수 있을까? 하나님이 우리를 시험할 때가 있다는 것이다. 그때 그들은 이런 생각을 할 수도 있다. "잠깐만요. 난 모든 것이 안전하고, 쾌적하며, 편안하고, 안락하며, 안정되길 원해요. 내가 항상 1등이 되어야 한다고 생각해요."

욥은 결국 그렇게 되었다. 욥의 재산은 두 배가 되었고, 자녀도 이전과 같은 수만큼 낳아서 결국 두 배가 되었다. 그러나 이것은 고양이 신자가 생각하는 승자 위주의 교훈이다. 여기에 승자의 대열에 합류하지 않는 강아지 성도가 배우는 교훈에는 어떤 것이 있을까? 강아지 성도는 이렇게 말한다. "욥의 자녀들에 관해 말해봅시다." 아마 이 글을 읽는 당신은 이런 생각이 들 것이다. '뭐? 욥의 자녀들에 관해 말해보라고? 그들은 모두 죽었어. 당신 제정신이야?'

이것은 중요한 문제다. 왜 우리는 항상 마지막에 살아남은 사람들만을 언급하는가? 왜 우리는 항상 이야기의 주인공에 대해서만 이야기하는가? 강아지 성도는 이렇게 생각한다. "이봐, 반드시 그래야 할 필요는 없어. 우리는 본문 안에서 우리에게 살아 있는 교훈을 가르칠 수 있는 사람이면 누구든지 이야기할 수 있어."

여기서 대답하기 힘든 질문이 제기되어야 한다. 하나님은 욥의 자녀들을 욥만큼이나 사랑하셨을까? 그 답은 분명히 '그렇다' 이다. 하나님은 그들의 삶을 위해서도 계획을 갖고 계셨을까? 그에 대한 답은 분명해 보이지는 않지만 그렇다는 동일한 대답은 마찬가지다. 그게 무엇일까? 그 질문에 대답하기 위해 먼저 욥의 자녀가 천국에 가서 하나님과 대화를 나누고 있다고 가정해보자. 그 대화는 이런 식으로 진행될 것이다.

자녀들: 주님, 주님과 잠시 대화 좀 해도 될까요?

주 님: 아, 물론, 되고 말고.

자녀들: 음, 주님. 한 가지 궁금한 게 있어서요. 왜 저희는 같은 시간에 죽어야 했나요?

주 님: 나는 너희들을 너무도 사랑한단다. 그래서 너희가 일찍 천국에 오게 했단다.

자녀들: 주님, 왜 그렇게 하신 것인지 정확한 이유를 말씀해주세요.

주 님: 나는 너희 아버지에게 한 가지 교훈을 가르쳐줌으로써 내 영광을 드러내길 원했단다.

자녀들: 뭐라고요? (믿기지 않는다는 듯이) 겨우 저희 아버지에게 교훈을 가르치기 위해 저희를 천국에 일찍 데려오셨다고요?

주 님: 그래, 그렇단다.

자녀들: 한 명이 이렇게 말한다. "하지만 주님, 제 형제들과 전 막 사업을 시작했거든요." 그리고 맏이가 이렇게 덧붙였다. "맞아요, 주님. 그리고 전 아버지의 사업을 물려받을 예정이었어요." 다른 딸이 이렇게 말했다. "그래요, 주님. 그리고 저는 이 사람과 연애를 하고 있었고 결혼해서 아이를 낳을 예정이었어요." 그녀의 여동생이 말했다. "그리고 하나님, 저도 결혼하고 싶었어요." 그리고 다른 이가 말했다. "저는 사역을 하려고 했어요. 여러 가지 계획도 있었고요." 그리고 그들 모두 한 목소리로 말했다. "우리는 모두 그런 가운데 있었는데 주님은 우리 아버지에게 한 가지 교훈을 가르쳐주기 원하셨다고요? 우리는 어쩌고요?"

주   님: 너희들이 뭔가 혼동을 일으키고 있는 것 같아 유감이구나. 이 일의 중심은 너희가 아니란다. 가장 중요한 것은 내가 어떤 계획을 갖고 있느냐 하는 것과, 여러 가지 방식으로 나의 영광을 드러내는 것이란다. 그리고 내가 너희들을 일찍 죽게 한 것은 너희 아버지를 통해 내 영광을 드러낼 수 있게 하려는 것이란다.

자녀들: 그렇지만 주님, 이건 공평해 보이지 않는 일이에요!

주   님: 글쎄, 너희도 알겠지만 내 피조물이 운영되는 방식은 공평함에 근거하지 않고 내 영광을 드러내는 일을 기준으로 하고 있단다. 그리고 너희 아버지를 통해 내가 한 일로 인하여 내 영광이 밝게 빛났지. 그리고 너희 모두에게 하나씩 줄 게 있단다.

(그리고 하나님은 그들이 한 번도 상상하지 못했던 것들을 선물로 주셨다! 그들은 할 말을 잃고 있다가 이윽고 이렇게 몇 마디 중얼거렸다.)

자녀들: 정말 이게 모두 저희 거예요?

주   님: 그렇단다. 난 너희를 너무도 사랑하고 있고, 너희는 내 영광을 드러내기 위해 각자가 맡은 역할을 훌륭히 해냈지.

자녀들: 그렇지만 하나님, 저희는 이 선물을 받을 자격이 없어요!

주   님: 나도 안다. 그러나 지금까지 너희에게 어떤 자격이 있어서 선물을 준 적은 한 번도 없단다. 이것을 너희에게 주는 일 역시 내 영광을 드러내기 위함이고, 그것이야말로 태초부터 모든 것의 중심이었단다. 어떤 이들에게는 복을 주고, 어떤 이에게는 핍박받는 것을 허락하며, 어떤 이는 일찍 천국에 데려왔지. 이 모든 일은 내 영광을 드러내는 아름다운 스테인드글라스란다.

당신도 알겠지만, 고양이 신자들은 이땅에서 받는 하나님의 축복에만 초점을 맞춘다. 그들은 이렇게 질문한다. "내가 살아온 70평생 동안 받은 축복은 어디에 있는가?" 강아지 성도는 자기 평생에 고난만이 이어질 수 있다는 것을 안다. 그리고 주님의 영광이 자신의 삶 가운데 가장 크게 빛나는 곳은 영원한 곳에서임을 깨닫는다. 사도 바울은 이렇게 기록하고 있다. "우리의 잠시 받는 환난의 경한 것이 지극히 크고 영원한 영광의 중한 것을 우리에게 이루게 함이니" 고후 4:17. 따라서 욥의 자녀들에 관해 말하는 것은 욥에 관해 말하는 것과 동일하게 의미가 있는 일이다. 승자가 아닌 사람들에게 교훈을 주는 다른 구절이 있는가?

이번에는 역대상 21장에 기록된, 다윗이 싸움에 나갈 만한 사람의 수를 센 죄를 범한 일에 대해 말해보자. 사탄은 다윗을 부추겨 자기 군사가 몇 명이나 되는지 세어보게 했다. 주님은 이 일을 전혀 기뻐하지 않으셨다. 다윗은 자기 자신, 자기 나라 그리고 자기 백성들에게 초점을 맞추기를 원했고, 모든 승리의 영광을 주님께 돌리기를 원하지 않았다. 다윗과 같은 위대한 인물도 때로는 고양이 신자가 되어 질투하시는 하나님의 분노를 살 수 있다.

그 결과 어떤 일이 일어났는가? 여호와 하나님은 7만 명을 죽이셨다. 이번 일은 주님이 사탄을 사용하신 것이 아니라 직접 손을 대셨다. 역대상 21장 14절은 이렇게 말한다. "이에 여호와께서 이스라엘 백성에게 온역을 내리시매 이스라엘 백성의 죽은 자가 칠만이었더라."

고양이 신자는 이 사건을 통해 무엇을 배우는가? 자신의 숫자를 과신하지 말라. 그러므로 사역자는 자기 교회 예배에 얼마나 많은 사람이 출석하는지, 얼마나 많은 사람에게 세례를 주는지 혹은 주일학교 학생 수가 얼마나 되는지 자랑해서는 안 된다. 그것은 당신이 믿든 안 믿든 승자 중심의 교훈이다. 왜냐하면 다윗은 이 사건이 끝났을 때 여전히 살아 있었기 때문이다.

승리자가 아닌 사람들은 이 사건을 통해 무엇을 배우는가? 강아지 성도 역시 이 사건으로 인해 숨진 7만 명의 사람들과 그들이 남긴 미망인과 고아들에 관해 이야기한다. 강아지 성도는 이 단락에서 무슨 교훈을 배울 수 있는가? 내 생명이 희생제물의 하나로 드려질 수 있다는 것이다. 주님이 한 번도 복음을 들어보지 못한 사람들에게 보내시려고 자신을 부르셨다거나, 자신이 다른 누군가의 죄로 인해 죽어가는 것, 혹은 다른 어떤 사람의 행동으로 인해 희생제물이 된다는 것은 강아지 성도에게 신앙적으로 매우 건전한 일이다.

당신은 다윗으로 인해 죽임을 당한 사람들이 하나님과 가진 대화를 상상해볼 수 있겠는가?

> 사람들: 주님, 왜 우리를 한꺼번에 천국에 데려오셨나요? 우리는 전쟁을 한 것도 아닌데 말이에요.
>
> 주 님: 다윗이 죄를 지었기 때문이지.
>
> 사람들: 뭐라고요? 다윗이 죄를 지었고, 우리가 그 죄로 인해 벌을 받았다고요?
>
> 주 님: 나는 너희를 천국에 데려온 것이 죄에 대한 벌이라고 보지는 않는다. 그렇지만 만일 너희들이 그런 식으로 생각하려고 한다면, 그렇게 봐도 좋다.
>
> 사람들: 오, 주님! 그러실 수가 있습니까? 주님은 놀라우신 분입니다.

그렇지만 왜 다윗은 천국에 데려오지 않으셨죠?

주 님: 왜냐하면 그의 삶을 위한 더 큰 계획이 있기 때문이란다.

사람들: 우리의 삶에 대해서는요?

주 님: 너희의 삶을 위해서도 계획이 있었지.

사람들: 그 계획이란 것이 어떤 것이었는데요?

주 님: 다윗이 죄를 지었을 때 죽는 것이란다. 그래서 그의 회개를 불러일으킬 촉진제가 되는 것이지.

사람들: 그렇지만 주님, 그건 공평해 보이지 않아요.

주 님: 글쎄다. 난 공평함을 중심으로 내 왕국을 다스리지는 않는단다.

강아지 성도 역시 이 단락을 통해 하나님이 때로는 배우자를 일찍 데려가시기도 한다는 것을 배운다. 물론 그렇다고 마음의 상처가 쉽게 아무는 것은 아니지만 하나님의 길을 이해하는 것은 평화와 치유를 좀더 신속하게 가져다준다.

어린아이들은 자기 엄마나 아빠 역시 왕이신 그분을 섬기기 위해 이런 식으로 하나님의 부르심을 받을 수 있다는 것을 깨달을 수 있다. 다시 한 번 말하지만 사랑하는 사람의 죽음을 대하는 일은 결코 쉬운 일이 아니다. 그러나 하나님의 선하신 목적을 신뢰할 때 그런 아픈 일이 일어난 뒤에 하나님을 예배하고 그분께 감사하는 것이 한결 쉬워진다.

하나님과 다윗으로 인해 남편이 죽은 한 미망인 사이에서 다음과 같은 대화가 진행될 수 있을 것이다.

부　인: 주님, 주님은 왜 제 남편을 천국에 데려가셨나요?

주　님: 다윗이 죄를 지었기 때문이란다.

부　인: 그럼 다윗은 왜 천국에 데려가지 않으셨지요?

주　님: 왜냐하면 그의 삶에 더 큰 계획이 있기 때문이지.

부　인: 그러면 제 인생은 어떻게 하고요?

주　님: 네 인생에도 계획이 있단다.

부　인: 그게 뭔데요?

주　님: 네가 과부로서 자녀들을 키우면서 나를 고아의 아버지로 신뢰하고, 네 모든 필요 가운데 나를 의지하며, 큰 아픔을 겪을 때 내게 찾아와 내가 너를 치료할 수 있게 하는 것이지. 그리고 너의 삶의 모습 속에서 너를 통하여 내 영광이 밝게 빛나게 하는 것이지.

고양이 신자의 신앙에서 볼 때, 하나님이 자신의 영광을 드러내기 위한 일의 일부로 우리 자신이나 우리가 사랑하는 사람을 일찍 천국에 데려가실 수 있다는 생각을 하기란 어려운 일이다. 그러나 강아지 성도의 신앙에서는 그렇지 않다.

그 밖에 다른 구절들에서 승리자가 아닌 사람들이 배울 교훈이 무엇인지 알고 싶은가? 또 하나의 보기를 민수기 16장에서 찾아볼 수 있다. 이스라엘 백성은 애굽을 벗어났지만, 아직 약속의 땅에 들어가지 못했다. 이 본문에서 몇몇 지도자들이 모세의 리더십과 그가 이끄는 방향에 도전을 제기했다. 모세는 그에 대한 응답으로 이렇게 말했다. "만일 내 말이 참되면 이 사람들은 보통 죽음이 아닌 특이한 죽음을 당하게 될 것이다. 그리고 만일 내 말이 거짓이라면 이 사람들은 일반적인 사람들처럼 늙어서 수명이 다해 죽게 될 것이다." 그 즉시 땅이 벌어지고 고라가 죽임을 당했다. 그러나 그것이 전부가 아니었다. 그 구절을 더 자세히 살펴보자.

"무리가 고라와 다단과 아비람의 장막 사면을 떠나고 다단과 아비람은 그 처자와 유아들과 함께 나와서 자기 장막 문에 선지라" 민 16:27. 이게 무슨 말인가? 그들의 아내와 아이들도 함께 죽었다는 것인가? 본문이 말하고자 하는 것이 바로 그것이다. 하나님은 그들 역시 하늘로 데려가셨다. 고라의 자식 가운데 한 아이가 하나님과 나누는 대화를 상상해보자.

아 이: 죄송합니다만 주님, 주님께 몇 가지 질문을 좀 드려도 될까요?
하나님: 물론이지. 난 무슨 질문에라도 대답하기를 좋아한단다.
아 이: 주님, 저희는 왜 이렇게 어린 나이에 한꺼번에 죽어야 했나요?"
하나님: 너희 아버지가 내게 죄를 지었기 때문이란다.
아 이: 저희 아버지가 죄를 지었기 때문에 저희가 죽어야 했다고요? 왜 저희와 저희 어머니가 함께 죽어야 했죠? 왜 저희 아버지만 데려가시지 않았나요?
하나님: 난 가정이라는 단위와 그 안에서의 아버지의 리더십을 매우 중요하게 여긴단다. 그리고 이스라엘 백성에게 하나의 경고를 보여주고 싶었단다.
아이: 저희 목숨을 하나의 경고 표지판으로 삼으신 거라고요?
하나님: 그렇단다.
아이: 그렇지만 그건 공평해 보이지 않아요.

다음과 같은 말이 가혹하게 들리는가? 하나님은 경고 표지판으로 사용하시기 위해 그들의 목숨을 앗아갔다. 이어지는 본문을 읽어보라. "이들은 땅이 입을 벌려 고라의 일당을 삼켰을 때 그들과 함께 죽음을 당했다. 그리고 그때 불이 고라의 추종자 250명을 태워 죽여 이스라엘 백성에게 경고가 되었으나" 민 26:10, 현대인의성경.

고양이 신자의 교훈은 다음과 같다. 만일 당신이 하나님이 택하신 사람이라면 그분은 당신에게 도전한 사람들을 손보실 것이다. 그러나 이것은 하나님이 당신에게 주시는 교훈의 절반에 불과할 수도 있다. 강아지 성도는 고양이 신자의 교훈에 덧붙여 무언가를 더 배운다. 그것은 아내와 자식이 그 남편 혹은 아버지의 불순종에 대한 대가를 치를 수도 있으며, 하나님은 아버지와 남편의 리더십을 매우 중요하게 여기신다는 것이다.

이것은 중요한 추가적인 교훈이며, 본문으로부터 충분히 배울 수 있는 것이다. 이 교훈이 아내들로 하여금 자기 남편을 위해 그리고 국민들로 하여금 그 나라의 정치 지도자를 위해 얼마나 더 기도하게 만들겠는가! 이 교훈은 또한 자녀들로 하여금 자기 아버지가 택한 길에 대해 더 관심을 기울이도록 도전한다. 핍박과 고난을 통과한 사람들은 이 교훈을 쉽게 찾아낼 수 있지만, 대부분의 고양이 신자들은 이 부분을 놓친다.

혹시 또 다른 본보기가 필요한가? 출애굽기에 나오는 열 가지 재앙은 어떤가? 모든 가정의 장자는 죽임을 당했다. 출애굽기 12장 29절은 이 이야기를 다음과 같이 들려준다. "밤중에 여호와께서 애굽 땅에서 모든 처음 난 것 곧 위에 앉은 바로의 장자로부터 옥에 갇힌 사람의 장자까지와 생축의 처음 난 것을 다 치시매." 누가 그들을 쳤는가? 그 장자를 치신 것은 여호와 하나님이셨다.

고양이 신자의 교훈은 다음과 같다. 우리를 괴롭히는 자들에게 심판이 임한다. 그리고 다시 말하지만, 그 교훈은 틀리지 않을 수도 있지만 불충분한 것이다. 강아지 성도가 추가적으로 받는 교훈은 이것이다. 우리 자녀들은 우리 지도자들의 죄로 인하여 죽을 수 있다.

당신도 알다시피, 우리는 항상 우리를 하나님이 택하신 히브리 사람들과 관련된 것처럼 바라보지, 심판을 당한 사람들로 보는 경우는 전혀 없다. 하나님은 모든 백성을 동등하게 대하신다. 그렇다. 그분은 히브리인들을 애굽의 포로 생활로부터 구해주셨지만, 또한 블레셋 사람들을 갑돌에서부터 그리고 아람 사람들을 기르에서부터 구해주셨다. 하나님은 모든 민족을 동등하게 사랑하신다 밥의 저서 「마침내 드러나다(Unveiled At Last)」의 4-5장에서 이 내용을 분명히 보여주고 있다. 그리고 애굽 사람들의 장자가 심판 가운데 죽었듯이 우리의 장자도 죽을 수 있다.

당신은 헤롯이 이스라엘에 새로운 왕이 태어났다고 생각했을 때 어떤 일이 일어났는지 기억하는가? 그는 그 지역에 있는 모든 어린아이들을 살해했다. 하나님은 한 사람의 죄악이 자기 백성을 해치는 것을 허용하셨다. 비록 하나님의 사랑은 우리 모두에게 무한히 주어지는 것이지만 우리는 복음을 너무도 '개인적인 것'으로 받아들인다. 복음은 하나님의 영광을 위한 것이지 우리를 위한 것이 아니다.

더 많은 예들이 있다. 광야를 떠돌고 있던 이스라엘 백성들을 생각해보라. 이스라엘 백성은 40년 동안 광야를 돌아다녔고 애굽에서 나올 때 성년이었던 이들은 여호와께 불순종했기 때문에 모두 죽었다.

고양이 신자의 교훈은 이것이다. 하나님은 내가 순종하고 의지하면 복을 주실 것이며, 그렇지 않으면 징계하실 것이다. 지금까지와 마찬가지로 그것은 틀린 것은 아니지만 충분한 것도 아니다. 강아지 성도의 추가적인 교훈은 이것이다. 나의 아버지의 죄는 내 삶에 영향을 미칠 수 있다. 이런 생각은 우리가 속한 문화와 연결되지 않는 것이다. 그런 일은 우리의 문화와 상반되는 것이다. 오늘날 모든 사람들은 홀로 서기를 원하며 무엇이든 다른 사람이 행한 것에 영향을 받지 않으려고 한다. 그러나 이것은 사실이 아니다. 우리는 아무 탈 없이 가인이 한 말을 따라하면서 "내가 내 아우를 지키는 자니이까?" 실제로 우리가 그런 존재라는 것을 알지 못하고 있다.

또 다른 문화적 눈가리개

그러나 문화적 눈가리개로 시달리는 것은 미국만이 아니다. 다른 나라도 자기만의 문화적 눈가리개가 있다. 여기서 또 다른 문화적 눈가리개와 몇 가지 다른 가치관들을 살펴보도록 하자. 지난 40년 동안의 미국인들의 삶을 살펴보는 대신, 중국에 있는 그리스도인들의 시각에서 삶을 바라보는 것은 어떨까? 그들의 성경 해석을 형성한 것은 어떤 경험들이었을까? 아마 핍박, 징역형, 고문, 발각될지 모른다는 끊임없는 두려움 혹은 태형에 처할 두려움 등일 것이다. 그들은 성경을 펼 때 하나님의 말씀이 무슨 말을 하는지에 대해 전혀 다른 시각을 갖고 있다. 왜 그런가? 그들의 눈가리개 혹은 그들의 문화적 여과 장치가 우리의 것과 매우 다르기 때문이다.

그들도 바울이 매를 맞고 옥에 갇힌 일을 이야기한다. 그들도 감옥 안에서 찬양을 부르는 사건을 이야기한다. 그들은 당국자들로부터 피하기 위해 바구니를 타고 창문으로 달아 내려지는 것이 어떤 상황인지 잘 알고 있다. 그들은 무고한 여성과 아이들이 아무런 이유도 없이 살해당하는 것을 보는 것이 어떤 것인지 잘 알고 있다. 순교는 흔한 일이다. 그들도 다윗으로 인해 죽임을 당한 사람들에 대해 이야기한다. 그들도 그 사람들의 미망인들에 대해 이야기한다. 그들은 열 번째 재앙 가운데 죽임을 당한 애굽의 장자들에 대해 이야기한다. 그들은 끊임없이 자신들이 홍해를 뒤에 두고 달리 도망칠 곳이 없는 상황에 처해 있다고 생각한다. 그들에게 그런 상황은 일상적인 것이다.

이제 지난 40년 동안의 기독교만 볼 것이 아니라 모든 시대의 기독교를 바라보고 그들의 문화적 눈가리개를 만든 것이 무엇인지 살펴보자. 우선 그리스도가 이땅에 오셨던 처음 300년간을 살펴보자. 만일 주후 79년, 120년, 160년 혹은 233년에 태어난 사람들을 본다면 그들의 경험은 어떤 것이겠는가?

폭스가 정리한 「기독교 순교사화Foxe's Book of Martyrs, 생명의말씀사」란 책을 읽어보면 무척이나 흥미진진하면서도 기운이 쭉 빠지는, 하나님이 그러셨을 거라고 전혀 예상할 수 없는 사건들을 발견하게 된다. 네로 황제 치하에서 그리스도인들은 짐승의 가죽을 몸에 뒤집어쓴 채 사나운 개들에게 물어뜯겨 죽임을 당했다. 또 다른 이들은 밀납을 잔뜩 먹인 옷을 입고 불이 붙여진 채 네로의 정원에 세워둔 장대에 꽂혀 그가 개최한 연회의 불을 밝히는 데 사용되기도 했다.[7]

마르쿠스Marcus 치하에서는 박해의 잔인함이 너무도 비인간적이었다. 그래서 용감하게 고통당하는 사람들을 보면서 오히려 많은 사람들이 겁을 먹고 경악하기도 했다. 어떤 순교자는 다리가 맷돌에 짓이겨진 채 가시, 못, 날카로운 조개껍질 그리고 다른 뾰족한 것들 위를 걸어야 했다.[8] 루시

어스Lucious 치하에서는 리아스Ryas라는 이름의 여성이 자기 어머니 마르첼라Marcella와 언니가 그랬던 것처럼 머리에 끓는 기름을 뒤집어쓰고 불 가운데 던져졌다.9

줄리언Julian이라는 이름의 한 그리스도인은 단지 그리스도인이라는 이유만으로 붙잡혔다. 그는 뱀과 전갈이 들어 있는 가죽부대 안에 갇힌 채 바다에 던져졌다.10 루시엔Lucien이라는 한 복음 전도자는 손과 발이 묶인 채 활차에 매달려 사지가 끊어질 때까지 잡아당겨졌다. 그런 다음 철사로 만든 채찍에 맞고, 맨 몸에 끓는 기름과 역청을 붓고 옆구리와 겨드랑이에 불을 붙였다. 이런 고문이 가해진 뒤에 그는 다시 감옥에 들어가 그곳에서 숨을 거두었다.11

이것이 바로 그리스도 안에 있는 우리의 몇몇 형제와 자매들이 겪은 일이다. 이렇게 핍박이 자행되었다. 박해는 처음에는 사울로 알려진 바울이 스데반의 죽음에 증인 노릇을 하면서 시작되었다. 그럼 그 당시 초대 교회 성도들은 그리스도인의 삶을 어떻게 바라보았는가? 그들의 인생관은 어떠했는가? 그들은 성경 안에 등장하는 죽은 사람들, 핍박받은 사람들 그리고 매 맞은 사람들에 대해 이야기하면서 자신이 승리자가 될 미래의 그날을 소망했다.

우리는 천국에서 그 사람들을 만나게 될 것이다. 그렇지만 나는 그들과 이야기를 나눌 수 있을지 의문이다. 만일 당신이 고양이 신자라면, 당신은 그럴 수 없을 것이다. 그리고 당신은 왜 하나님이 그런 일이 일어나도록 허락하셨는지 이해할 수 없을 것이다. 만일 당신이 강아지 성도라면, 당신은 하나님이 그것을 허락하신 것은 그들을 통해 그분의 영광을 드러내기 위해서임을 알 것이며, 당신을 통해서도 그분의 영광이 얼마나 빛나고 있는지 비교할 수 있을 것이다. 강아지 성도는 어느 세대에 속하든 서로에 대해 이야기할 수 있다. 왜냐하면 그들은 하나님의 영광이 하나님의 말씀 가운데서뿐 아니라 모든 시대를 관통하는 공통의 요소임을 잘 알고 있기 때문이다.

미국이 하나의 국가가 된 것은 겨우 200년 남짓 되지만, 미국인들은 현재 갖고 있는 사물을 바라보는 방식이 영원히 지속되어야 하는 것이라고 기대하고 있다. 지금은 물론 영원히 승리하며 살기를 원한다. 우리는 매우 자기 중심적이어서 그런 방식으로 사고한다. 이런 이유에서 우리의 문화 안에서 순교자를 발견하기란 매우 드문 일이다. 우리는 순교자에 합당한 대가를 기꺼이 치르려 하지 않는다. 우리는 자신이 순교자라고 생각하지만 사실상 대부분의 사람들이 그렇지 않다. 우리는 불편한 것은 곧 우리의 삶 가운데 축복이 존재하지 않으며, 하나님의 뜻이 존재하지 않는 것과 동등한 것이라는 생각에 세뇌되어 있다. 그래서 우리는 순교를 달가워하지 않는다. 고양이 신앙은 이 부분에서 매우 잘못되어 있다.

그러나 우리가 항상 이랬던 것은 아니다. 어떤 이들은, 인생은 하나님의 영광을 드러내기 위한 것이라는 결론을 내렸다. 그들은 하나님의 영광을 드러내고 그분의 이름이 널리 전파되게 하기 위해 살았다. 1700년대 말과 1800년대 초에 물결을 이루어 파송된 첫 번째 선교사의 물결이 자신의 모든 소유를 관 안에 담은 이유가 바로 이것이다. 그들은 자신이 외국 땅에 도착하면 살아남을 시간이 2년 정도라는 것을 잘 알고 있었다.

그 2년은 선교사들의 평균적인 예상 수명이었는데, 이는 그들이 그 당시 최신 의학의 혜택을 누리지 못했기 때문이다. 그들은 자신이 질병으로 인해 죽을 수도 있다는 것을 알았다. 그래서 그들은 자신의 소지품을 가방이 아니라 관 안에 담았다. 그들은, 인생은 하나님의 영광을 위한 것이지 자신을 위한 것이 아님을 알았다. 그들은 그 길이 힘들다는 것을, 박해와 시련이 있으며 쉽지 않다는 것을, 일찍 죽음을 맞이할 수도 있다는 것을 잘 알았다.

역사상 어려운 시기를 살았던 그리스도인들의 가정을 상상해보라. 만일 그 그리스도인 집의 벽에 새겨진 성경 구절들을 살펴본다면 그것이 당신이 생각했던 것과 전혀 다른 구절들이라는 것을 발견하게 될 것이다. 기독교가 태동한 처음 300년 동안 화형을 당하고, 가죽을 뒤집어쓴 채 맹수에게 물어뜯기며, 네로를 위한 살아 있는 횃불로 사용되고, 온몸이 짓이겨지며, 모든 뼈가 제자리에서 벗어난 사람들의 집 벽에 어떤 성경 구절들이 새겨져 있었을까? 그것은 아마 다음과 같은 구절들일 것이다.

또 너희가 내 이름을 인하여 모든 사람에게 미움을 받을 것이나 나중까지 견디는 자는 구원을 얻으리라(마 10:22).

무릇 그리스도 예수 안에서 경건하게 살고자 하는 자는 핍박을 받으리라(딤후 3:12).

그러므로 너희가 이제 여러 가지 시험을 인하여 잠간 근심하게 되지 않을 수 없었으나 오히려 크게 기뻐하도다 너희 믿음의 시련이 불로 연단하여도 없어질 금보다 더 귀하여 예수 그리스도의 나타나실 때에 칭찬과 영광과 존귀를 얻게 하려 함이라(벧전 1:6-7).

그들의 집 벽에서 발견된 구절들은 죽음에 이르는 온갖 시련과 고난에도 아랑곳하지 않는 소망과 인내 그리고 박해와 같은 주제에 관한 것들일 것이다. 그들은 어쩌면 기독교가 영원히 그런 방식으로 존재할 것이라고 예상했을 것이다. 그들은 안전하고 편안하게 그리스도를 따르는 미국과 같은 나라는 상상도 하지 못했을 것이다.

그 구절들과 오늘날 우리들이 집 안에서 친숙하게 접하는 구절들 사이의 뚜렷한 차이점을 주목하라. 우리가 접하는 구절들은 대개 축복, 은혜 그리고 현재의 승리를 다루고 있다. 그들의 구절은 현재의 고난에도 불구하고 미래의 소망과 생명을 다루고 있다. 고양이 신자는 안전하고, 쉬우며, 승리하는 삶을 원한다. 왜 그런가? 그들은 승리자의 무리에 속해 있는 일에 너무나 익숙해져서 하나님이 행하시는 일을 이해하지 못하고 있기 때문이다. 그렇지만 다른 나라와 다른 시대의 그리스도인들은 전혀 다른 문화적인 눈가리개를 통해 성경을 읽는다.

어느 것은 옳고 다른 것은 잘못된 것인가? 그렇지 않다. 그러나 우리는 우리의 문화를 맹목적으로 받아들이고 있는 고양이 신앙이 모든 세대를 위한 유일한 복음이라고 말하지 않도록 조심해야 한다. 우리는 다른 사람들로부터 배우고 사물을 다르게 보는 일에 항상 열심을 내야 한다. 하나님이 이땅에 평화를 주실 때가 있고, 또한 심판 가운데 우리의 대적이 우리를 쳐들어올 때도 있다. 개인들이 높이 존경을 받을 때가 있고, 몇몇 사람들은 종이 될 때도 있다. 우리가 하나님의 축복 가운데 한 가지를 누리고 있다고 해서 모든 사람이 언제, 어디서나 그와 똑같은 형태의 축복을 받는다고 생각해서는 안 된다. 핍박을 받는 자가 복이 있다고 하신 말씀을 기억하라.

우리의 문화적 눈가리개는 우리로 하여금 이런 생각을 하게 만든다.

"이런 삶이야말로 모든 시대의 그리스도인이 살아갈 생활 방식이야!" 그것은 잘못된 생각이다. 하나님은 자신의 영광을 드러내고 비출 여러 가지 다른 방법들을 갖고 계신다. 그 일을 행하기 위해 그분이 어떤 방법을 택하시든 마음을 열고 받아들이라.

8장 CAT & DOG THEOLOGY
고양이 신자의 이기적인 기도

　현재 하나님이 행하시는 일을 보면 중국은 놀라운 곳이다. 하루에 7,000명의 사람들이 하나님 나라에 들어오고 있다. 그곳에서는 복음이 폭발적으로 전파되고 있다. 그 선두에서 교회가 훈련을 받고 있다.

　중국인 가정의 수많은 모임을 통해 하나님의 말씀의 기초 안에서 조심스럽게 지도자들이 훈련되고 있다. 이 지도자들의 나이는 16세에서 30세까지다. 그 가운데 가장 훌륭한 복음 전도자는 이 모임에 참석하기 위해 며칠을 걸어온 다음에 비밀경찰이 그들이 무엇을 하는지 알아채기 전에 도망치는 한 사람 한 사람의 여성들이다.

　그러나 그런 폭발적 부흥에는 대가가 있었다. 많은 남자와 여자들이 심하게 맞아 뼈가 부러졌다. 목사들은 몇 년 동안 감옥에 갇혔다. 어떤 이는 실종되었고, 결국 사망한 것으로 간주되었다. 다른 이들은 공개적으로 처형을 당했다. 상황은 쉽지 않았다. 하나님의 영광은 그런 대가를 치르고 드러난 것이다.

중국 가정 교회에서 온 어떤 지도자가 한 국제 인권 모임에 참석하여 전 세계 그리스도인들에게 중국 교회를 위해 기도해달라고 마음을 울리는 호소를 했다. 그 당시 그는 서방 교회를 방문한 최초의 중국 가정 교회 지도자였다. 그는 열정적인 강연을 통해 자신이 12년 동안 감옥에서 보냈고, 하나님이 고문으로 인해 부러진 자신의 다리를 기적적으로 고쳐주셨다고 말했다.

그는 서방 세계에 어떻게 기도해달라고 했을까? 하나님이 공산정권을 붙들어 그곳에 종교의 자유가 있게 해달라고 요청했을까? 태형이 중단되도록 기도해달라고 요청했을까? 공산주의 정권의 붕괴를 요청했을까? 그렇지 않았다. 그는 고양이 신자가 보통 생각하는 것과 반대로 이렇게 말했다. "박해가 멈추어지기를 위해서 기도해주지 마십시오. 교회가 핍박 가운데서도 든든하게 설 수 있도록 기도해주십시오."

그가 왜 그렇게 말했을까? 그는 박해가 교회로 하여금 하나님의 영광을 더 많이 드러내도록 한다는 것을 알았다. 그들의 목표는 안전하고, 안락하며, 편안한 삶을 얻는 것이 아니라 그리스도를 더 많이 닮는 것이다.

고양이 신자 역시 그리스도를 닮기 원하지만, 그들은 안전하고, 안락하며, 편안한 방식을 통해서 그렇게 하기를 선호한다. 그러므로 고양이 신자는 이기적인 기도를 드리게 된다. 야고보서 4장 2-3절에서 성경은 이렇게 말씀하고 있다. "너희가 얻지 못함은 구하지 아니함이요 구하여도 받지 못함은 정욕으로 쓰려고 잘못 구함이니라."

이 구절은 고양이 신자의 기도 생활을 한마디로 요약해주고 있다. 고양이 신자는 자신이 얻을 수 있는 것에 초점을 맞추어, 기도를 사용해 하나님의 왕국˘삶의 모든 영역에서 세상 모든 민족에게 그분의 영광을 드러내는 것˘을 실현하는 것이 아니라 자신의 왕국˘안전하고, 안락하며, 편안한 삶˘을 이루기 위해 기도한다. 왜 그런가? 하나님이 그들에게 복 주시기를 원하시지만 그들의 실수는 그 복이 무엇인지 오해한 데서 비롯된다. 그들은 그 복이 오로지 다음과 같은 분야에서만 오는 것이라고 잘못 생각하고 있다. 그것은 더 많은 것을 얻기, 자신의 삶에서 어려운 일 삭제하기, 안전하고 안락하며 편안한 삶 누리기 등이다. 물론 고양이 신자 역시 하나님이 영광을 받으시는 것을 보기 원하지만 그것이 그들의 최우선순위는 아니다.

고양이 신자의 기도 생활을 그래프로 그려보면 〈도표 1〉과 같을 것이다. 왼쪽은 편안함이다. 선이 높이 올라갈수록 더 많이 편해진다. 오른쪽은 하나님의 영광이다. 하나님이 더 많은 영광을 얻으실수록 선이 오른쪽으로 이동한다. 선분이 두 사분면을 정확하게 반

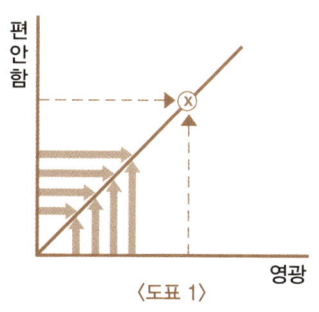

〈도표 1〉

으로 나눈 지점을 통과하고 있다는 것은 하나님의 영광과 우리의 편안함이 똑같이 주어지는 관계임을 보여준다. 바꿔 말하면 우리가 편안함을 얻으면 그와 똑같은 분량의 영광을 하나님께 돌린다는 것이다. 이것을 '기도선'이라고 부른다.

고양이 신자는 이것이 하나님이 자신들의 기도를 들어주시기 원하는 유일한 방식이라고 믿는다. 그래서 그들의 기도선은 직선이다. 그리고 하

나님의 영광을 위한 기도들은 모두 삶 가운데 더 큰 편안함과 안락함을 구하는 기도이기도 하다. 그러나 기도선이 〈도표 2〉에서처럼 밑으로 내려갈 수도 있는가? 고양이 신자는 "그렇지 않다"고 말하고 싶어한다. 그런 일이 일어나서는 안 된다. 왜냐하면 그렇게 되면 자신의 편안함이 줄어들며, 하나님은 그런 일이 일어나기를 결코 원하시지 않기 때문이다. 그리고 그들은 그 생각을 뒷받침하기 위해 성경을 인용한다. 예수님은 우리에게 풍성한 삶을 주시기 위해 돌아가셨다 요 10:10. 그분이 채찍에 맞음으로 우리가 나음을 입었다 사 53:5. 그분은 우리를 자유케 하려고 죽으셨다 요 8:32. 예레미야는 하나님이 우리를 향해 계획하는 일은 재앙이 아니라 번영이라고 말한다 렘 29:11, 표준새번역. 그리고 시편 91편은 하나님이 우리를 그분의 날개로 감싸주시고 보호해주실 것이라고 말씀한다. 그들은 "이 구절들은 모든 시대 모든 사람들에게 적용됩니다"라고 말한다. 그래서 그 기도선이 그런 식으로 움직일 수 없는 것이다.

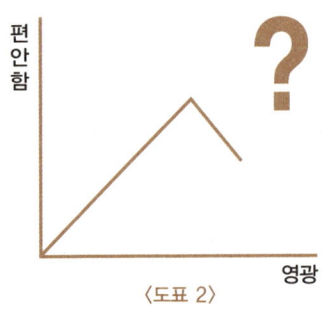

〈도표 2〉

"그러나 잠깐만요." 강아지 성도는 말한다. "하나님은 그 아들 예수가 고난을 겪도록 허락하셨습니다." 고양이 신자는 외친다. "그게 바로 중요한 부분입니다. 그분이 자기 아들을 그렇게 했기 때문에 우리는 그 고난을 겪지 않아도 되는 겁니다."

우리는 우리의 삶 가운데서 하나님의 축복을 기대할 권리가 있다. 우리는 기도선이 계속 상승하고 절대 내려가지 않기를 기대할 권리가 있다.

강아지 성도는 비록 안전하고, 안락하며, 편안한 삶이 하나님의 영광을 가리킬 수도 있지만 안전하고, 안락하며, 편안한 삶보다 우선시되어야 하는 것이 하나님의 영광이라는 것을 잘 알고 있다. 만일 고난이 더 큰 영광을 드러낸다면 강아지 성도는 자신의 삶에 고난을 받아들임으로써 영광이 더 크게 드러날 수 있게 한다. 여기서 하나님의 영광이 밝게 빛날 수 있는 영역 가운데 흔히 오해가 되고 있는 분야에 대해서 살펴보도록 하자. 그것은 육체적 질병, 징계 그리고 고난과 핍박이다.

🐾 육체적 질병

요한은 제자들이 예수님과 신학적 토론에 빠져 있는 한 장면을 서술하고 있다. 그 상황은 다음과 같다. "예수께서 길 가실 때에 날 때부터 소경된 사람을 보신지라 제자들이 물어 가로되 랍비여 이 사람이 소경으로 난 것이 뉘 죄로 인함이오니이까 자기오니이까 그 부모오니이까" 요 9:1-2. 당시에 제자들은 신학적 난제에 빠졌다. 그들은 죄가 세상의 모든 고통의 직접적인 원인이라고 믿었다. 그렇다면 사람은 어떻게 태어나면서부터 소경이 될 수 있을까? 그것은 그 사람이 자기 어머니의 태 속에서 죄를 지었거나 그 부모가 죄를 지었기 때문이다.[12]

그러나 예수님은 전혀 다른 시각에서 그 일을 바라보셨기 때문에 다른 대답을 갖고 계셨다. 그분은 모든 것을 죄가 아니라 자기 아버지의 영광과 연관시키셨다. 이것을 더 깊이 이해하기 위해서 하나님이 우리를 태 속에서 지으셨다는 사실을 기억하자. "주께서 내 장부를 지으시며 나의 모태에서 나를 조직하셨나이다 내가 주께 감사하옴은 나를 지으심이 신묘막측하심이라 주의 행사가 기이함을 내 영혼이 잘 아나이다 내가 은밀한 데서 지음을 받고 땅의 깊은 곳에서 기이하게 지음을 받은 때에 나의 형체가 주의 앞에 숨기우지 못하였나이다 내 형질이 이루기 전에 주의 눈이 보셨으며 나를 위하여 정한 날이 하나도 되기 전에 주의 책에 다 기록이 되었나이다" 시 139:13-16 .

이것은 태어나면서부터 장님인 사람에게도 마찬가지다. 하나님은 그가 소경으로 태어났을 때 "이런! 어쩌면 좋아?"라고 말씀하지 않으셨다. 그분은 그를 소경으로 지으셨다. 왜 그런가? 하나님은 자신의 영광이 나타나기를 원하셨다. 예수님은 그것을 아셨고, 그래서 그것을 아버지의 영광과 직접 연결시키셨다. 예수님의 대답은 3절에 나와 있다. "이 사람이나 그 부모가 죄를 범한 것이 아니라 그에게서 하나님의 하시는 일을 나타내고자 하심이니라" 요 9:3. 그는 하나님의 영광을 위하여 나면서부터 소경이 된 것이다.

스스로에게 이런 질문을 던져보라. 하나님은 조니 에릭슨 타다 Joni Eareckson Tada를 치료하실 수 있는가? 그 대답은 물론 '그렇다'이다. 그러나 하나님은 그녀를 1967년부터 전신마비가 되게 하심으로써 훨씬 더 많은 영광을 받으셨다. 그녀의 전신마비는 그녀가 영원에 들어갈 때까지 계속될 것이지만 우리 아버지 하나님은 그녀의 현재 상태를 통해 더 많은 영광을 받고 계신다. 그것은 공평한 것인가? 글쎄, 이 책의 기본 전제로 돌아가보자. 인생은 우리를 중심으로 돌아가도록 계획된 것이 아니다. 그러므로 '그것이 우리에게 공평한가?' 라는 질문은 타당한 질문이 아니다. 인생은 공평하게 되도록 계획된 것이 아니다. 인생은 하나님의 영광을 드러내기 위한 일련의 기회가 되도록 계획된 것이다. 그리고 조니의 경험은 우리 아버지 하나님의 영광을 말할 수 없이 비추고 있다.

따라서 우리는 육체의 질병을 위해 하나님께 치료를 구할 수는 있지만, 만일 그 질병이나 결함이 하나님께 더 많은 영광을 돌린다면 다른 사람들의 눈에 나 혹은 우리로 하여금 그분과 함께하는 영원을 준비시키는 점에서 하나님은 그것이 우리 삶 가운데 계속 머물러 있도록 허락하실 수도 있다. 우리가 초점을 맞춰야 할 것은 질병이 아니라 하나님의 영광이다. 사도 바울은 주님께 세 번이나 자신의 질병을 없애달라고 간구했다. 그러자 주님이 어떻게 응답하셨는지 아는가? 주님은 이렇게 말씀하셨다. "내 능력이 약한 데서 온전하여짐이라" 고후 12:9. 하나님의 말씀은 이런 것이다. "바울아, 나는 네가 네 삶에 그 질병을 갖고 있을 때 내가 그것을 제거해줄 때보다 너를 통해 그리고 네 안에서 더 많은 영광을 받는단다. 나는 그것을 그냥 남겨둘 것이다." 그러나 많은 고양이 신자들은 질병과 궁핍에 빠져 실패하는 가운데서 자신의 모습이 하나님께 더 많은 영광을 돌리고 있다는 것을 깨닫지 못하고 오히려 하나님의 영광을 도둑질하고 있다.

🐾 징계

하나님의 영광이 잘 보이지 않는 두 번째 영역을 살펴보자. 그것은 바로 징계다. 성경은 주님이 그 사랑하는 사람을 징계하신다고 분명히 말씀하고 있다 히 12:5-6.

만일 하나님이 우리를 위해 계신다면, 만일 그분의 목표가 우리 삶을 안전하고, 안락하며, 편안하게 만드는 것이라면 이러한 징계 같은 것은 그분의 계획 꾸러미에 포함되지 않았을 것이다. 그러나 그분의 목표는 우리의 편안함이 아니기 때문에 징계가 그 계획 가운데 포함되어 있다. 그분의 목표는 우리로 하여금 그분의 영광을 드러내는 것이다. 그리고 징계가 그런 일이 일어나게 하는 경우가 자주 있다. 그리고 그 경우에 또다시 도표에 나오는 기도 곡선은 아래로 내려간다.

많은 사람들이 예수님이 어깨 위에 어린 양을 메고 계시는 그림을 알고 있다. 그러나 그 그림 뒤에 어떤 의미가 들어 있는지 아는 사람은 매우 드물다. 그 의미는 윌리엄 브랜함 William Branham 의 '어린 양의 부러진 다리' 라는 이야기 가운데 나온다. 그 이야기는 거룩한 땅에 속한 예루살렘에 살고 있는 한 목자가 양을 어깨에 메고 있는 장면에 대한 오래된 이야기다. 그 모습을 본 다른 목자가 물었다. "자네는 왜 양을 어깨에 메고 있는가?"

"이 녀석이 다리가 부러졌다네."

"어쩌다 다리가 부러졌지? 절벽에서 떨어졌나?"

"아니, 내가 부러뜨렸다네."

그러자 다른 목자가 말했다. "저런, 양의 다리를 부러뜨리다니 정말 잔인한 목자로군."

"아닐세. 난 이 녀석을 사랑한다네. 그런데 이 녀석이 계속 엉뚱한 곳으로 돌아다니기만 하고 도무지 내 말을 듣지 않는다네. 그래서 녀석의 다리를 부러뜨려 이제는 나를 의지하지 않고는 꼼짝도 할 수 없게 했지. 어디를 가든 내가 데려가고, 먹을 것도 가져다주며, 항상 내 근처에 있게 되었지. 그러는 동안 이 녀석은 나를 의지하는 법과 나만 바라보는 법 그리고 내 곁에 머무는 법을 배우게 될 걸세."[13]

하나님이 바라시는 것은 그분의 영광이 온전히 우리를 통해 드러나는

것을 보시는 것이다. 그분은 우리로
하여금 그분이 가장 중요한 분이라는
것을 깨닫게 하기 위해 가끔씩 우리에
게 불편을 제공하신다 그때 기도 곡선은 밑
으로 내려간다. 그리고 그것은 우리의 삶
가운데 그분의 영광을 비추게 만든다.
자기 자녀가 바른 길을 벗어날 때 징

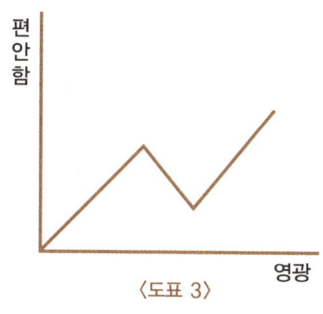

〈도표 3〉

계하지 않는 부모가 어떻게 그 자식을 사랑한다고 말할 수 있겠는가? 이것
은 하나님이 자신을 멀리 떠난 민족을 징계하시는 것과 같은 것이다. 이
모든 일은 우리가 우리의 삶과 우리의 문화 가운데 그분의 성품을 더 잘
드러낼 수 있게 하기 위한 것이다. 징계를 받은 다음에는 많은 경우 기도
곡선이 다시 회복되어 하나님이 더 큰 영광과 함께 더 많은 편안함을 주실
것임을 보여준다〈도표 3〉, 물론 그렇지 않을 때도 있다.

🐾 고난과 핍박

많은 그리스도인이 하나님의 영광을 보지 못하고 있는 세 번째 영역을
살펴보자. 그것은 바로 고난과 핍박이다. 예수님은 마태복음 5장에서 복
있는 사람에 대해 가르치실 때 보통 사람이 곰곰이 생각해보면 이상하게
들릴 다음과 같은 말씀을 들려주셨다.

의를 위하여 핍박을 받은 자는 복이 있나니 천국이 저희 것임이라 나를

인하여 너희를 욕하고 핍박하고 거짓으로 너희를 거스려 모든 악한 말을 할 때에는·너희에게 복이 있나니(마 5:10-11).

우리가 핍박받는 것이 복이 있다는 것이 무슨 말인가? 핍박은 우리의 삶을 더욱 편안하게 만들지 못한다. 또한 우리 삶을 더 쉽게 만들지도 못한다. 그런데도 예수님은 우리가 복을 받았다고 말씀하고 계신다. 이 말씀이 의미하는 것은, 축복 가운데는 하나님이 우리의 삶 가운데 기도 곡선을 내려가게 만들기를 원하는 그런 종류의 축복도 있다는 것이다. 승리자 위주의 신앙에서 보면 우리는 우리의 전통과 성경 해석 방법을 겨우 지난 40년에서 60년 사이의 과거만을 중심으로 비추어보고 있으며, 그러는 가운데 그 이전의 과거는 잊고 만다. 마찬가지로 우리는 하나님이 과거의 성도들에게 어떤 일이 일어나도록 허락하셨는지를 잊고 있다.

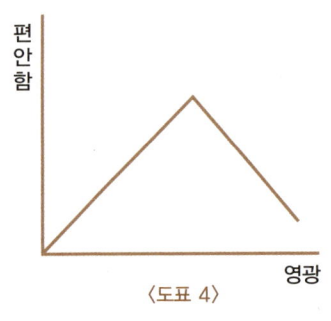
〈도표 4〉

한 가지 잊지 말 것은, 하나님은 역사적으로 비극이 자신의 자녀들에게 일어나는 것을 허락하셔서 그분의 나라가 확장되고, 그분의 영광이 드러나게 하셨다는 사실이다. 폭스가 편집한 「기독교 순교사화 Foxe's Book of Martyrs」를 한 권 구입해 읽어볼 것을 추천한다. 그 책에 등장하는 순교자들의 삶을 도표로 나타내면 〈도표 4〉와 같을 것이다.

핍박의 시기에 엄청난 영광이 하나님께 돌려진다. 하나님은 이 세상의 죄악이 그런 식으로 자신의 영광을 드러내도록 허락하신다. 하나님은 사람들이 핍박받기를 원하시는가? 천국에도 핍박이 존재하는가? 이 두 가지 질문에 대한 답은 모두 '아니요'다. 이땅에서 핍박이 중단될 수 있는가? 그렇다. 그러나 하나님은 핍박이 일어나는 것을 허락하심으로써 더 많은 영광을 받으실 수 있다는 것을 알고 계신다. 하나님은 자신의 영광을 위하여 선과 악 모두를 사용하신다.

주께서 나의 등불을 켜심이여 여호와 내 하나님이 내 흑암을 밝히시리이다(시 18:28).

우리 형제 곧 그리스도 복음의 하나님의 일꾼인 디모데를 보내노니 이는 너희를 굳게 하고 너희 믿음에 대하여 위로함으로 누구든지 이 여러 환난 중에 요동치 않게 하려 함이라 우리로 이것을 당하게 세우신 줄을 너희가 친히 알리라 우리가 너희와 함께 있을 때에 장차 받을 환난을 너희에게 미리 말하였더니 과연 그렇게 된 것을 너희가 아느니라(살전 3:2-4).

이것은 이전 세대에만 한정된 것이 아니라 오늘날에도 지구상 다른 곳에서 일어나고 있는 일들임을 기억하라 EMP.org와 같은 핍박받는 그리스도인을 위한 웹 페이지를 참조하라. 그러나 고양이 신자는 자신의 기도 곡선이 내려가는 일이 발생할 때 순교자의 경

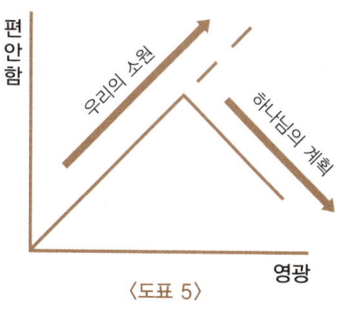

〈도표 5〉

우와 같이 하나님께 "보세요, 주님. 만일 제 기도 곡선을 오른쪽 아래로 내려가게 하지 않고 오른쪽 위로 올라가게 해주셔도 똑같은 분량의 영광을 받으시게 될 것입니다"라고 말씀드림으로써 하나님이 그 사태를 자기들의 방식대로 보아주시도록 애를 쓴다〈도표 5〉.

그들은 자신들의 기도가 실제로 이기적인 기도임을 거의 깨닫지 못한다. 그것은 〈도표 6〉과 같은 모습이다.

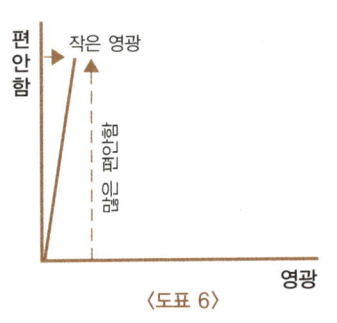

하나님은 영광을 거의 혹은 전혀 받지 못하시지만, 그들은 막대한 편안함과 안전을 얻는다. 그런데 애석한 것은 그들이 그러면서도 여전히 이렇게 말한다는 것이다. "주님을 찬양하세!" "하나님은 위대하시지 않은가!" 그러나 실제로 그들은 자신의 삶 가운데서 그리스도의 주 되심을 상실하고 있다. 왜냐하면 그들의 가장 큰 관심이 자신의 안전과 편안함에 있기 때문이다. 고양이 신자는 겉보기에는 '그리스도인'이 될 수 있다. 기도하고, 교회에 다니며, 주일학교에서 가르치는 행동은 할 수 있지만, 하나님께 영광을 돌리는 일과는 한참 거리가 멀다.

강아지 성도는 그런 식으로 살지 않는다. 강아지 성도는 끊임없이 묻는다. "어떤 것이 하나님께 더 큰 영광이 될까?" 그리고 그들의 기도는 자신의 삶 가운데 하나님의 영광이 가장 크게 나타나는 일에 맞물려 있다. 만일 그런 일이 고난을 의미한다면 강아지 성도는 하나님이 그런 시간들을 자기 자녀들의 삶 가운데 자주 일어나게 하신다는 것을 잘 알고 있다. 그러나 오해하지 말라. 강아지 성도는 핍박받는 것 자체를 즐기는 사람이 아니다. 그들은 순교자가 되기를 간절히 바라지도 않지만 동시에 그것을 부끄러워하지도 않는다. 중요한 것은 하나님의 영광이지 자기 자신이 아니다.

9장 CAT & DOG THEOLOGY
고난의 시기에 드러나는 고양이 신자의 반응

서부 아프리카에 위치한 시에라리온 공화국에서 몇몇 용감한 교회 설립 팀이 내전에 연루된 지역에서 〈예수〉 영화를 상영하고 있었다. 상황은 급격히 악화되었고 반란군들이 그 지역을 활보하고 다녔다. 그들이 막 영화 장비를 숨겼을 때 반란군이 들어와 그들 가운데 네 명을 체포하고 노예로 징발해갔다.

그들은 몇 달 동안 강제로 반란군의 장비와 보급품들을 이곳저곳으로 운반해야 했다. 그들의 신발은 도망치지 못하도록 반란군에게 압수당했다. 그들은 맨발로 장거리 행군을 했기 때문에 발바닥에 깊은 상처가 생겼다. 그러다가 상처가 심하게 벌어져 세균에 감염되었으며, 다리까지 번져갔다. 결국 팀원 가운데 한 명이 한 병사에게 찾아가 자신은 고통이 너무

심해 더 이상 움직일 수 없다고 말했다. 그러자 그 병사는 AK 소총을 그의 머리에 대고 그를 사살했다. 하나님은 이 일을 어떻게 자신의 영광을 위해 사용하셨을까? 그리고 남아 있는 팀원들은 어떻게 하나님을 신뢰하며 그분의 주권을 선포할까?

마침내 반군들은 숨겨놓은 영상 장비와 자기네 언어로 번역된 영화 필름 한 본을 찾아냈다. 그들은 팀원들에게 장비를 설치하고 영화를 상영하도록 명령했다. 그 〈예수〉 영화를 본 다음 몇 명의 병사는 그리스도인이 되었고, 깊은 감동을 받아 그 영화를 자기 사령관에게 보여주었다. 영화를 본 사령관은 그것을 반란군 전체에게 보여주도록 명령했다. 몇몇 사람들이 그리스도를 믿게 되었다. 노예였던 영화 팀원들은 풀려나기 전에 반란군을 위한 '종군 목사'가 되었고, 그들을 믿음의 제자로 삼았다.

그 모든 기간 동안 하나님은 하나의 계획을 갖고 계셨다. 그분은 자신이 무엇을 행하고 계시는지 아셨다그분은 자신이 하고 있는 일을 언제나 잘 알고 계신다. 그리고 우리 앞에 닥치는 모든 고난의 순간에 그분은 그 순간이 그분께 영광을 돌릴 기회이므로 계속해서 그분을 신뢰할 것을 명하신다.

고난의 순간에 하나님께 영광 돌리는 법을 배우는 일을 더 잘 이해할 수 있도록 '잠재적인 영광'이라고 불리는 어떤 것에 관해 이야기할 필요가 있다. 그것이 무엇인지 이해하기 위해서 먼저 10만 원짜리 수표 한 장을 생각해보라. 만일 당신에게 빳빳한 10만 원짜리 수표가 주어진다면 그것을 받겠는가? 물론 그럴 것이다. 그러나 만일 그 돈이 손으로 뭉개지고 구깃구깃해져서 작은 공모양으로 둥글게 된다면 그래도 그것을 받겠는가? 물론 그럴 것이다. 왜냐하면 그렇게 해도 여전히 10만 원짜리 수표의 가치를 갖고 있기 때문이다. 그렇다면 바닥에 떨어져 여러 차례 발로 짓밟혀도 여전히 받겠는가? 그래도 당신의 대답은 '당연히 그렇다'일 것이다. 왜냐하면 그 돈의 가치는 전혀 변함이 없기 때문이다.

만일 그 10만 원짜리 수표를 이상한 이름으로 부르고 누군가 그것을 저주하고 욕한다면 어떻게 하겠는가? 그래도 당신은 그것을 받겠는가? 물론 당신은 여전히 그렇다고 대답할 것이다. 왜 그런가? 당신은 왜 계속해서 그것을 받으려고 하는가? 그것은 그 돈이 여전히 10만 원짜리의 가치를 가지고 있기 때문이다. 우리가 그 돈에 어떤 짓을 하건 그 가치는 여전히 그 안에 남아 있다. 당신은 그것을 짓밟을 수도, 그것을 남용하거나 함부로 사용할 수도, 그것을 향해 소리를 지르거나 나쁜 이름을 지어 부를 수도 있다. 그러나 당신이 그것을 향해 무슨 행동을 하건 그것은 그 가치를 잃어버리지 않는다.

이와 동일한 원리가 하나님의 영광에도 적용된다. 우리가 하나님의 영광과 관련해 무슨 일을 하든 그 영광의 가치는 항상 그 자리에 존재한다. 사람들은 그것을 짓밟고 진흙탕 속으로 끌어들일 수도 있다. 그들은 우리 주님의 이름을 함부로 남용할 수도 있지만 그들이 무슨 짓을 하든 하나님의 영광의 가치는 조금도 손상되지 않는다. 우리는 끔찍한 환경에 처할 때면 그분의 영광이 빛나는 것을 보지 못할 수도 있지만 그 영광은 여전히 그 자리에서 빛나고 있다. 하나님의 영광은 결단코 그 가치나 그 존재를 상실하는 경우가 없다. 구름이 잔뜩 낀 날 비행기를 타고 하늘 위로 올라가보면 태양이 여전히 빛나고 있는 것을 깨닫듯이 우리 인생에 아무리 많은 구름이 모여들어도 하나님의 영광은 영원히 빛난다.

우리는 그분의 영광을 비추기 위해 지음을 받았고, 그 영광은 아무리 힘든 상황 가운데서도 빛을 발할 수 있기 때문에 우리의 삶의 목표는 인생의 어떠한 처지와 상황에서도, 심지어 게릴라 세력에 의해 노예로 붙잡혀 갔다 해도 그분의 영광을 구하는 것이어야 한다. 고양이 신자는 힘든 상황을 보면 이런 말로 자신의 반응을 변명한다. "우리는 한낱 인간일 뿐이야." 이 말은 맞는 말이지만 하나님은 우리를 단지 인간이 되도록 부르지 않으셨다. 그분은 우리를 인간으로 지으시고, 이어서 우리에게 거룩한 존재가 되도록 부르셨다. 그것은 하기 어려운 일이지만 그것이 바로 우리의 소명이다.

'잠재적 영광'은 하나님의 완전한 주권을 드러내고, 어떤 상황에서도 그분을 높이는 가운데 그분께 드려질 수 있는 영광이라고 정의할 수 있다. 그러나 그 잠재적 영광은 또한 무시되고 하나님께 다시 비춰질 수 없게 되어 결국 잃어버리게 될 수도 있다. 잠재적 영광은 우리가 있는 모든 곳, 우리가 하는 모든 것 그리고 우리가 처한 모든 상황이나 환경 가운데 존재한다. 하나님은 언제나 그곳에 계시며 언제나 역사하신다. 성경은 이렇게 주장한다. "이는 만물이 주에게서 나오고 주로 말미암고 주에게로 돌아감이라" 롬 11:36.

얼마나 많은 것들이 그렇다는 것인가? 모든 것이 그렇다. 그 안에는 갓난아이의 기저귀를 갈아주는 것에서부터 구름을 바라보는 것에 이르기까지, 길을 따라 운전해가는 것에서부터 자기 자식의 축구 경기나 발레 발표회를 바라보는 것에 이르기까지, 장미꽃 냄새를 맡는 일에서부터 노을을 바라보는 것까지 포함된다. 심지어 노예로 붙잡히는 것에서부터 치명적인 질병에 걸리는 것까지 모두 포함된다. 우리는 그런 일들을 올바로 바라보고, 하나님께 영광을 돌리며 "하나님, 당신은 정말 놀라우신 분입니다"라고 말할 수도 있다. 그러나 반대로 그 상황을 이겨내려고 애쓰는 가운데 그분의 손길이 우리의 삶 가운데 역사하는 것을 깨닫지 못하고 그 영광을 하나님께 돌려드리지 못할 수도 있다. 우리는 하나님의 영광을 보지 못하고 그분께 마땅히 돌려드려야 할 영광을 드리지 못할 수도 있다. 우리는 그 어려운 시간을 피하려고 애쓰는 일에 몰두하다가 그분의 움직임과 주권을 미처 보지 못하고 지나칠 수도 있다. 하나님께 영광을 돌릴 수 있는 잠재적인 기회가 우리 앞에서 무산되는 것이다. 이것은 '하나님의 잠재적 영광을 강탈하는 것'이다.

잠재적 영광은 힘들고 어려운 시기, 곧 우리가 기대하던 안전하고 안락하며 편안한 생활 방식을 갖지 못하는 시기에 가장 잘 잃어버리게 된다. 이런 상황들은 하나님의 영광을 비출 기회를 제공해주지만 우리가 그것을 놓치는 것이다. 왜 그런가? 그 이유는, 우리가 하나님은 사탄의 '핀볼 게임'을 뛰어넘는 주님이시라는 것을 배우지 못했기 때문이다.

사탄의 '핀볼 게임'이란 무엇을 말하는가? 아마 당신은 금속 쇠구슬이 게임판 위에서 굴러다니는 그 옛날 게임기를 본 적이 있을 것이다. 그 금속 구슬은 게임판 위를 구르면서 전기가 통하는 기둥과 부딪치면 통제를 벗어나 아무 방향으로나 기울어져 또 다른 전기 기둥에 부딪치고, 그러면 또다시 같은 일이 반복된다. 쇠구슬은 일정한 통제가 없이 계속 부딪치고 구르는 일을 반복한다. 어떤 때는 삶이라는 상황이 이런 모습처럼 보일 때가 있다. 인생은 앞을 향해 달려가다가 어떤 상황에 부딪치면 다른 방향으로 기울어져 또 다른 상황에 처하게 된다. 그래서 하나님의 손과 그분의 뜻이라는 통제를 벗어나는 것처럼 보인다.

이것이 〈예수〉 영화를 맡은 팀원들에게 일어난 일이다. 그 사건은 하나님이 최악의 상황을 자신의 영광으로 바꾸신 일처럼 보인다. 그렇다. 그 과정 안에는 고난이 있었지만 그것은 하나님의 영광을 위대하게 드러낸 작은 희생이었다. 마찬가지로 우리의 고난은 하나님이 우리에게 주실 상급과는 비교할 수조차 없는 것이다롬 8:18. 하나님은 언제나 이러한 어려운 시기를 자신의 영광을 위해 사용하신다. 그리고 그런 일들은 항상 일어난다.

그렇게 오래되지는 않았지만 콜롬바인 고등학교에서 총기 사건이 있었다. 그 일은 하나님이 일으키신 것일까? 그렇지 않다. 그 사건에도 잠재적 영광이 존재했는가? 그렇다. 그 사건에는 하나님의 영광이 존재했을 뿐 아니라 하나님은 그 상황을 통해 자신의 영광을 드러내셨다. 몇 명의 콜롬바인 고등학교 학생들이 총을 난사하여 다른 학생들과 한 명의 교사를 죽였을 때, 고양이 신자들은 이렇게 물었다. "하나님, 당신은 어디에 계셨습니까?" 그들은 하나님이 CNN을 통해 그 장례식을 전 세계에 생방송으로 중계함으로써 아직 선교사들이 들어가지 못한 나라까지도 복음이 들려지게 하시는 것을 보지 못했다. 믿지 않는 많은 젊은이들이 자신의 삶을 주님께 헌신했다. 많은 젊은 그리스도인들이 '그래. 나는 믿는 사람이야Yes, I Believe' 라는 운동을 통해 자신의 삶을 그리스도께 재헌신했고, 많은 교회가 더욱 친밀하게 성장했다. 하나님은 사탄의 이끌림에 충동적으로 반응한 학생들의 죄악된 행동을 통해서도 엄청난 영광을 받으신 것이다.

그 일이 있고 얼마 지나지 않아 다른 '핀볼 게임'이 뉴스를 장식했다. 그것은 마치 사탄이 "만일 학교 안에서 하나님의 영광을 차지하지 못한다면 교회 안에서 하겠다. 그리스도인들이 최고의 기분을 느끼고 있는 곳에서 그들을 없애겠다"라고 말하는 것 같았다. 그리고 텍사스 주의 포트 워스 지역에서 한 총을 든 사람이 수요일 저녁 예배가 진행되고 있는 한 침례 교회 안으로 들어가 무고한 사람들에게 총을 쏘기 시작했다. 이번에도 고양이 신자들은 이렇게 말했다. "하나님, 당신은 어디 계셨습니까?" 그러나 하나님은 이렇게 말씀하셨다. "나는 내 영광을 위해 이 사건을 사용할 수 있다. 나는 이 사건을 통해 내게 영광을 돌릴 수 있고, 또한 그렇게 할 것이다."

이 비극이 일어나기 전 담임목사인 앨AI 목사는 이렇게 말했다. "주님, 이 사역을 확장시키기 위해 무엇이든 행하시옵소서" 비록 하나님은 우리의 삶 가운데 역사하시기 위해 우리의 허락을 필요로 하시지는 않지만 여기서 한마디 경고의 말을 전한다. 무엇을 위해 기도할지 매우 조심하라. 바로 그것을 얻을 수 있다. 그 비극이 일어난 뒤 하나님은 앨 목사를 TV 인기 프로그램인 래리 킹 라이브Larry King Live에 출연시켜 200만 명이 넘는 잠재적 청중들에게 복음을 전하게 하셨다. 그리고 CNN은 그 장례식을 중계했고, 그 결과 일본에서 이를 지켜본 사람들 가운데 35명이 그들의 삶을 주님께 드렸다. 공립 학교 교사들이 어린이들을 그리스도께 인도했고, 교회에는 "어떻게 하면 나도 당신들이 갖고 있는 평화를 얻을 수 있나요?"라는 질문이 담긴 이메일이 폭주했다. 그 결과는 무엇인가? 하나님은 그렇지 않았다면 단지 비극으로 끝나고 말았을 사건을 통해 큰 영광을 받으셨다.

고양이 신자는 사람들이 하나님의 영광으로부터 얻는 것에 너무나 깊이 몰입해 있기 때문에 하나님의 영광 자체는 종종 놓치고 만다. 그들은 죽음과 가슴 아픈 고통을 보았을 때 그것으로부터 관심을 떼어내고 하나님이 그것으로부터 무엇을 얻으실 수 있는지에 대해서는 결코 생각하지 않는다. 여기서 더 힘든 상황일수록 더 많은 영광이 하나님께 돌아간다는 말처럼, 어떻게 고난의 시간이 잠재적 영광을 내포하고 있는지 이해할 수 있도록 한 걸음 더 나아가보자. 이 내용을 도표로 그려보면 〈도표 7〉과 같은 모습일 것이다.

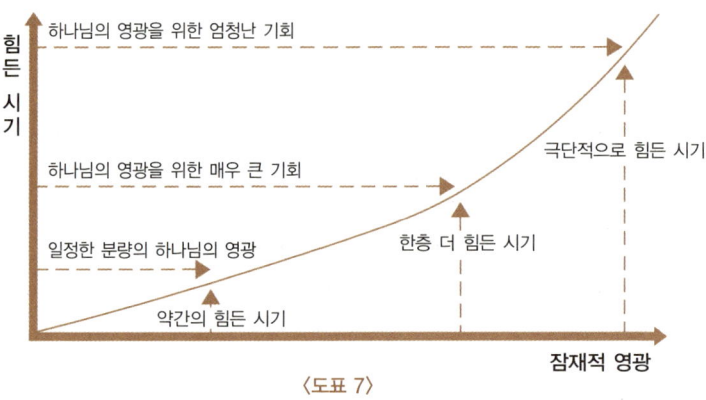

〈도표 7〉

이 도표는 좌측의 '힘든 시기'를 나타내는 값이 상승하고 있음을 보여준다. 우리의 삶에 힘든 상황이 닥쳐오면 그 곡선은 위로 움직인다. 왼쪽에서 오른쪽으로 이어지는 좌표는 '잠재적 영광'을 가리킨다. 즉, 하나님이 얻으실 수 있는 영광의 정도 혹은 분량을 말한다. 우리의 힘든 시기가 늘어나면 하나님의 영광을 비출 가능성도 증가한다.

그래서 이 도표가 보여주는 것처럼 만일 우리에게 약간의 힘든 시기가 주어진다면 우리가 하나님께 영광을 돌릴 가능성은 그만큼 작다. 그리고 한층 더 힘든 시기가 주어지면 하나님께 더 큰 영광을 돌릴 기회가 주어진다. 그리고 극단적으로 힘든 시기가 찾아오면 하나님께 최고의 영광을 돌릴 수 있게 된다. 어려움의 크기가 커질수록 아버지 하나님께 영광을 돌릴 가능성은 더욱 커지는 것이다.

비록 강아지 성도라고 해서 어려운 시기를 찾아다니는 것은 아니지만 그들은 그런 시기가 찾아오면 그것을 하나님께 더 많은 영광을 돌릴 수 있는 기회로 여긴다. 그러나 만일 하나님의 영광이 더 많은 축복과 더 큰 축복을 통하여 빛날 수 있는 기회가 주어지지 않는 시기라면 고양이 신자들은 어떻게 반응할까? 마음에 깊은 상처를 받았을 때, 암에 걸렸을 때, 강간을 당했을 때, 일찍 숨을 거두게 될 때 그들은 이렇게 부르짖는다. "엉터리야. 하나님, 이건 공평치가 못해요!" 그리고 하나님께 영광을 돌릴 수 있는 가능성을 전혀 깨닫지 못하고 만다. 실제로 그들은 자신이 축복을 받지 않으면 하나님께 영광을 돌릴 이유가 없다고 생각한다.

고양이 신자에게 공평치 못한 일이 일어나면 그들은 그 일어난 일에 대해 하나님을 비난하기 시작한다. 그 결과 고양이 신자들은 하나님께 더 실망하고, 분개하며, 심지어 분노하게 된다. 전형적인 고양이 신자는 그 일이 위장된 축복이거나 그들로 하여금 하나님의 영광을 더 크게 드러낼 수 있도록 마련된 기회라는 것을 생각해내지 못한다. 그것이야말로 인생의 최고의 목적이다. 이런 상황에 처할 때 그리스도인들은 그분께 감사하고, 그분을 찬양하며, 그분께 예배함으로써 그분의 영광과 그분의 높으심을 드러낼 수 있다. 그러나 고양이 신자들은 그렇게 보지 않기 때문에 잠재적인 영광을 잃어버리고 만다. 하나님께 돌릴 수 있는 영광이 사라지고, 우리는 질투하시는 하나님의 영광을 강탈하고 만다.

당신이 저녁 늦게 자동차 운전을 하고 있는데 갑자기 타이어가 터졌다고 가정해보자. 하나님은 그런 일이 일어날 것을 이미 알고 계셨다._{그것이 바로 그분의 주권이라는 것이다.} 당신은 어떤 반응을 보이겠는가? "하나님, 제게 이런 일이 생기다니 말도 안 됩니다. 그렇지만 당신이 모든 것을 주관하고 계심을 압니다. 저는 이 일에 대해서도 당신을 신뢰하고 당신을 찬양할 겁니다"라고 말하겠는가?_{하나님을 향한 이런 믿음과 신뢰는 그분의 영광을 확실히 드러내지 않}

는가! 그리고 "만복의 근원 하나님 온 백성 찬송드리고…"라는 찬송을 부르겠는가? 그렇지만 우리는 대부분 고양이 신자처럼 우리가 그 상황에서 얻는 것에 초점을 맞추고 그 상황을 저주할 것이다. 그리고 그런 행동을 하는 그 순간 우리는 하나님으로부터 그분의 영광을 빼앗는 것이다.

한 여인의 딸이 전신마비가 되었다. 이 여인은 자기 딸을 보살피기 위해 직장도 그만두고 24시간 딸의 보호자가 되어야 했다. 이 여인의 반응이 어떠했겠는가? 그녀는 이렇게 말할 수도 있었다. "주님, 이렇게 되면 나는 직장을 그만두어야 합니다. 그러면 지금보다 더 낮은 수준의 삶을 살아야 하고, 24시간 동안 딸만 돌봐야 합니다. 그렇지만 이 일이 내 안에 주님의 마음을 갖게 하고 나로 하여금 당신을 더 많이 닮게 만들 것입니다. 앞으로 처참할 정도로 힘들어지겠지만 언제나 당신을 의지하겠습니다. 종의 마음을 만들어가는 것이 어떤 것인지 다른 사람들에게 보여주겠습니다."

불행하게도 이 여인은 그렇게 말하지 않았다. 그녀는 사탄이 자기 마음에 속삭여준 거짓말, 곧 자기가 가장 중요하다는 그리고 자신의 삶은 이제 끝이 나고 말았다는 말을 믿었다. 그래서 그녀는 총기를 파는 상점에 가서 총을 볼 수 있느냐고 말한 다음 총알을 장전하고 방아쇠를 당겨 스스로 목숨을 끊었다. 그녀는 누군가 다른 사람을 위해 희생하는 삶을 통하여 평생 하나님께 영광을 돌릴 기회를 얻었다. 그러나 그녀는 자기가 가장 중요하다는 사탄의 거짓말을 믿었고, 하나님은 자신의 영광을 도둑맞으셨다.

아이들이 수영할 때 사용하는 인기 있는 물웅덩이를 상상해보라. 한 아이가 머리를 앞으로 하고 물속에 뛰어들다 수면 아래에 있는 무언가와 부딪쳤고 목이 부러졌다. 당연히 이 일과 관련된 모든 사람은 그 일을 불행이라고 말했다. 더구나 그 아이는 영원히 불구가 될 것이라는 사실을 알고 더욱 실망했다. 우리는 그 사건을 앞에 두고 몇 년 동안 그 불행한 사건을 목놓아 부르짖을 수도 있고, 아니면 하나님의 영광을 구할 수도 있다. 그 일에도 하나님의 영광이 존재하는가? 분명히 그렇다. 조니 에릭슨 타다에게 물어보라.

조니 이야기는 그녀의 자서전을 통하여 유명해졌고, 그녀의 명성은 지난 10여 년 동안 극적으로 널리 알려졌다. 그러나 사람들이 진심으로 받아들인 것은 그녀의 명성이 아니라 그녀의 간증이었다. 그녀는 자신의 고난을 통하여 항상 주님을 찾고, 주님을 찬양하며, 주님을 예배했다. 그녀는 이 불행한 일련의 환경으로 인해 수백만 명에게 전해진 간증을 만들어낸 것이다. 그 사고의 결과로 인해 그녀는 자신의 모든 상상을 뛰어넘는 사역을 이루어냈다. 조니는 그 모든 일들을 통해 하나님께 엄청난 영광을 드렸다. 어려움의 정도가 심할수록 하나님은 더 큰 영광을 받으신다는 것은 분명한 사실이다.

캐시 버넬Cassie Bernall은 콜롬바인 고등학교 총기 사건 때 목숨을 잃은 여학생이다. 비록 그녀는 죽었지만 그녀의 간증 그리고 하나님의 영광은 아직도 살아 있다. 나제럴드는 최근에 열린 '영광 플러스 사역UnveilinGLORY' 세미나에서 캐시의 조부모님Lee and J. J. Jorgensen을 만났다. 두 분은 캐시의 죽음은 하나님의 영광과 의미와 가치를 선포할 기회를 제공할 뿐 아니라 그들을 사역의 자리로 인도했다는 것을 말하기 위해 참석했다. 그분들은 미국 전역의 고등학교를 방문하여 강연도 하고 학생들과 직접 만나기도 하면서 하나님의 영광과 가치를 선포하고 있다.

만일 캐시가 살았다면 그녀의 죽음을 통해서보다 하나님의 영광을 위하여 더 많은 사역과 더 많은 효과, 더 많은 영향력을 미칠 기회가 있었을 거라고 주장할 수도 있다. 이에 대해 친절하고 사랑 넘치는 조부모님은 그녀의 죽음이 비극이었다는 점에 동의했지만 하나님이 그 죽음을 통해 더 큰 영광을 받으신다고 말했다.

당신은 또 다른 긍정적인 이야기를 원하는가? 유럽과 아시아의 중간 지역에 살고 있는 터키 사람들과 함께 사역하고 있는 한 선교사 가족이 있었다. 그들은 터키 말을 유창하게 했고, 터키 사람들이 신뢰하고 있던 유일한 선교사들이었다. 그런데 남편그리고 동시에 아버지이 암이라는 진단을 받았다. 선교사의 후원 교회가 고국으로 데려가 최고의 의사에게서 치료를 받게 하고, 최선을 다해 기도했지만, 주님은 그 선교사가 살아 있는 것보다 죽음을 통해서 더 큰 영광을 얻을 수 있다는 것을 아셨다. 그 선교사는 아내와 세 딸을 남겨놓고 숨을 거두었다.

그의 아내는 어떻게 반응했을까? 그녀는 분노 가운데 이렇게 말했을까? "주님, 이게 뭡니까? 우리는 당신에게 우리의 삶 전체를 드렸고, 이 소중한 사람들에게 다가가기 위해 모든 것을 희생했는데, 당신이 우리에게 주신 것은 이것인가요? 당신은 누구 편인가요?" 그렇지 않다. 그녀는 깊은 고통 가운데서도 자신을, 특권을 부여받은 사람으로 간주하고 이렇게 말했다. "누군가 소중한 터키 여인들에게 가서 홀어머니가 되어 자녀를 양육하는 법을 보여주어야 합니다. 그리고 하나님은 나에게 그것을 하도록 부르셨습니다." 지금 이 순간에도 터키에서는 한 미망인이 딸들과 함께 강아지 성도의 자세와 견해를 가지고 날마다 하나님의 영광을 드러내고 있다.

그러나 하나님의 영광은 놓칠 수 있고, 많은 경우 그렇게 된다. 의식되는 가운데 열광적으로 하나님께 돌려지는 영광은 그렇게 많지 않으며, 하나님은 자신의 영광을 빼앗기신다. 이 모든 것은 고양이 신자가 자기 인생은 자기를 위한 것이라고 생각하기 때문이다. 우리는 우리 인생이 반드시 안전하고, 안락하며, 쉽고, 편안해야 한다고 생각한다. 그 결과 우리 삶에 어렵고 힘든 순간이 찾아오면 우리는 이렇게 울부짖는다. "하나님, 이건 불공평해요!" 우리는 우리 인생이 공평해지기 위해 계획된 것이 아니라는 사실을 배울 필요가 있다. 우리의 삶은 하나님의 영광을 드러내고 비추는 연속적인 기회가 되도록 계획된 것이다.

우리는 우리에게 주어진 모든 삶의 환경에 어떻게 반응할지 선택할 권리가 있다. 우리는 운명을 비난하고, 하나님을 저주하며, 얼마나 불공평한 일인지 소리 지르고, 그런 일이 다시는 일어나지 않기를 바랄 수도 있다그래서 하나님의 영광을 빼앗는다. 그렇지 않으면 우리 주위에서 일어나는 재앙에도 불구하고 하나님의 손길에 무릎을 꿇고 그분의 영광을 구할 수도 있다.

비가 올 때 농부와 도시 거주자는 서로 다르게 반응한다. 농부는 곡식에 필요한 비를 주신 하나님께 감사하는 반면 도시 사람들은 자기 계획을 망쳤다고 비난한다. 견해와 태도에 따라 비가 축복이 되기도 하고 저주가 되기도 한다.

이와 마찬가지로 강아지 성도와 고양이 신자는 삶 가운데 일어난 동일한 사건에 대해 정반대 견해를 가질 수 있다. 강아지 성도는 저주처럼 보이는 많은 사건들이 위장된 축복임을 발견한다. 모든 환경 안에는 하나님께 영광을 돌릴 수 있는 가능성이 들어 있다. 이것이 인생의 목표를 달성하는 것이라는 사실을 인식할 때 당신은 큰 만족을 얻을 수 있지만 그 사실을 무시하면 당신은 큰 좌절에 빠질 수 있다. 당신이 하나님의 영광을 가로채지 않기를 기도한다.

10장 CAT & DOG THEOLOGY
고양이 신자의 성장이 정체될 때

내¶ 아내의 가장 큰 장점은 손님 대접을 잘한다는 것이다. 데비는 우리 집에 손님을 초대하는 것을 무척 좋아하며 손님이 항상 특별 대우를 받고 있다는 느낌을 갖게 한다. 아내는 우리 집을 방문한 사람에게만 그렇게 하는 것이 아니라 이웃에 사는 사람들에게도 그렇게 한다. 이웃에 새로 이사 온 사람들은 곧바로 집에서 만든 쿠키가 담긴 접시나 갓 구운 파이를 들고 자기 집 현관 앞에 서 있는 아내를 발견하게 된다. 데비에게 그 일은 '올바른 예절'일 뿐 아니라 하나님의 영광을 사람들에게 보여주는 즐거운 방법 가운데 하나다.

예의범절은 다른 사람들을 귀하게 대접하도록 도와주고 그 사람이 환영이나 감사의 표시를 받고 있다는 것을 느낄 수 있도록 해주는 알맞은 테

173

두리를 제시해준다. 아내가 식구들에게 파이를 구워줌으로써 예의범절을 보여줄 때, 아내가 그 일을 하는 것은 그것이 반드시 해야 할 일이라고 생각해서가 아니라 식구들을 위해 그렇게 해주고 싶어서이다.

그러나 때로는 '올바른 예절'이 많은 고양이 신자들로 하여금 마땅히 누릴 수 있는 가장 풍성한 그리스도인의 삶을 경험하지 못하게 가로막는 경우가 있다. 왜 그런가? 우선 한 가지 예를 들면, 사람들이 당신을 저녁식사에 초대했을 때 당신이 취할 수 있는 가장 공손한 행동은 감사를 표하고 나중에 그들을 저녁식사에 초대하는 것이다. 이런 식사 예절, 곧 감사를 표하고 호의를 되갚는 일은 고양이 신자가 그리스도인으로서 어떻게 살고 있는지를 요약해준다. 고양이 신자는 깊이 생각해보지도 않고서 "그리스도께서 나를 위하여 십자가에서 죽으셨기 때문에_{그분은 나를 위해 훌륭한 어떤 일을 행하셨다} 나는 그분에게 감사해야 하며 최소한 그분을 위해 살아야 한다_{나는 그 호의에 보답해야 한다}"라고 말한다. 고양이 신자는 이렇게 묻는다. "이것이야말로 감사하는 마음을 갖고 그리스도를 위해 사는 모습 아닌가요?"

그러나 고양이 신자들은 자신이 하나님께 진 빚을 완전히 갚을 수 없다는 것을 잘 안다. 그래서 그들은 온갖 노력을 기울여 그 빚을 갚으려 애쓴다. 이런 일은 그들이 생각하는, 아니 가능하다고 생각하는 그리스도인의 삶을 살려고 노력하는 가운데 일어난다. 이런 이유로 고양이 신자는 자신의 가능성을 완전히 실현하는 수준까지 성장하지 못한다. 그들은 그렇게 할 수 없다. 왜 그런가? 그들의 성장이 정체되었기 때문이다. 은혜를 갚는 일은 그리스도인의 삶을 사는 능력을 빼앗아간다.

🐾 '나를 도와주세요' 기도

나밥는 대학에 다닐 때 기도문을 타이프로 치곤 했다. 그 가운데 많은 내용은 이런 것들이다.

주님, 내가 거룩하게 되도록 도와주세요.
주님, 당신을 더 많이 사랑하도록 저를 도와주세요.
주님, 내 믿음을 담대히 증거할 수 있도록 저를 도와주세요.
주님, 당신을 더 많이 닮을 수 있도록 도와주세요.
(이런 기도는 계속 이어진다.)

어느 날 내가 기도할 때 주님이 내게 이렇게 말씀하시는 것을 느꼈다. "밥, 너는 내가 무엇을 해주기를 원하느냐?"

나는 이렇게 대답했다. "주님, 그게 무슨 말씀이신가요? 저는 당신의 도움을 구하고 있습니다. 저 혼자서는 이것을 할 수 없습니다."

"그래." 성령님은 내게 다가오셨다. "그렇지만 그 말은 무슨 의미지?"

"저는 그것을 해낼 수가 없습니다. 하나님, 당신의 도움이 필요합니다. 당신이 없이는 그 일을 할 수 없습니다." 내가 말했다.

"그렇지만 그 말이 무슨 의미니?" 그분이 다시 말씀하셨다.

그때 집채만 한 바윗돌이 내 머리를 치는 듯한 기분이 들었다. 나는 하나님이 나를 도와주시기를 구하고 있었다. 나는 영생이라는 호의에 보답하기 위해 내 능력과 힘으로 하나님을 위해 살려고 했던 것이다. 한 번도 수치로 환산해본 적은 없었지만 굳이 말하자면 나는 70퍼센트는 육체의 힘으로 성경이 말하는 것처럼 살려고 애쓰는 가운데 나머지 30퍼센트는 하나님이 완성시켜주시기를 구했던 것이다.

나중에 내가 '천국 올림픽'에 나가게 되어 메달이 주어진다면 그것은 금메달이며 적어도 그 일의 70퍼센트는 내가 한 것이니까 그리스도께서 내 옆에 은메달을 들고 서 계실 것이라고 그분은 나를 도와 그 일의 나머지 30퍼센트를 하셨으니까 생각한다. 그리고 나는 그분께 이렇게 말할 것이다. "고마워요, 예수님. 당신이 아니었으면 이 일을 해내지 못했을 겁니다."

나는 내가 고양이 신자처럼 살고 있음을 그리고 그 삶이 나의 영적 성장을 제한하고 있음을 전혀 알지 못했다. 예수님은 요한복음 15장 5절에서 이렇게 말씀하신다. "나는 포도나무요 너희는 가지니 저가 내 안에, 내가 저 안에 있으면 이 사람은 과실을 많이 맺나니 나를 떠나서는 너희가 아무것도 할 수 없음이라." 나는 이 구절에서 '아무것도'란 말이 무엇을 의미하는지 전혀 깨닫지 못했다. 특히 사람을 달에 보내고, 순식간에 엄청난 양의 정보를 분류하는 컴퓨터를 만들어내며, 미숙아들을 살려내는 등 하나님을 인정하지 않고서도 인간이 해낼 수 있는 일들이 수없이 많은 이 시대에 말이다.

그러나 나는 그 말이 '영원한 의미를 갖고 있는 것은 아무것도'를 의미한다는 것을 조금씩 깨닫기 시작했다. 내 힘 70퍼센트로 그리스도인의 삶을 살려고 노력하는 것은 하나님으로 하여금 내 삶을 겨우 30퍼센트만 성장시키도록 제한하는 것이다. 하나님은 내가 더 많이 성장하기를 원하시지만 나는 고양이 신자와 마찬가지로 그분이 나를 성장시키실 것을 믿지 않았다. 나는 스스로의 힘으로 성장을 위해 애쓰고 노력해야 한다고 생각했다. 그래서 70퍼센트의 영적 성장의 가능성이 내 삶 가운데 일어나지 않은 것이다.

내가 이 사실을 깨달았을 때, 성경 가운데 한 구절이 내게 확 다가와 내 삶을 변화시키기 시작했다. 그 말씀은 이것이다. "또 새 영을 너희 속에 두고 새 마음을 너희에게 주되 너희 육신에서 굳은 마음을 제하고 부드러운 마음을 줄 것이며 또 내 신을 너희 속에 두어 너희로 내 율례를 행하게 하리니 너희가 내 규례를 지켜 행할지라" 겔 36:26-27.

🐾 '나로 하여금' 기도

하나님은 우리가 하나님과 동행하기를 원하신다. 나는 그 구절이 무슨 의미인지 깨달았을 때 무거운 짐을 어깨에서 벗어버렸다. 더 이상 그리스도인의 삶을 살아야 한다는 무거운 짐이 내 어깨를 짓누르지 않았다. 그 짐을 하나님께 맡겨버렸다. 그분은 나로 하여금 그분을 기쁘시게 하는 삶을 살도록 만드실 의무가 있는 분이다. 그날 이후 나는 기도를 바꿨다. 이제 내 기도는 다음과 같다.

주님, 나로 하여금 거룩하게 하소서.
주님, 나로 하여금 당신을 더욱 사랑하게 하소서.
주님, 나로 하여금 담대히 내 믿음을 전하게 하소서.
주님, 나로 하여금 당신을 더욱 닮게 하소서.
(기도 내용은 계속 이어진다.)

"그래서 우리는 아무것도 하지 않고 모든 것을 하나님께 맡기면 되는 건가요?" 고양이 신자는 묻는다. 강아지 성도는 우리의 노력과 하나님의 노력 사이의 균형은 골로새서 1장 29절에서 찾아볼 수 있다는 것을 잘 알고 있다. 그 구절은 이렇게 말씀하고 있다. "이를 위하여 나도 내 속에서 능력으로 역사하시는 이의 역사를 따라 힘을 다하여 수고하노라."

'나도 수고하노라'는 구절은 행동을 취하는 우리를 가리킨다. 나는 결국 '예'라는 답을 배웠고, 조용한 시간을 가질 필요가 있었다. 그렇다. 나는 하나님의 말씀 안에 있어야 했다. 그러나 하나님이 그 자리에서 나를 만나주지 않으신다면 아무 일도 일어나지 않을 것이다. 그리고 내가 그 행동을 취하지 않는다면 하나님이 나를 성장시키실 기회를 얻지 못하실 것이다. 강아지 성도는 그리스도인의 삶 안에서 일어나는 성장은, 우리가 하나님으로 하여금 우리의 삶 가운데 변화를 일으키실 수 있도록 기회를 드리는 일을 할 때 찾아온다는 것을 잘 안다. 만일 우리가 하나님께 그런 기회를 드리지 않는다면 어떤 일도 일어나지 않을 것이다.

'능력으로'라는 말은 그동안에 우리에게 능력을 주시는 하나님을 가리킨다. 그 일은 우리가 이런 식으로 기도할 때 일어난다. "주님, 오늘 밖에 나가 제 믿음을 전하고 싶습니다. 그렇지만 만일 당신이 저를 통해 말씀하고 사람들의 마음을 감동시키지 않는다면 어떤 일도 일어나지 않을 것입니다" 혹은 "주님, 경건의 시간을 가지려고 합니다. 그렇지만 만일 당신이 그 시간에 저를 만나주지 않으신다면 그 시간은 마른 밀가루같을 것입니다." 강아지 성도는 우리가 행동을 취하면 하나님은 100퍼센트의 성장을 일으키고 모든 영광을 받으실 것임을 잘 안다. 이 일은 질투하시는 하나님을 기쁘시게 한다. 만일 우리가 행동을 취하지 않는다면, 하나님은 우리를 성장시키실 기회를 얻지 못하신다.

🐾 삶의 모든 분야에서의 성장

나는 이 사실이 내 삶의 모든 분야, 심지어 가장 기본적인 것에도 적용된다는 것을 발견했다. 나는 지난 몇 년 동안 진정으로 무엇을 해야 하는지도 알지 못한 채 '하나님과 사랑에 빠지려고' 노력했다. 그러나 하나님은 내 삶 가운데 가장 기본적인 분야에서도 역사하시기를 원하셨다. 신명기 30장 6절은 "네 하나님 여호와께서 네 마음과 네 자손의 마음에 할례를 베푸사 너로 마음을 다하며 성품을 다하여 네 하나님 여호와를 사랑하게 하사 너로 생명을 얻게 하실 것이며"라고 말한다. 하나님은 우리의 마음에 할례를 베푸셔서 우리가 하나님을 사랑하기 원하신다. 그분은 우리로 하여금 그분을 사랑하게 하실 것이다. 그래서 강아지 성도는 그리스도인의 삶 가운데 가장 기본적인 분야에서 가장 먼저 할 일은 하나님을 사랑하게 해달라고 하나님께 요청하는 것임을 알고 있다.

이것은 결혼 생활 가운데도 적용된다. 데비는 무척이나 아름다운 여인이다. 그건 내가 그녀와 결혼한 이유 가운데 하나이기도 하다. 내가 그녀의 아름다움에 반해 결혼한 것은 부분적으로 내가 빈약한 자아상을 갖고 있었기 때문이다. 나는 이 사실을 나중에 깨달았다. 나는 다른 남자들이 내 옆에 있는 그녀를 보면서 "우와, 정말 멋진 여자네!"라고 말해주기를 원했다. 그러나 그런 철부지 사랑은 결혼 생활이 시작되면서 사라져버렸다. 다른 여느 부부와 마찬가지로 우리의 결혼 생활도 달콤한 신혼에서 현실로 이동했고, 나는 아내를 사랑해야 한다는 것이 힘들어지기 시작했다.

그리고 그 순간 이 교훈을 다시 배우게 되었다. 나는 그동안 내 힘과 능력으로 아내를 사랑하려고 애써왔던 것이다. 나는 회개하고 이렇게 기도하기 시작했다. "주님, 나로 하여금 마땅히 아내를 사랑하게 해주세요." 현재 우리는 건강한 결혼 생활을 유지하고 있으며, 이 모든 영광과 공로를 하나님께 돌린다.

이 원리는 삶의 큰 분야 하나님 사랑하기, 배우자 사랑하기 등 뿐 아니라 작은 분야에도 적용된다. 그곳은 고양이 신자의 성장이 정체되고 있는 또 다른 부분이다. 이런 일은 고양이 신자가 평범하게, 즉 그들이 '티셔츠를 입고 편하게' 행하는 활동들 가운데 일어난다. 그래서 그들은 이런 작은 분야에서는 자신의 능력을 의지하기 시작한다.

고양이 신자는 이런 생각을 하기 시작한다. "나는 이 일을 수천 번도 더 했어. 그러니 하나님의 도움은 필요 없어." "나는 이미 전 세계를 수없이 날아다녀봤어. 이 비행기에서 아무 일도 일어나지 않으리라는 것을 잘 알아." "이번 주 주일학교 공과는 이미 여러 차례 가르쳤던 내용이야. 아무 문제 없을 거야." "이 문제는 전에 한 번 봤던 거야. 어떻게 하면 되는지 잘 알고 있어." "내 일은 내가 잘 알아. 그 문제를 놓고 기도할 필요는 없어."

우리가 수천 번 해본 것들은 우리로 하여금 주님의 힘과 능력을 신뢰하는 것이 아니라 우리 자신의 능력을 의지하게 만들 수 있다. 그리고 그렇게 하는 것이 바로 육체의 능력으로 일하는 것이다. 그것은 질투하시는 하나님을 기쁘시게 하지 못한다. 그분이 기뻐하시는 것 그리고 강아지 성도가 기도하는 것은 이런 내용이다. "주님, 이 강연은 이미 여러 차례 해보았습니다. 주님이 이 강연을 사용하시기를 기뻐하신다는 것을 분명히 보여주셨지만, 나는 여전히 주님이 나를 통하여 말씀하시고 생명을 변화시켜 주실 것을 100퍼센트 의지합니다." "하나님, 오늘도 내가 빨래하는 동안, 택시를 운전하는 동안, 쇼핑하는 동안, 저녁을 준비하는 동안, 설거지를 하는 동안 능력으로 함께해주시기를 기대합니다." "하나님, 오늘도 회사에서 주님이 필요합니다. 그 일을 저 혼자만의 힘과 능력으로도 할 수 있다는 것을 알지만 그렇게 하기를 원하지 않습니다. 왜냐하면 육신의 능력으로 내 인생을 살아가기를 원하지 않기 때문입니다."

강아지 성도는 하나님이 우리에게 저녁식사를 허락하실 때 오직 한 가지 응답만이 존재한다는 것을 알고 있다. "하나님, 저녁을 먹을 수 있게 해주시니 감사합니다. 내일 아침도 허락해주시기 바랍니다." 그리고 그 아침이 허락되면 이렇게 말한다. "주님, 또다시 감사합니다. 점심도 허락해주시기 바랍니다." 그런 다음 그분의 신실한 공급하심을 받은 뒤에는 이렇게 아뢴다. "주님, 저녁도 허락해주시기를 바랍니다."

미국의 경우 사람들이 식사 때마다 이런 식으로 응답하면 짜증이 날 것이다. 그러나 하나님이 보시기에 그런 응답은 전혀 귀찮은 것이 아니다. 왜 그런가? 우리가 하나님께 더 많이 나아갈수록 하나님은 날마다 우리에게 베푸시는 일을 통해 더 많은 영광을 받으시기 때문이다. 하나님은 당신의 삶의 모든 모습들을 하나님께 내어드리고 그분이 장차 부어주실 능력을 의지하기를 원하신다.

이제 나는 내가 천국 올림픽에 나가게 될 때 아무런 메달도 따지 못할 것이라는 사실을 깨달았다. 모든 공로는 100퍼센트 예수님의 것이기 때문에 금메달은 오직 예수님만이 차지하실 것이며, 나는 시상대 위에 올라가지도 못할 것이다. 모든 영광은 하나님께만 드려질 것이다.

11장 CAT & DOG THEOLOGY
영원, 거기서 70을 빼다

　어느 주일에 나제럴드는 가장 친한 친구인 켄Ken과 함께 휴대용 무전기 두 대와 매우 긴 밧줄을 가지고 우리 교인들이 영원이라는 개념을 올바로 이해할 수 있도록 도와준 일이 있다. 나는 켄에게 무전기 하나와 밧줄 한 쪽 끝을 들고 예배당을 가로질러 걸어가도록 요청했다. 켄은 얼마 안 있어 마지막 의자가 놓여 있는 곳을 지나 예배당 입구까지 도착했다. 그리고 뒤를 돌아보며 이렇게 물었다. "어느 정도까지 멀리 가야 해요?" 나는 이렇게 대답했다. "밧줄이 끝날 때까지 계속 가다가 밧줄이 끝나면 내게 무전기로 말해줘요." 잠시 후에 무전기에서 '삐' 하는 신호가 나더니 켄의 목소리가 들려왔다. "지금 주차장에 와 있고요, 밧줄이 끝났어요. 이제 어떻게 하죠?" 나는 무전기에 대고 말했다. "내 차에서 밧줄 두 꾸러미를 가져

와서 그 끝을 서로 연결해서 묶은 다음 계속 걸어가세요." 그리고 예배가 계속 진행되었고, 잠시 후에 다시 '삐' 소리가 들렸다. 이번에는 켄이 지금 도로에 나와 있다고 말했다. 나는 켄에게 한 블록 떨어진 큰 사거리를 향해 계속 걸어가다가 도착하면 신호를 보내라고 말했다. 예배는 다시 진행되었고 잠시 후 그 '삐' 소리와 함께 켄이 사거리 앞에 도착했으며 줄은 길을 건너기에 충분할 만큼 남아 있다는 음성이 들려왔다. 나는 계속 걸어가라고 말했다.

사실, 이것은 살아 있는 우화다. 왜냐하면 켄은 계속해서 예배당 문 밖에 서 있었을 뿐이지만, 예배당 안에 있던 성도들은 모두 그가 분주한 교차로 앞에 서서 목적지를 바라보고 있는 모습을 직접 보는 듯한 생생한 느낌을 받고 있었기 때문이다. 잠시 뒤에 다시 음성이 들려왔다. 켄은 밧줄은 아직 넉넉히 남아 있으며 자기는 동네 패스트 푸드점에 도착해서 매장 점원에게 음료수를 한 잔 주문했다고 말했다. 그러자 교인들 모두의 얼굴에 미소와 함께 이런 생각이 떠올랐다. "역시 켄이야!"

그런 다음 나는 남아 있는 밧줄의 한쪽 끝에서 18cm 되는 부분에 매듭을 하나 만들고 성도들에게 이쪽에 남아 있는 18cm는 이땅에서 우리가 살아가는 70년의 인생을 가리킨다고 말했다. 밧줄의 나머지 부분은 영원을 가리킨다. 이 매듭이 묶인 밧줄은, 영원이란 헤아릴 수 없을 만큼 긴 시간인데 겨우 70년을 살아가기 위해서만 자기 삶을 계획하는 것이 얼마나 어리석은지를 확실하게 보여주는 훌륭한 예화다. 그리고 이 예화는 고양이 신자들이 자기 인생과 또한 자신과 하나님과의 관계를 어떻게 계획하는지를 여실히 보여준다.

고양이 신자들은 자신의 인생에, 즉 이땅에서 70년 동안 살아가는 데 필요하다고 생각되는 모든 요소들을 안전하고, 편안하며, 쉽고, 안락하게 끌어모으는 일에 대부분의 관심과 계획을 기울인다. 물론 그들도 영원에 대해 관심을 기울이지만, 다만 자신이 그곳에 확실히 가는 것에만 신경을 쓴다! 앞에서 언급한 것처럼, 고양이 신자들은 예수님을 단지 지옥에서 건져줄 자신의 '보험증서'이자 천국을 향한 '무임승차권' 정도로 여긴다. 그리고 정작 앞으로 다가올 하나님과의 관계를 준비하는 데에는 별로 시간을 투자하지 않는다.

반면에, 강아지 성도는 영원, 곧 그 길고도 긴 시간을 위해 계획을 세운다. 그들은 이땅에서 사는 70년은 영원과 비교하면 아무것도 아니라는 것을 잘 알고 있다. 그들은 그 차이점을 올바로 인식한 후에 이러한 진리를 깨닫는다. "나의 진정한 삶은 내가 죽은 다음에 비로소 시작되는 거야!"

강아지 성도에게 이땅에서의 삶은 프로 야구 팀이 페넌트 레이스가 시작되기 전에 치르는 연습 경기와 같다. 그동안 그 팀이 행하는 훈련은 그리스도를 알아가는 것이다. 일단 당신이 그 팀에 들어가면 그리스도와 인격적인 관계를 갖게 되면 스토브 리그가 시작되는데, 그 기간은 성도가 성장하고 성숙해져가는 과정이다. 그들이 죽은 다음에야 진정한 레이스가 시작되며, 그들은 자신이 지음받은 진정한 목적인 영원에 이르게 되는 것이다.

그들이 무엇을 위해 지음을 받았는가? 그들은 자신이 그리스도의 신부가 되어 엡 5:32, 계 19:7 천사들을 주관하게 될 것임을 고전 6:3 안다. 비록 강아지 성도들은 이 말이 구체적으로 무엇을 의미하는지 전혀 알지 못하지만, 그것을 진지하게 받아들이며, 그것이 정말 중요한 어떤 것임을 깨닫는다. 그래서 그들은 그것을 위해 준비한다.

따라서 강아지 성도들은 "내 사는 날이 기울어지는 그림자 같으며" 시

102:11, 표준새번역, "사람은 한낱 숨결과 같고, 그의 일생은 사라지는 그림자와 같습니다" 시 144:4, "인생은 그 날이 풀과 같으며" 시 103:15 와 같은 구절을 진지하게 받아들인다. 그래서 그들은 이 연습 경기 시즌을 사는 동안 자신이 이땅에서 배우는 모든 것들은 진짜 삶이 시작될 때 도움이 될 것임을 분명히 알고 성경이 말씀하고 있는 것처럼 "나그네와 행인 같은" 벧전 2:11 삶을 산다.

예수님이 들려주신 한 부자 청년에 관한 이야기는 우리가 반드시 배워야 할 중요한 내용을 담고 있다. 당신은 그 이야기를 기억하고 있는가? 앞날이 창창한 어떤 부자 청년이 예수님께 영생을 얻으려면 무엇을 해야 하는지를 물었다. 예수님은 그에게 모든 소유를 판 다음 자신을 따르라고 말씀하셨다. 그 젊은이로서는 희생해야 할 대가가 너무나 컸다. 그는 자신이 지음받은 목적을 이루기 위한 대가로 자신의 안전하고, 편안하며, 쉽고, 안락한 삶을 포기할 수가 없었다. 그래서 슬픈 표정을 지으며 돌아갔다. 그가 이땅에서의 70 평생에 너무도 매여 있는 바람에 영원한 것을 보지 못하고 그것을 준비하지 못한 것은 얼마나 아쉬운 일인지 모른다. 그는 장차 올 그날 그곳에서 하나님께 만족을 찾은 것이 아니라 지금 이곳에 있는 물질에서 만족을 얻었다.

이 점에서 최근에 순교자가 된 짐 엘리엇 Jim Elliot 이 부각되며, 그가 남긴 기록들은 우리에게 지혜의 말로 다가오고 있다. 짐은 그가 섬기던 아우카 인디언들에 의해 살해되었지만, 그는 죽기 전에 자신이 갖고 있던 몇 가지 비전들을 영원의 말로 전했다. 그가 남긴 유명한 말 가운데 이런 것이 있다. "잃어버릴 수 없는 것을 얻기 위해 지킬 수 없는 것을 내어주는 사람은 바보가 아니다."

짐 엘리엇은 영원을 바라보았으며, 그는 그것을 결코 잃어버릴 수 없다는 것을 잘 알았다. 그는 이땅에 있는 모든 것을 자신이 지킬 수 없는 것들로 보았다. 그리고 주인이신 하나님과 자신이 아무 거리낌 없이 만날 그날을 기대했다. 그는 하나님의 마음을 품을 수 있기 위해서라면, '안락한 삶'이나 삶에 필요한 것들, 심지어 삶 자체를 포기하는 것도 주저하지 않았다.

이것은 바울이 신약에서 기록한 바로 그 내용이다. 그는 자신이 이 세상에 남아 있는 것과 세상을 떠나 그리스도와 함께 있는 것 사이에서 어느 한쪽을 선택하기 힘든 상황에 놓여 있다고 고백했다빌 1:21-24. 그가 이땅에 남아 있기를 원하는 유일한 이유는 그것이 자기가 사역하는 이들에게 유익이 되기 때문이었다. 그가 진정으로 바라는 것은 그리스도와 함께 앉아 그분을 직접 뵙고, 그분과의 교제를 즐기는 것이었다.

간단히 말해서, 강아지 성도는 영원을 위해 살며, 고양이 신자는 이땅에서 살 수 있는 70여 년의 인생을 위해 살아간다.

계속해서 말하지만 이 세상에서의 삶을 준비하고 그것을 누리는 것은 잘못된 것이 아니다. 하나님은 당신을 사랑하시며, 그분이 주시는 삶은 우리가 누릴 만한 보배들이다. 땅의 것들은 종종 우리의 수고의 열매이자 노력의 보상이다. 하나님은 심지어 우리에게 그것을 누리라고 말씀하신다딤전 6:17. 그것은 거부해야 하는 것이 아니다. 그렇지만 우리 눈에 비치는 그 가치는 우리가 주님 안에서 받을 상의 가치와는 도저히 비교할 수 없는 것이다.

하나님이 누가복음 14장 26절에서 말씀하시는 것이 바로 이 내용이다. 만일 우리가 그리스도의 제자가 되려 한다면 우리의 아버지와 어머니, 배우자와 자식 그리고 형제와 자매 심지어 자기 자신까지도 미워해야 한다.

그리스도께서 말씀하신 것은 문자적으로 그 사람들을 미워하라는 의미가 아니다. 그분의 말씀은, 그리스도를 향한 우리의 사랑이 너무도 강해서 다른 사람을 향한 사랑이 미움처럼 보일 정도가 되어야 한다는 것이다. 많은 고양이 신자에게 부족한 것이 바로 이 부분이다. 그들은 하나님께로부터 온 선물과 사람들을 하나님 그분보다 더 사랑하며 즐긴다.

고양이 신자들은 하나님을 향한 그들의 사랑이 다른 이들을 향한 사랑보다 크지 않기 때문에 하나님이 "너희는 자기를 위하여 보물을 땅에다가 쌓아두지 말아라. 땅에서는 좀이 먹고 녹이 슬어서 망가지며, 도둑들이 뚫고 들어와서 훔쳐간다. 그러므로 너희를 위하여 보물을 하늘에 쌓아두어라" 마 6:19-20, 표준새번역 고 하신 말씀을 믿지 못한다. 고양이 신자는 너무도 근시안적이라서 뒤에 기다리고 있는 더 큰 만족을 보지 못한다. 그들에게 인생은 본 게임이고 천국은 2차적으로 중요한 것 혹은 은퇴 이후의 삶에 불과하다.

성숙함을 보여주는 증표는 뒤로 미루어진 만족에 감사할 줄 아는 것이다. 고양이 신자의 미성숙함은 즉각적인 만족을 요구한다. 예수님은 우리를 위해 한 처소를 예비하러 가실 것이며 "만일 그렇지 않다면 내가 너희에게 이런 말을 하지 않았을 것이다" 요 14:2, 쉬운성경 라고 말씀하셨다. 바꾸어 말해서, 이것은 틀림없는 사실이라는 것이다. 그렇지만 고양이 신자들은 여전히 근시안적으로 보며 인내할 줄 모른다. 그들은 장차 올 보물들을 포기하면서까지 지금 당장 눈앞에 보이는 보물들을 요구한다.

하나님은 우리에게 말씀하시고 약속하실 때 영원을 생각하신다. 욥기에서 하나님은 욥의 모든 소유를 두 배로 늘려주시겠다고 약속하셨다. 그리고 그의 재물을 두 배나 늘려주셨지만, 욥의 자녀에 대해서는 처음 얻은 자녀와 같은 수만큼만 주셨다. 하나님이 거짓말하신 것일까? 물론 그렇지 않다. 하나님은 영원을 바라보신다. 영원의 나라에서 욥은 나중에 얻은 자녀와 함께 처음에 죽은 자녀들도 함께 만나게 될 것이므로, 그 수는 두 배가 된다. 만일 하나님이 단지 우리가 이곳에서 누리고 있는 짧은 삶뿐 아니라 영원을 생각하고 말씀하신다면 우리 역시 그와 동일한 시각을 받아들이는 것이 마땅하다.

여기서 오해하지 말 것은, 삶은 선물이며 마땅히 누려야 할 것이라는 사실이다. 기억하라. 고양이 신자의 신앙은 틀린 것이 아니라 불완전한 것임을. 우리가 이땅에서의 70년과 그 후에 계속 이어질 영원을 바라보지 못하고 '70년만을 바라보고 산다면' 더 큰 선물과 더 큰 상급이 있다는 사실을 자신에게 속이는 것이다. 준비하고 기대하지 않는다면 하나님이 주신 70년을 헛되게 보낼 것이 분명하다.

영원에서 70년을 빼더라도, 그 시간은 우리가 마땅히 준비할 뿐 아니라 간절히 바라고 있어야 하는 너무나 길고 긴 시간이다. 인생은 이땅에서 살아가는 70여 년 남짓 되는 삶이 전부가 아니다. 진정한 생명은 우리가 죽은 다음에 시작된다. 우리는 영원토록 계속될 그 삶을 준비해야 한다.

고양이 신자의 신앙이

'불충분한 것'에서 '틀린 것'으로 넘어갈 때

지금까지 고양이 신자의 신앙은 틀린 것이 아니라, 단지 불충분한 것임을 살펴보았다. 여기서는 그 사실을 그림으로 알아보고자 한다.

이 책 앞 부분에서 예수님이 우리를 위해 죽으셨는가, 아니면 성부 하나님의 영광을 위해 죽으셨는가에 관해 이야기한 내용을 기억하는가? 만일 우리가 예수님을 하나님으로 간주하고 실제로 그분은 하나님이시다 그것을 그림으로 표현하자면, 다음과 같은 그림이 될 것이다.

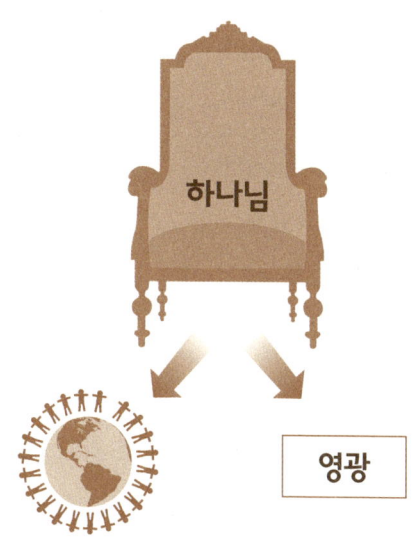

그렇지만 고양이 신자들은 하나님께 영광 돌려야 한다는 부분을 빼버리고 이렇게만 본다.

이것은 틀린 것이 아니라, 다만 불충분한 것이다. 이렇게만 보면 "내가 너희에게 명하는 말을 너희는 가감하지 말고 내가 너희에게 명하는 너희 하나님 여호와의 명령을 지키라"고 하는 신명기 4장 2절 말씀을 범하게 되는 것이다. 이것은 하나님의 율법에서 무언가를 빼는 것이고, 왜 우리에게 위험이 도사리고 있는지를 말해준다.

그렇지만 고양이 신앙이 불충분한 것에서 틀린 것으로 넘어갈 수가 있을까? 그 답은 '그렇다' 이다. 만일 고양이 신앙을 '과잉 투여' 하면 당신이 갖고 있는 신학은 잘못될 것이다. 그러면 언제 이런 일이 일어나는가?

사람이 하나님 대신에 그 보좌를 차지하게 되면, 하나님의 영광은 잊혀지고 우리는 하나님이 사람들의 발밑에 앉아 그들을 섬길 만반의 준비를 갖춘 분으로 생각하게 된다. 그럼, 이 내용을 알기 쉽게 접근해보도록 하겠다. 하나님은 결코 자신의 보좌를 벗어나지 않으시지만, 사람들은 '복음'이라는 것을 이런 식으로 해석한다. 이것을 그림으로 그리면 다음과 같은 모습이 될 것이다.

하나님

이런 일이 일어날 때 고양이 신앙은 단순히 '불충분한 것'에서 '틀린 것'으로 넘어가게 된다. 다음 장들에서는 이러한 '잘못된' 위험 몇 가지를 살펴보기로 하자.

12장 CAT & DOG THEOLOGY
고양이 신자의
잘못된 우선순위와 신학

한번은 내_{제럴드}가 시간이 부족해서 신학교 수업에 늦은 적이 있다. 나는 숨을 헐떡이면서 책상에 앉아 내가 듣지 못한 내용이 무엇인지 확인하려고 칠판을 바라보았다. 칠판 위에는 이런 문장이 쓰여 있었다. '하나님은 어디에도 계시지 않는다 God is NOWHERE.' 나는 그 말이 자유주의 신학자들의 선언 가운데 하나라고 생각하기 시작했다. '하나님은 어느 곳에도 존재하지 않는다.' 그러나 계속되는 토론에 귀를 기울이다가 어느 순간 내 태도가 그 구절을 잘못 해석하게 만들었다는 사실을 깨달았다. 그 구절은 하나님이 어디에도 계시지 않는다는 말이 아니라 '지금 이곳에 now here' 계시다는 말이었다.

태도와 성향은 우리로 하여금 매일 일어나는 일들을 보고 어떤 구체적인, 때로는 잘못된 결론을 내리게 만들 수 있다. 고양이 신앙은 결국에 가서는 잘못된 우선순위를 세우게 하는 생각의 기초를 제공해준다.

🐾 전형적인 기도

그 시간은 다른 때와 조금도 다를 바 없는 전형적인 주일 성경공부 시간이었다. 평신도 리더는 이런 질문으로 수업을 시작했다. "무슨 기도 제목들이 있나요?" 그러자 불편한 침묵이 흘렀다. 이윽고 누군가 그 썰렁한 분위기를 깼다.

"저요. 우리 고모를 위해 기도해주실 수 있을까요? 지난 주에 고모가 넘어져서 골반이 골절되었거든요."

"좋아요. 누구 앨리스Alice 성도의 고모를 위해 기도해줄 사람 없나요?" 시간이 흐르고 한참 후에 다시 말한다.

"좋아요. 고맙습니다. 다른 기도 요청은 없나요?"

"저요. 존John이 아직도 백혈병과 싸우고 있어요. 존을 잊지 말았으면 해요."

"네, 고맙습니다. 누가 존을 위해 기도해주겠습니까? 감사합니다."

"음, 제가 병원에서 소식을 들었는데, 데비Debby 성도가 아직도 암 투병중이래요. 지금까지 할 수 있는 일을 다 해봤는데, 이제 남은 것은 기적이 일어나길 바라는 수밖에 없대요."

"누가 데비 성도를 위해 기도해주시겠어요? 고마워요. 그리고 데비 성도네 집에 저녁식사를 제공해주는 일이 중단되지 않도록 신경 써주세요.

동참하고 싶으신 분은 셰릴Cheryl 성도에게 문의하세요. 또 다른 기도 제목 없나요?"

"여기요. 마이크Mike 씨의 맏아들이 미식축구 시합이 끝나고 친구들과 어울려 차를 몰고 갔나봐요. 그리고 아시겠지만 아이들이 다 그렇잖아요. 너무 흥분했는지 사고를 치고 말았어요. 그래서 아들이 지금 병원에 있답니다. 아주 심하게 다친 것 같은데 좋아질 거라네요. 그래도 그 아들을 위해서 기도해야겠죠."

하나씩 하나씩 기도 요청이 나오고 그에 대한 기도가 드려졌다. 그 모습은 고양이 신자와 강아지 성도가 매우 다른 우선순위를 갖고 있다는 사실을 한 점 의혹도 없이 입증해준다. 만일 당신이 고양이 신자라면 당신이 가장 먼저 생각하는 것은 당신 자신, 당신이 원하는 것, 당신에게 필요한 것 그리고 당신이 관심을 갖는 것이다. 그리고 그 생각은 당신의 기도 생활 가운데 가장 먼저 나타나게 된다. 고양이 신자의 우선순위가 어떤 것들인지 알아보자.

🐾 첫 번째 우선순위

고양이 신자의 첫 번째 우선순위는 전 세계 교회와 주일학교에서 큰소리로 기도드려지고 있다. 이것은 첫 번째 우선순위가 모든 고양이 신자들에게 공유되고 있기 때문이다. 그리고 그 첫 번째 우선순위는 바로 이것이다. 고양이 신자는 자기 자신 그리고 자신과 정서적으로 가까운 사람들이 활기차고 건강하게 살아가기를 원한다. 이건 사실이다. 당신 자신을 점검해보라. 그리고 교회 강단과 주일학교에서 드려지고 있는 기도 제목들에 귀 기울여보라. 무슨 말이 들리는가? 보통 교회 안에 있는 사람들의 건강을 위한 기도 제목이 들릴 것이다. 터키에서 지진이 일어난 후 한 교회에서 드렸던 기도를 기억해보라.

이것은 강대상에서나 평신도들 사이에서나 똑같다. 우리가 출석하는 대부분의 교회에서 가장 우선되는 기도는 그 교회에 속한 사람들의 건강을 위한 것이다. 이 사실이 전달하는 바는 무엇인가? 그들의 최우선순위는 그들이 다니는 교회에 속한 사람들이 활기차고 건강하게 사는 것이다.

나단 루츠Nathan Lutz 는 애리조나 주에 살고 있는 내가 매우 존경하는 분이다. 그분은 나와 아내가 애리조나에 오랫동안 살았을 때 우리 교회 담임목사님이었다. 나는 그분과 함께 고양이 신자가 절실하게 원하는 것들과 씨름하던 일에 관해 나누었던 대화를 기억한다. 그분은 자신이 참석했던 한 기도 모임에 대해 들려주셨다. 그 기도회는 선교를 위한 것이었다. 기도는 천천히 그리고 공들여 진행되었다. 그 시간은 마치 그들을 무기력하게 만들어놓고 그들로 하여금 가장 단순한 것들을 위해 기도하게 만든 시간 같았다. 그리고 그때 그 일이 일어났다. 기도의 초점이 바뀐 것이다.

어떤 사람이 규칙을 깨고 선교가 아닌 다른 어떤 것을 위해 기도했다. 그것은 병원에 입원해 있는, 죽음이 가까운 사람에 대한 기도였다. 그러자 기도 모임이 활발하게 살아났다. 온 세상에 하나님의 나라를 확장하는 일을 위해서는 느리게 기도하던 사람들이 언제 그랬느냐는 듯이 전능하신 분의 보좌 앞에 나아가 자기 친구를 고쳐달라고 기도하게 되었다. 불과 몇 분 전만 해도 기도 모임은 거의 죽어 있는 것처럼 보였는데 이제는 생기가 흘러넘쳤다. 기도 소리는 크고 떠들썩하며 확신으로 가득했다.

어떤 일이 일어난 것일까? 선교라는 우선순위가 고양이 신자에게 있어 가장 높은 우선순위인 다른 것에 밀려난 것이다. 그것은 교회 안에 있는 사람들의 생활과 건강이었다. 그리고 그들은 이제서야 기도해야 할 그 무엇을 갖게 되었다.

그리고 고양이 신자의 첫 번째 우선순위에서 가장 아쉬운 것은 그들이 자기 삶과 건강을 위해 기도할 때 하나님의 영광에 대해서는 거의 언급하지 않는다는 점이다. 그들은 "오, 하나님! 당신의 이름이 더 높이 여김을 받으시도록 이 사람을 고쳐주소서. 오, 아버지! 암을 치료해주심으로써 당신의 이름이 큰 영광을 받으시옵소서"라고 기도하지 않는다. 그리고 오직 고침을 받는 사람에게만 초점이 맞추어져 있다. 그들의 믿음 안에서 볼 때, 그들이 하나님께 치료해주시기를 요구하는 것은 모든 것이 자기 중심이기 때문이다.

나는 아픈데도 병원에 가지 않았기 때문에 목숨을 잃은 너무나 많은 사람들에 관한 이야기를 알고 있다. 그들이 그렇게 행동한 이유가 무엇인가? 그들은 믿음으로 하나님이 자기를 치료해주실 거라고 믿고 의사나 그 밖의 다른 도움이 필요 없다고 생각한다. 그들은 하나님 앞에 나아가 하나님이 자기를 치료해주실 것을 충만한 믿음으로 기대한다. 그들은 성경의 약속들을 부르짖으며 하나님의 뜻을 알고 있다고 생각한다.

그들의 삶이 실제로 의미하는 것은 무엇인가? 그들은 단지 사람들의 삶이 하나님의 최우선순위라고 말하는 믿음을 가지고 살고 있을 뿐이다. 그들의 삶은 오로지 자신들을 위한 것이다. 하나님은 그들을 가장 중요하게 여기시기 때문에 그들을 고쳐주실 것이다. 그들은 하나님이 자신들에게 70년 혹은 그 이상의 수명을 주실 것을 기대한다. 그리고 그 기대가 무너지면 일찍 죽은 사람의 믿음에 무언가 문제가 있는 것이 분명하게 된다. 그들은 너무나 오랫동안 성경말씀을 마음대로 듣고 또한 골라서 적용하는 일을 해왔기 때문에 하나님의 영광은 그들의 우선순위 가운데 빠져 있다. 하나님이 그들을 일찍 천국에 데려가심으로써 더 많은 영광을 얻으실 수 있다는 생각을 들려주고 그들의 반응을 주목해보라. 그들은 아마 하나님이 절대 그렇게 하지 않으실 거라고 생각할 것이다.

그들은 병 고침을 받으면 하나님을 찬양하고 하나님께 큰 영광을 돌린다. 왜 그런가? 하나님이 마땅히 행하셔야 할 사람을 고치시는 일을 하셨기 때문이다. 그들은 "하나님은 신실하신 분이야"라고 외친다. 그러나 미처 깨닫지 못했겠지만 그들이 말하는 것은 하나님이 자기에게 신실하시다는 말이다. 그분은 그들이 하나님이라면 마땅히 행하실 것이라고 기대하는 것들을 행하신 것이다. 이것은 마치 하나님이 우리에게 굴복해야 한다는 것과 같은 것이다. 하나님은 우리의 기대를 충족시켜주어야 할 어떤 의무도 없으시다. 하나님은 오직 자기 자신에게만 신실하실 것이 요구되며, 고양이 신자들은 그 사실을 받아들이기 힘들어한다.

고양이 신자의 삶 가운데 모든 영역에서 하나님의 영광이 초점이 되는 경우는 매우 드물다. 만일 어떤 사람이 일찍 죽게 되면 그렇다고 사람들은 그것을 그 사람의 믿음이 부족한 탓으로 돌리지는 않는다 그들은 머리를 좌우로 저으며 이렇게 말한다. "글쎄, 저기 어딘가에 하나님의 영광이 있을 거라고 생각해요. 그것이 무엇인지 알 수는 없지만 주님을 사랑하는 이에게는 모든 것이 협력하여 선을 이룰 거예요."

내가 믿음의 치유와 하나님의 주권이라는 이 주제에 관해 들어본 설교 가운데 가장 균형이 잡혀 있던 것은 버지니아 주 미캐닉스빌에서 목회하고 있던 폴 굿맨Paul Goodman 목사의 설교였다. 어느날 폴은 한 가지 심각한 소식을 교인들에게 전했다. 폴의 가까운 친구이자 그 교회의 수석 집사인 스티브 왓킨스Steve Watkins 란 분이 암에 걸렸던 것이다. 그러자 그 교회는 어느 교회 못지않게 그 사랑하는 성도를 위해 온 힘을 기울였다. 스티브와 그의 가족들은 장로들로부터 기름 부음을 받았고, 전 교인의 기도를 통하여 격려와 위로를 받았다.

그러나 하나님은 스티브를 마흔한 살이라는 젊은 나이에 천국에 데려가시는 것이 미망인과 세 아들을 남겨둔 채 그를 치료하시는 것보다 하나님께 더 큰 영광을 돌리는 것이라고 생각하셨다. 스티브는 하나님의 영광이 자신의 생명보다 더 우선순위에 있다고 생각했기 때문에 그 사실을 은혜로 받아들일 수 있었다. 장례식장에서 폴 목사는 스티브가 살아 있는 동안 자기 자신과 가족들을 위해 얼마나 수고했는지 그리고 하나님이 택하신 방법 안에서 주님께 영광 돌리기를 얼마나 간절히 원했는지 말해주었다.

강아지 성도는 균형이라는 것을 안다. 우리는 하나님께 생명을 구해달라고 기도할 권리가 있다. 그러나 만일 하나님 아버지가 우리 가운데 어떤 이를 더 일찍 천국에 데려가심으로써 더 많은 영광을 받으시게 된다면 우리는 그 권리를 포기해야 한다. 정말 중요한 것은 하나님의 영광이지 우리의 치유가 아니다.

과정그런 시련 가운데 하나님이 영광받으실 것을 의지하는 것이 결과죽음이나 치유 만큼이나 영광스러운 경우는 많이 있다. 고양이 신자에게 하나님의 영광은 최우선순위가 아니다. 그래서 그들은 자신에게 더 이상 어떤 선택이 남아 있지 않게 될 때까지 결코 그 권리를 포기하지 않는다. 그들은 바울이 말한 "이는 내게 사는 것이 그리스도니 죽는 것도 유익함이니라" 빌 1:21 는 말씀을 부여잡고 씨름하지 않는다. 실제로 고양이 신자들은 그 구절을 전혀 믿지 않는다.

🐾 두 번째 우선순위

그렇다면 만일 건강하게 살아 있는 것이 고양이 신자의 첫 번째 우선순위라면, 두 번째 우선순위는 무엇일까? 고양이 신자의 두 번째 우선순위는 안전하고 든든하게 되는 것이다. 이 우선순위는 그들의 매일의 삶 가운데 어떻게 나타나는가?

이 안전은 건실한 재정 상태꾸준한 월수입, 훌륭한 은퇴 이후의 계획, 각종 보험 그리고 멋진 집에 달려 있다. 만일 고양이 신자가 이런 것들을 모두 갖추고 있다면 그들은 그제서야 어떻게 주님을 섬길 수 있을지 생각하기 시작할 것이다. 그러나 그 섬김은 그들이 이 모든 것을 갖춘 다음의 일이라는 것에 주목하라.

우리는 그런 사실을 어떻게 아는가? 그건 쉽게 알아볼 수 있다. 어떤 사람에게 해외에 나가 주님을 섬기라고 도전해보라. 그들이 어떻게 반응하는가? "그 선교 기관에 가입하면 은퇴 후 삶이 보장되나요? 그곳은 안전한 지역입니까? 나는 후원금을 많이 거둘 수 없습니다. 그리고 내 직장을 그만둘 마음도 없습니다." 그 상황은 그들의 두 번째 우선순위가 위협을 당한 것이고, 그래서 그들은 그것을 지키기 위해 투쟁한다.

또한 최근 몇 년 동안 많은 대도시에서 발생한 '백인 탈출white flight, 백인들이 타 인종과 함께 살기를 꺼려서 교외로 이주하는 현상 – 역주'과 같은 현상을 보라. 시내 중심지에 있던 교회들이 도심 외곽으로 예배당을 옮기고 있다. 그 이유는 무엇인가? 도심은 더 이상 안전하지 않기 때문이다. 그래서 그들은 새로운 곳에 자리를 잡아야 하는 것이다. 그 사실이 의미하는 바는 무엇인가? 안전이 그들의 최우선순위 가운데 하나가 된 것이다.

🐾 세 번째 우선순위

만일 고양이 신자가 안전과 보장이 함께하는 건강한 삶을 소유하게 되면 그들은 더 많은 축복을 원하게 된다. 그들의 목표는 하나님을 높이는 것보다는 안전하고, 편안하며, 안락한 생활 방식이다. 비록 안전, 편안, 안락이 하나님을 높이는 일보다 더 강조되었지만 이 모든 내용은 하나의 문장 안에 들어 있다. 강아지 성도와 고양이 신자를 구별하는 것이 어려운 것은 바로 이런 이유 때문이다.

이런 기도 가운데 대부분은 주일학교에서 드려지는 기도가 아니다. 아침에 일어나 "감자칩 회사가 제공하는 슈퍼볼 무료 관람권 2매를 달라고 저와 함께 하나님께 기도합시다. 하나님은 내가 슈퍼볼 시합을 얼마나 좋아하는지 아십니다. 그러니 그 표 2장이 우리나라 사람들 가운데 바로 나에게 당첨되도록 하나님께 기도해주세요"라고 말하는 사람은 없다. 아니면 "하나님께 더 많은 돈을 주시도록 기도하려는데 나와 함께 동참하지 않겠어요? 우리는 호수 옆에 별장을 꼭 갖고 싶거든요. 이제 거의 다 모았지만 조금 부족해요. 그러니 우리와 함께 이 기도를 해주지 않겠어요?"는 어떤가?

물론 그런 기도는 우리가 소리내어 기도하는 그런 기도제목에 속하지는 않지만 고양이 신자의 소비 형태와 생활 방식은 그 기도제목이야말로 그들의 우선순위가 어떻게 짜여져 있는지를 한눈에 볼 수 있게 해준다. 그들은 스스로 그 안에 들어간다. 당신에게 필요한 것은 일반적인 백인 중산층 혹은 중상류층 교회에 찾아가 그 교회 사람들이 주차장에 어떤 자동차를 몰고 와 주차하는지 눈으로 확인하는 것뿐이다. 대부분의 사람들은 자신이 진정으로 원하는 것, 다시 말해서 편안함과 안락함을 향해 매진하고 있다. 물론 편안한 삶과 자신이 노력해서 얻은 열매를 누리는 것 자체는 그것이 하나님의 영광보다 더 우선순위가 되지 않는 한 잘못된 것은 아니다.

이 세 번째 우선순위를 확인하기 위해서는 고양이 신자의 사회 일정표를 점검해보면 된다. 그들은 남는 시간에 무슨 일을 하는가? 그 시간을 온통 자신을 위해 골프, 테니스 혹은 쇼핑에 사용하는가? 아니면 함께 골프나 테니스를 즐기기 위해 외국인 친구의 집에 들르거나, 그들과 함께 쇼핑을 하거나, 그들이 자기 친구들을 위해 물건을 사도록 데려가는 모습을 보이고 있는가? 그들이 기도 모임이나 청소년들을 돕는 모임에 참석하는가? 아니면 대부분의 자유 시간을 순전히 자신이 하고 싶어하는 일에 사용하는가?

또한 우리가 사는 집의 평수를 잊지 말라. 그 수치는 우리의 우선순위가 무엇인지를 보여주는 또 하나의 지표가 될 수 있다. 크기와 공간은 자기만의 방을 갖고 싶어하는 어린이들과 마찬가지로 우리가 기대하는 것들이다. 다시 한 번 말하지만, 더 큰 집 자체가 문제가 되는 것은 아니다. 그러나 우리가 그런 것들을 중요하게 여기지 않고, 하나님 아버지가 우리를 이 세상에 보내신 것처럼 언제라도 그것들을 포기하고 그분께 나아가 즐거운 마음으로 그분을 섬길 준비가 되어 있는 경우는 극히 드물다. 고양이 신자가 기독교 안에 들어온 것은 다른 무엇보다 자기 자신을 위한 것이다. 하나님은 고양이 신자의 이기적인 삶이라는 목적을 향한 커다란 그리고 영적인 수단이 되어버렸다. 그리스도가 양의 탈을 쓴 늑대를 주의하라고 경고하신 것은 전혀 이상한 일이 아니다.

🐾 네 번째 우선순위

그러면 고양이 신자의 네 번째 우선순위는 무엇인가? 그것은 다음과 같다. 고양이 신자는 지역 교회가 존재하는 것은 자신의 필요를 채워주기 위해서일 뿐이라고 믿는다. 간단히 말해서, 교회는 그들을 위해 존재한다는 것이다. 고양이 신자는 자신의 절실한 필요가 지역 교회에 의해 충족되기를 원한다. 그들은 자신에게 진정으로 필요한 것 혹은 세상이 진정으로 필요로 하는 것에는 관심이 없다.

당신은 한 목회자가 자기 교회 성도들 가운데 죄가 있는 것을 보고 그 사람을 찾아가 성경적으로 그 사실을 지적할 때 어떤 일이 일어나는지 본 적이 있는가? 그 상황에서 고양이 신자는 어떻게 행동할까? 보통 그들은 자기를 만족시켜주고 자신이 편안함을 느낄 수 있는, 그래서 교회에 나가면서도 자기 죄를 즐길 수 있는 또 다른 교회를 찾기 위해 쇼핑을 나선다. 왜 그런가? 고양이 신앙에 따르면 교회가 존재하는 것은 '판단을 받는 것'이 아니라 그들을 쓰다듬어주고, 만족시켜주며, 그들이 편안하게 느낄 수 있게 해주기 위한 것이다.

고양이 신자의 신앙에서 십일조는 제공된 서비스에 합당한 대가를 지불하는 것으로 비쳐진다. 만일 그들이 그 서비스, 즉 교회에서 그들과 그들 가족을 위해 하는 일에 만족하면 그들은 교회에 참석하여 일정한 분량을 교회에 제출할 것이다 주님께가 아니라. 그들이 특정한 기부금을 내는 것은 그 기부 내역으로부터 유익을 얻을 때뿐이다. 만일 그들에게 자녀가 있다면 그네 세트를 사는 일을 도와줄 것이다. 만일 자녀가 없다면 찬조하지 않을 것이다. 그들의 관계는 항상 보상을 바라는 관계다. 그들은 자신이 보상받을 수 있는 것들에만 투자한다.

고양이 신자는 자신의 테두리 밖에서 필요한 것들을 위해 헌금하는 일은 결코 고려하지 않는다. 왜냐하면 그런 것들은 자신에게 아무런 이익이 되지 않기 때문이다. 지구촌에 정말로 필요한 것들이 나타나면 고양이 신자들은 조용하면서도 공손하게 잠에 빠져들려고 한다. 그리고 선교사에게 보낼 헌금 주머니가 자기 앞에 오면 오직 죄책감을 해소하기 위해 자기가 속한 곳에 필요한 것에만 헌금한다는 자신의 규칙을 깨고 헌금을 한다. 교회에서 그들을 다른 사람들을 돕는 자리에 임명하면 그들은 곧 불평을 늘어놓는다. 이유가 무엇인가? 그런 일은 그들을 불편하게 만들고, 고양이 신자들은 자신의 안전지대 밖으로 나가는 것을 좋아하지 않기 때문이다.

🐾 다섯 번째 우선순위

어떤 교파 출신이냐에 따라 고양이 신자의 다섯 번째 우선순위는 지역 교회의 통계일 수도 있고 혹은 다른 말로 하면 그 지역 교회의 건강이 될 수도 있다. 고양이 신자 교회는 언제나 이런 질문을 달고 다닌다. "지난주 주일학교에는 몇 명이 출석했나요? 지난해에 새 신자는 몇 명이나 늘었나요? 지난달에 몇 명에게 세례를 주었죠?"

이것이 사실인지 확인해보려면 주보를 보거나 연말 회계 보고를 통해 가장 중요하게 여겨지는 것이 무엇인지 알아보면 된다. 하나님의 영광이 가장 중요한가? 아니면 숫자가 가장 중요한가? 당신은 실제로 교회를 이끄는 것이 무엇인지 확실하게 알 수 있다. 그렇다고 세례자와 숫자에 초점을 맞추는 것이 잘못된 일인가? 전혀 그렇지는 않다. 다만 당신도 잘 알겠지만 그것은 그 자체로 우상이 될 수 있다. 이 점이 잘못된 것이다.

애틀랜타 주에는 74개 언어가 사용되고 있는 대규모 아파트 단지가 들어서 있다. 그곳은 우리 하나님 아버지의 영광을 드러내기에 얼마나 좋은 사역 기회가 되고 있는지 모른다. 그러나 애틀랜타의 한 전도 목사는, 자신은 그 사역 기회에 대해 말하는 것이 허락되지 않았다고 고백했다. 왜 그런가? 만일 그 사역이 주일 오전에 있으면 그 교회의 출석 인원이 줄어들기 때문이다. 그렇게 되면 그 교회의 교단에서의 위치가 그리 높지 않게 된다는 것을 의미한다.

그런 생각은 순전히 고양이 신자의 신앙이다. 그들은 잃어버린 자들에게 하나님의 영광을 드러내는 것보다는 교단 안에서 자신의 위치만을 더 신경 쓰고 있다. 그들은 자신의 지위에 피해가 되지 않는 경우에만 그리스도를 알지 못하는 이들에게 전도하는 것이다.

🐾 낮은 우선순위들

고양이 신자의 우선순위 목록의 저 아래쪽에 하나님의 영광이 자리하고 있다. 어느 위치인지는 그들만이 알고 있다. 그러나 그것은 대개 결론에 불과하다. 그들은 치유받거나 다른 축복을 받은 후에야 겨우 하나님께 영광을 돌린다. 왜냐하면 그분이 그들을 위해 존재하기 때문이다. 무엇보다 그들의 유일한 초점은 자신들의 건강과 행복뿐이다. 만일 하나님이 자신을 중심으로 이 세상이 돌아가도록 만드셨다면, 그런 하나님을 찬양하지 않을 사람이 누가 있겠는가?

그들은 축복받지 못하거나 치유받지 못하면 이렇게 부르짖는다. "하나님, 당신은 어디 계셨습니까?" 그들이 말하는 것은 기본적으로 이것이다. "하나님, 우리가 필요할 때 어디에 계셨습니까?" 고양이 신자가 자신의 기도에 대한 응답이 오기 전에 먼저 하나님의 영광에 대해 기도하거나 말하는 것은 드문 일이다. 그리고 하나님이 자신이 예상하는 방식으로 역사하지 않으실 때, 자신의 기도가 자신이 기대하는 방식으로 응답되지 않을 때 대부분의 사람들은 고개를 저으며 이렇게 말한다. "나는 이해할 수가 없어. 나는 그분이 신실하다는 것을 알아. 그렇지만 이 일은 정말 이해할 수가 없어."

왜 이런 갈등이 오는가? 그들은 하나님의 신실하심이 자신들, 자신의 건강 그리고 자신의 삶에 맞춰지기를 기대한다. 그들은 하나님이 하나님의 영광에 신실하시다는 개념을 갖고 있지 못하다. 그들은 자신의 머리를 한참 긁은 다음에야 그분의 영광을 생각하기 시작하고 느릿느릿 믿을 수 없다는 듯이 이렇게 물어본다. "그럼, 어떻게 하나님이 이런 일에서 영광을 받으실 수 있는 거죠?" 그리고 그런 질문을 한 후에도 그들은 훌륭한 답을 얻지 못한다. 그 대답은 다음처럼 무난하면서도 성경과 비슷한 내용일 것이다. "그러니까 주님을 사랑하는 자에게 모든 일이 협력하여 선을 이룰 겁니다." "하나님은 이 모든 것을 통해 어떻게 해서든 영광을 받으실 겁니다." "우리는 천국에 가서야 비로소 왜 그랬는지 알게 될 것입니다."

고양이 신자의 우선순위에서 선교에 대한 열심은 하나님의 영광보다 한참 아래에 자리하고 있다. 왜 그런가? 그 우선순위에는 동참이 요구되며, 그것은 곧 너무 많은 희생을 의미하기 때문이다. 그리고 그것에는 대개 많은 죄책감이 연루되어 있다. 그래서 고양이 신자가 선교에 대해 발언해야 하는 상황이 되면 그들은 이런 식으로 이야기한다. "이곳에 있는 사람들의 필요는 어떻게 하고요?" 혹은 "하나님이 당신에게 주신 모든 재능을 해외에 나가서 허비하지 마세요" 혹은 기껏해야 "왜 그들의 종교를 바꿈으로써 그들의 문화를 무너뜨리려고 하세요?" 등이다.

🐾 강아지 성도의 우선순위

반면에 강아지 성도는 위와 매우 다른 우선순위를 갖고 있다. 강아지 성도의 최우선순위는 하나님이 영광을 받으시는 것이다. 강아지 성도는 이것을 자신의 첫 번째 우선순위로 삼을 뿐 아니라 그것이 또한 자신의 열정이기도 하다.

강아지 성도는 기본적으로 이런 내용을 전하는 말로 시작하는 기도를 드린다. "주님, 당신의 크신 이름을 위하여…." 그들은 항상 모든 일들 가운데 하나님의 영광이 빛나기를 위해 기도한다.

또한 강아지 성도는 자기 앞에 어떤 일이 일어날 때, 항상 이렇게 질문한다. "이것을 통해 하나님이 무엇을 얻으실까?" "이 모든 일 가운데 하나님의 영광이 어디에 있을까?" "어떻게 하면 이 일을 통해 하나님의 이름을 높일 수 있을까?"

강아지 성도는 목숨이 위태로운 상황에 처하면 확신을 갖고 담대하게 기도한다. "주님, 만일 주님이 저를 천국에 데려가심으로써 더 많은 영광을 얻으신다면 그렇게 하소서." 죽음은 무서운 것이 아니다. "주님, 만일 주님이 제 배우자의 생명을 취하시고, 그래서 제가 혼자 힘으로 가족을 먹여 살리는 일이 주님께 더 큰 영광이 된다면 그것으로 만족합니다. 어떻게 살아야 하는지 알려주십시오."

이런 형태의 기도는 즐거운 마음으로 드리기 힘든 것이다. 그러나 그 기도는 자신의 편안함, 안락함 그리고 안전보다는 하나님의 영광이 가장 중요하다는 깊은 확신을 가진 마음에서 우러나와 드리는 기도다. 강아지 성도는 자신도 하나님처럼 하나님 나라의 확장을 위하여 자신의 기쁨과 즐거움을 희생시켜야 한다는 사실을 가끔씩 깨닫는다. 그 중심에는 하나님의 영광을 위한 강아지 성도의 열심이 자리하고 있다.

그렇다고 강아지 성도가 자기를 학대함으로써 기쁨을 누리는 것은 아니다. 그들 역시 야베스가 기도한 축복을 좋아하며, 그것들을 구하는 것을 부끄러워하지 않는다. 그러나 그 마음 중심에는 하나님의 영광이 있다. 강아지 성도는 더 큰 집을 위해 기도하기 전에 그것이 어떻게 하나님의 영광을 위하여 사용될 수 있는지 깊이 생각한다. 그래서 그들은 하나님의 보좌 앞에 나아가 '하나님의 이름을 위하여' 더 큰 집을 구한다.

그들은 텐트와 캠프용 방을 구입하거나 임대하려고 생각하기 전에 온 식구가 며칠 혹은 몇 주간 함께 지내는 것이 가족간의 유대를 더 강하게 해주고 자녀들에게 하나님과 가정의 안전함을 더 확실하게 심어줄 것이라는 생각을 한다. 그래서 그들은 그것을 구입하려는 동기가 하나님을 기쁘시게 할 것이라고 믿고 예산을 늘린다.

그러나 강아지 성도는 하나님의 나라가 다른 방식으로 더 많이 확장된다면 그런 것들을 신속하게 포기할 것임을 기억하라. 그들은 외국에 나가도록 인도하심을 받는다고 생각되면 더 큰 집을 신속하게 포기한다. 그리고 하나님의 명성에 누가 된다고 생각하면 배, 텐트, 캠프용 방, 자동차, 그 밖의 모든 것을 버릴 것이다. 강아지 성도는 하나님의 영광이 자신의 삶 안에서와 삶을 통해 빛나는 것을 방해하는 것은 무엇이든 용납하지 않는다.

그리고 선교에 관해서 강아지 성도는 고양이 신자와 반대로 모든 민족과 나라와 언어가 하나님을 예배할 때 하나님께 가장 큰 영광이 된다는 것을 이해한다.이 주제에 관해 더 관심이 있으면 밥 쇼그린의 「마침내 드러나다(Unveiled At Last, 죠이선교회)」와 존 파이퍼의 「열방을 향해 가라(Let the Nations be Glad, 좋은씨앗)」를 보라.**14** 그 결과 강아지 성도의 최우선순위는 하나님의 영광이 지구상의 모든 백성들에게 퍼지는 것을 보는 것이다.

강아지 성도는 해외에서 개인적으로 하나님을 섬기거나 그런 일을 하는 사람을 후원하는 일을 할 가능성을 항상 열어두고 있다. 그러나 만일 그들이 국내에 머물도록 부르심을 받았다면 자기 교회 어린이들에게 모든 민족을 향한 비전을 심어주는 것이 최우선순위가 된다. 하나님께 추수할 일꾼을 보내달라고 지속적으로 기도한다. 또한 정기적으로 다른 민족을 위한 희생의 헌금을 한다. 단기선교를 위한 기금 마련에 적극 참여하며, 해외에서의 장기 봉사의 가능성도 항상 열어두고 있다. 강아지 성도는 열방을 만나기 위해 천국 보좌 앞에 갈 때까지 기다리지 않는다.

강아지 성도와 고양이 신자의 우선순위는 매우 다르다. 우선순위는 그들의 생활 방식, 그들의 동기 그리고 그들의 사고 방식을 적나라하게 보여 준다. 그 결과 강아지 성도와 고양이 신자는 매우 다른 기도를 드린다.

선택적 신학

시간이 지나면서 잘못된 우선순위는 신학도 취사선택하게 만든다. 고양이 신자들은 신학을 선택하여 사용함으로써 딱딱한 본문이나 난처한 상황에 접했을 때, 성경을 자기가 원하는 방식으로 해석하여 그것을 정당화한다. 이런 식의 논리는 모든 것이 자기를 위해 존재한다는 전제를 바탕으로 하는 것임을 기억하라. 이런 잘못된 근거를 바탕으로 삼으면 잘못된 신학이 나타난다.

예를 들어, 이혼이란 주제를 살펴보자. 이혼의 가능성에 직면한 사랑하는 자기 아들이나 딸을 위로하려고 애쓰고 있는 어떤 어머니가 있다. 그 어머니는 이렇게 말한다. "얘야, 만일 일이 잘 안되고 심한 정서적인 고통을 겪게 되더라도 하나님은 네가 행복한 삶을 살기 원하신단다. 그러니 가장 좋은 방법은 아니더라도 차라리 이혼을 하렴. 한번 해보도록 해라. 하나님은 네가 이렇게 비참하게 지내는 것을 원하지 않으신단다."

그 말 가운데는 하나님이 원하시는 것이나 그분의 영광에 대해서는 한

마디도 들어 있지 않다. 그 말은 오로지 그 사람의 행복에만 초점이 맞추어져 있다. 하나님은 사람들이 행복하게 되는 것을 원하시는가? 그렇다. 하나님은 우리가 행복하게 살기를 원하신다. 그러나 그분은 우리가 그분께 순종함으로써 그분 안에서 행복하게 살기를 원하신다. 하나님은 죄가 누군가를 행복하게 한다고 해서 그 죄를 정당화하지 않으실 것이다. 그분이 관심을 갖고 계신 것은 단지 우리의 행복 여부가 아니라 그분 안에서 행복한가 하는 것이다.

또 다른 뜨거운 주제 역시 여기에 부합된다. 이번에는 동성애에 관해 살펴보자. 어떤 사람은 이렇게 말한다. "하나님은 나를 이런 식으로 만드셨어. 만일 하나님이 나를 이렇게 만드셨다면 이것도 좋다고 생각해. 무엇보다 난 내 파트너에게 성실할 거야. 그리고 내가 이런다고 누구에게 해를 끼치는 건 아니잖아?"

사람 중심의 신앙에서 보면 그 질문의 답은 '아무에게도 해가 되지 않는다' 이다. 그러나 만일 당신의 초점이 하나님의 영광에 맞추어져 있다면 그와 다른 대답을 얻을 뿐 아니라 또한 다른 일련의 질문을 던지게 될 것이다. 하나님은 분명히 동성애를 용납하지 않으신다. 동성애는 설령 아무에게도 해를 끼치지 않는다 하더라도 하나님이 계획하신 인간의 삶의 방식이 아니다. 그리고 만일 하나님이 기뻐하지 않으신다면 그것은 하지 말아야 한다. 중요한 것은 우리가 좋아하느냐 혹은 원하느냐가 아니다. 우리는 우리에게 주어진 모든 것이 우리가 아니라 하나님을 기쁘시게 하기 위해 존재한다는 것을 잊지 말아야 한다. 만일 하나님이 기뻐하시지 않는 것이라면 그것이 아무리 '정치적으로 옳은 것' 이어도 하지 말아야 한다.

이런 문제들은 미시적인 것우리의 믿음 안에 존재하는 작은 주제들에서부터 소멸

신학annihilation theology 과 같은 거시적인 것으로 이동한다. 소멸신학에서는 일정한 기간이 지나면 하나님이 지옥에 있는 사람들을 소멸시키신다고 주장한다. 하나님은 사랑의 하나님이시기 때문에 그들이 영원히 고통받는 것을 원치 않으신다는 것이다. 그런 주장 뒤에는 이런 생각이 자리하고 있다. '나는 내가 범죄했다는 것을 안다. 그러나 내 죄는 그렇게 큰 것이 아니다. 왜 한정된 죄 때문에 영원히 형벌을 받아야 한다는 것인가? 한시적인 죄는 결코 무한한 처벌의 대상이 될 수 없다. 만일 내가 지옥에 간다면 나는 일정한 죄의 대가를 지불하고 이어서 하나님이 나를 소멸시키셔서 더 이상 존재하지 않게 될 것이다.'

이런 소멸신학이 고양이 신학자들의 즐거움의 근원인 사람에 초점을 맞추고 있다는 사실에 주목하라. 그 사상은 받아들일 만한 해답, 다시 말해 우리에게 너무 큰 불안감을 가져다주지 않으면서도 죽음 이후에 영원히 고통을 받는 죄인들에게 어떤 일이 일어나는가라는 더 큰 문제에 대한 해답을 발견하려고 애쓴다. 소멸신학은 하나님이 말씀하신 것에서가 아니라 고양이 신앙으로부터 유래된 것이다. 고양이 신자들은 결국에 가서는 하나님이 말씀하신 것과 다른 무언가를 말하게 된다.

고양이 신자가 깨닫지 못하고 있는 것이 있는데, 그것은 지금 문제가 되는 것은 그들이 평생 지어왔을 수도 있는 몇 년 동안의 죄를 따지자는 것이 아니라는 것이다. 중요한 것은 무한히 영광스러우신 영원하신 하나님에 관한 것이며 그 영광이 거절되었다는 것이다. 그들이 범한 영광은 무한한 것이기 때문에 그들이 받을 형벌 또한 무한할 것이다. 강아지 성도들은 무한한 영광과 함께하시는 영원하신 하나님께 초점을 맞추며, 고양이 신자는 사람과 그들이 범한 죄에 초점을 맞춘다.

고양이 신앙은 하나님의 말씀을 넘어서는 잘못된 생각의 다른 본보기에 도달할 수 있다. 만인구원설을 살펴보자. 만인구원설은 이렇게 질문한다. '어떻게 사랑의 하나님이 어떤 사람을 지옥에 보내실 수 있는가? 만일 그분이 사랑의 하나님이시라면 절대 그러실 수 없다. 따라서 모든 사람은 천국에 갈 것이다.' 만일 이것이 사실이라면 선교의 필요성이 존재하지 않게 된다. 사람들은 어떻게 되든 천국에 가게 될 것이기 때문이다. 만일 사람이 주인공이 된다면 하나님은 모든 사람이 천국에 들어가도록 허락하실 것이다. 분명히 하나님은 누구라도 고통당하는 것을 원치 않으시거나 허락하지 않으실 것이다(물론 이런 생각은 사람이 중심이 될 때 하는 것임을 잊지 말라). 고양이 신자는 하나님의 공의로우심을 간과하고 있다.

고양이 신자는 선택적 신앙을 통해서 넓은 의미에서 인간에게 해가 되는 것은 무엇이든 제거한다. 그들은 이성적인 방법으로 그런 것들을 제거하고, '정치적으로 올바른' 것들과 자신들에게 안전한 신학을 선택한다. 그들은 성경을 자신이 선택한 방법으로 해석하는데, 그때에는 관용이 모든 것의 열쇠가 된다. 그래서 모든 사람을 행복하게 만드는 것을 추구한다. 왜 그런가? 고양이 신자들은 이렇게 생각한다. '모든 것은 우리를 위한 거야.'

13장 CAT & DOG THEOLOGY
삶은 공평해야 한다는 주장

어린이들은 삶은 무조건 공평해야 한다는 생각을 가질 수 있다. 나밥는 이 책을 쓰는 동안 일곱 살부터 열여덟 살까지에 이르는 우리 교회의 90명의 아이들과 함께 극기훈련 캠프를 하면서 전도 훈련을 받고 있었다. 훈련의 이름인 '다리 세우기 Bridge Builders' 팀은 일주일 동안 교회를 점령했다. 90명의 아이들 모두 부모님들과 함께 마룻바닥에서 자고, 임시로 설치한 샤워 시설에서 몸을 씻으며, 함께 먹고, 함께 기도하며, 함께 예배했다.

그 90명은 매일 한곳에 모여 율동을 배우고 춤추며 노래할 수 있게 되었다. 그 뒤 아이들은 밖으로 나가 사람들이 보는 곳에서 공연을 하면서 그 시간을 자신의 믿음을 전할 수 있는 구름판으로 삼았다. 우리는 해마다 이 행사를 했는데, 올해는 약간 다른 점이 있었다. 안무를 가르치는 교사가 새로 온 것이다. 올해는 우리 아이들이 세 번째로 참석하는 해여서 무엇이 기대되는지 잘 알고 있었다. 작년에 우리 두 아이는 나이 때문에 야외에서 몇 곡의 노래를 부르는 행사에 참석할 수 없었다. 그 행사는 우리 아이들보다 더 나이가 많은 아이들을 위한 것이었다. 그리고 우리는 작년 내내 이런 소리를 귀에 달고 다녀야 했다. "그건 불공평해요. 우리도 그만큼 잘할 수 있어요." 그 아이들의 말에 틀린 것은 없었지만 규칙은 규칙이었다.

그렇지만 올해는 그 녀석들도 나이가 들었다. 그래서 새로운 시각을 갖게 되었다. 올해는 녀석들이 모든 노래에 참가할 수 있기 때문에 사정이 달라질 예정이었다. 그렇지만 예상치 못했던 일이 일어났다. 올해의 안무 담당인 제임스James 선생님이 다리 세우기 팀에 새로 들어왔다. 그래서 그는 '규칙'을 알지 못했고, 또 알아야 할 필요도 없었다. 그는 자기만의 규칙을 갖고 있었다. 그리고 그의 규칙은 나이를 불문하고 모든 아이들이 노래를 부르며 춤을 추는 것이었다. 그러자 우리 두 아이들이 작년과는 또 다른 투로 똑같은 불평을 늘어놓기 시작했다. "선생님, 그건 공평하지 못해요! 우리는 일 년을 기다려야 했어요. 쟤네도 그래야 해요." 작년에는 공평하지 못했던 것이 자기들이 얻지 못했기 때문에 올해는 규칙이 되어야 한다는 이제 자기들도 충분히 자격이 생겼으니까 것이었다.

우리 아이들은 한 가지 간단한 원칙으로 인해 큰 괴로움을 겪었다. 녀석들은 삶이 공평해야 한다고 생각한다. 그 아이들은 이런 생각을 주위에 있는 고양이 신앙으로부터 얻었다. 이것은 고양이 신앙이 갖고 있는 또 다른 커다란 위험 요소다. 고양이 신자들은 언제나 삶은 공평해야 한다고 생각한다. 그렇게 되지 않거나 일상생활에서 충격을 받을 때, 그들은 이렇게 부르짖는다. "오, 하나님! 이건 불공평해요."

🐾 하나님은 공평하신가?

이 난처한 상황 가운데서 더 큰 깨달음과 이해를 얻기 위해 하나님의 영광이 다양한 방식으로 나타나는 것을 체험한 성경의 사람들에 관한 세 가지 사례 연구를 살펴보려 한다. 그 첫 번째 사람은 야베스다. 그에 관한 이야기는 역대상 4장 10절에 기록되어 있는데, 베스트셀러로 유명한 「야베스의 기도The Prayer of Jabez, 도서출판 디모데」 또한 바로 이 본문을 중심으로 기록되었다. 두 번째 사람은 열왕기하 5장 1-15절에 나오는 이름 없는 한 소녀다. 그리고 세 번째 인물은 스데반으로, 이중 가장 친숙한 인물일 것이다. 그에 관한 이야기는 사도행전 6-7장에 기록되어 있다.

그럼 우선 첫 번째 사례를 살펴보기로 하자. 우리는 야베스에 관해서 많은 것을 알지 못하고 있다. 성경은 그의 출생과 그가 드린 기도에 대해서만 간략하게 기록하고 있다. 그의 이야기를 들려주고 있는 본문에 의하면 야베스는 하나님께 이렇게 부르짖었다고 전한다. "원컨대 주께서 내게 복에 복을 더하사 나의 지경을 넓히시고 주의 손으로 나를 도우사 나로 환난을 벗어나 근심이 없게 하옵소서" 대상 4:10.

그의 기도를 분석해보면 그 기도가 보통 사람들이 드리는 기도와는 달리 다섯 가지의 간구로 이루어져 있음을 발견하게 된다.

1. 내게 복을 주소서.

2. 내 지경을 넓혀주소서.

3. 주의 손으로 나를 도와주소서.

4. 나를 환난에서 벗어나게 하소서.

5. 나는 근심이 없기를 원합니다.

하나님은 그 기도에 어떻게 응답하셨는가? 지금까지 이야기해온 것에 비추어보면, 이 기도는 고양이 신자의 '모든 것은 나를 위한 것' 기도의 대표적인 본보기처럼 들린다. 그러면 하나님은 이 사람을 어떻게 처리하셨을까? 하나님이 이렇게 말씀하셨을까? "이봐, 힘내라고! 내가 내 아들을 십자가로 보내서 큰 고통을 겪게 할 거야. 내 아들은 손과 발에 못이 박히고, 가시 면류관을 쓰며, 채찍에 맞아 피가 등으로 흐르고, 온몸이 피에 잠기게 될 거야. 경건하게 살고자 하는 사람은 누구나 핍박을 받게 될 것임을 잊지 말게. 그런 일에 익숙해져야 해. 그러니 더 힘을 내라고. 자기 십자가를 지는 법을 배우게!"

하나님은 그렇게 말씀하실 수도 있었지만 그렇게 하시지 않았다. 본문을 읽어보면 하나님이 그의 요구를 들어주셨음을 발견하게 된다. 그분이 무엇을 하셨다고? 그분이 그의 요구를 들어주셨다고? 그렇다. 바로 다음에 나온다. 하나님의 말씀은 바로 이런 것이었다. "네 말을 잘 알았다. 네 소원 모두를. 그건 다 네 것이다. 그건 네 것이다. 그리고 난 네가 그걸 갖기를 원한다!" 주의할 점은 이 책 어디에서도 '하나님이 당신에게 복 주시기를 원하시지 않는다'라고 말하지 않는다. 다만 우리는 하나님이 당신을 위해 존재하시며 당신에게 복을 주시기 위해 사신다는, 마치 그것이 그분의 영광을 나타내는 것보다 더 우선순위라는 생각에 초점을 맞추는 것을 경고하고자 할 뿐이다.

다음으로 두 번째 인물을 살펴보도록 하자. 우리는 그 소녀의 이름을 알지 못한다. 그러므로 그녀를 그저 어린 소녀라고 부르는 것으로 만족하기로 하자. 어린 소녀에 대한 이야기는 열왕기하 5장에서 찾아볼 수 있다. 그 이야기를 읽기 시작하면서 먼저 그 이야기의 앞뒤 상황을 알 필요가 있다. 이 어린 유대 소녀는 전쟁 가운데 이방 나라에 포로로 끌려와 종이 되었다. 그녀의 주인은 유대의 적군에서 두 번째로 높은 지위를 갖고 있던 나아만 장군의 아내였다. 그 소녀가 겪은 비극에 중대한 책임을 지고 있는 그 주인의 남편이 문둥병에 걸렸다. 그러자 그 소녀는 자기 주인마님에게 그 병이 나을 수 있는 방법을 아뢴다.

이 소녀가 처한 상황을 더 잘 이해하기 위해서 무대 뒤에서 벌어지고 있는 활동들을 염두에 두기 바란다. 프랑스어권인 서부 아프리카에서 벌어진 내란 가운데 일어난 일들을 들어보면 이 어린 소녀에게 다음과 같은 일들이 충분히 일어날 수 있다는 것을 확인할 수 있다. 그녀가 보는 앞에서 나아만 혹은 그의 부하들은 다음과 같은 짓을 행했을 것이다.

1. 그녀의 어머니를 강간했다.
2. 그녀의 아버지를 살해했다.
3. 그녀의 오빠들을 살해했다.
4. 그녀를 강간하고 노예로 끌고 갔다.

이 소녀가 마음속으로 어떤 감정의 짐을 끌어안고 다녔을지 생각해보라. 어떤 역기능이 있었을지 생각해보라. 아마도 진료 차트가 한두 장으로는 부족했을 것이다. 그렇다면 그 소녀로서는 나아만이 문둥병에 걸린 것을 알고 자기 여주인에게 이렇게 말하는 것이 당연했을 것이다. "그런 병에 걸리는 것이 당연해요." 일련의 부당한 사건을 겪은 그 소녀의 입장에서는 그런 반응을 보일 수도 있었겠지만 그녀는 그렇게 말하지 않았다. 오히려 그 소녀는 이렇게 말했다. "우리 주인이 사마리아에 계신 선지자 앞에 계셨으면 좋겠나이다 저가 그 문둥병을 고치리이다" 왕하 5:3.

우리가 지금 정확하게 읽은 것인가? 이 소녀는 위에 나열된 혼란과 아픔을 겪었음에도 불구하고 용서가 무엇인지 알고 있다는 말인가? 아직도 하나님의 영광을 마음에 담고 있다는 것인가? 그렇다. 그것이 바로 본문이 말하고 있는 것이다. 그녀의 친절함으로 인해 어떤 일이 일어났는가? 당신은 그 이야기를 잘 알 것이다. 나아만은 선지자를 찾아갔고 고침을 받았다. 그런 다음 그는 선지자 앞에 서서 이렇게 말했다. "내가 이제 이스라엘 외에는 온 천하에 신이 없는 줄을 아나이다" 왕하 5:15.

이방인이자 자기 나라 군대의 제2인자인 이 남자가 자리에서 일어나 이스라엘의 하나님을 증거했다. 이방인의 지도자인 나아만이 용서가 무엇인지 알고, 하나님의 영광을 위한 마음을 가진 한 어린 소녀로 인해 하나님을 인정한 것이다.

셋째, 사도행전 6-7장에 나오는 스데반의 삶에 관해 알아보자. 스데반에 관해서는 이미 잘 알고 있을 것이다. 성경은 스데반이 은혜와 능력이 충만한 사람이라고 말하고 있다. 그리고 그가 큰 이적을 행하고 사람들 가운데 기적 같은 표적을 행했다고 말씀한다. 그러나 산헤드린은 그를 대적했고, 다른 사람들로 하여금 그에 대해 거짓말을 하게 만들었다. 그는 체포되었고 법정에 세워졌다.

그의 증언을 들은 사람들은 자기 귀를 막고 목소리를 높여 그에게 달려가 그를 끌고 성 밖으로 나가서 그를 돌로 쳤다. 스데반은 하나님의 은혜와 능력이 충만했음에도 불구하고 돌에 맞아 죽임을 당했다.

🐾 잘못된 질문

그럼 이제 천천히 생각해보자. 우리는 세 사람의 삶을 살펴보았다. 한 사람은 완벽한 축복을 받은 사람이었고^{아베스}, 한 사람은 한 이방인의 삶에 영향을 끼치기 위해 지옥 같은 현실을 겪은 사람이었으며^{어린 계집종}, 한 사람은 하나님의 은혜와 능력이 충만했지만 돌에 맞아 죽임을 당한 사람이었다^{스데반}. 이 세 사람은 전혀 다른 삶을 살았다.

그럼, 이제 당신에게 한 가지 질문을 하겠다. 누구의 삶에서 하나님은 공평하셨을까? 더할 나위 없는 축복을 받은 사람, 한 이방인에게 다가가기 위해 큰 고통을 받은 사람 혹은 돌에 맞아 죽임을 당한 사람 중 누구인가? 이 질문은 모든 사람이 받아들일 만한 것이지만, 사실은 질문 자체가 잘못되었다. 인생은 공평하도록 만들어지지 않았다. 그 생각은 어디서 나온 것일까?

인생은 하나님의 영광을 드러내고, 우리와 다른 사람을 그 영광으로 인도하는 일련의 사건들의 집합으로 만들어졌다. 삶이란 바로 이런 것이다. 바울은 이렇게 말하고 있다. "그런즉 너희가 먹든지 마시든지 무엇을 하든지 다 하나님의 영광을 위하여 하라"^{고전 10:31}. 만일 이 말이 맞다면, 즉 우리의 목적이 그분의 영광을 위해 사는 것이라면, 다른 질문을 하나 해보겠다. 이 세 사람의 삶 가운데 자신이나 다른 사람을 하나님의 영광으로 인도하는 삶을 산 사람은 누구인가? 완벽하게 축복을 받은 사람인가? 이방인의 삶에 다가간 어린 소녀인가? 아니면 하나님의 능력과 은혜가 충만한 채 돌에 맞아 죽은 사람인가?

그 질문에 대한 당연한 대답은 세 사람 모두 하나님께 영광을 돌렸다는 것이다. 한 사람은 하나님께 자기를 축복해달라고 구함으로써 그렇게 했다. 하나님은 그 기도를 들어주셨다. 그리고 야베스는 그로 인해 하나님께 영광을 돌렸다. 이 사실은 아버지이신 하나님의 은혜와 호의를 증거한다. 어린 유대 소녀는 비록 지옥과 같은 일을 겪었음에도 불구하고 용서가 무엇인지를 알았다. 그 모든 일은 하나님의 영광이 그녀의 삶을 통해 살아나게 만들었다. 그녀는 큰 권세를 가진 이방인에게 영향력을 발휘하고, 모든 민족에게 다가가기 원하시는 하나님의 뜻을 보여주기 위하여 사용되었다. 오늘날에도 많이 이야기되고 있는 세 번째 사람은 하나님 안에 있는 그런 가치를 보고, 그것을 위해 죽음도 마다하지 않은 사람의 본보기였다.

바울은 이 개념을 깨달았다. 로마서 11장 36절을 다시 한 번 더 자세히 살펴보자. "이는 대부분의 것들이 주에게서 나오고 주로 말미암고 주에게로 돌아감이라." 본문이 이렇게 말씀하고 있는가? 그렇지 않다. 성경은 '대부분의 것들'이라고 말씀하지 않고 '만물' 곧 모든 것이라고 말씀하고 있다. "이는 만물이 주에게서 나오고 주로 말미암고 주에게로 돌아감이라." 모든 것은 얼마나 많은 것인가? 그것은 그냥 모든 것이다. '어느 정도'나, 그냥 '많은' 혹은 '굉장히 많은'이 아닌 '모든' 것이다.

나무들은 우리를 하나님께 인도한다. 하늘은 그분의 영광을 선포한다. 그분이 창조하신 독특한 식물들은 저마다 그분의 창조성을 증거한다. 아이의 출생은 경이롭고, 사자의 표효는 하나님을 드러낸다. 자동차 사고는 우리에게 하나님을 보여주기 위한 것이며, 암은 우리를 하나님께 인도한다. 마음의 상처 또한 우리를 하나님께 인도한다. 어린아이의 죽음은 우리로 하나님을 보게 한다. 모든 것이, 그냥 많은 것이나 심지어 대부분의 것이 아니라 모든 것이 우리를 비롯한 다른 사람들을 하나님께 인도한다.

스프라울R. C. Sproul은 자신의 저서 「보이지 않는 손The Invisible Hand」에서 그 생각을 이런 식으로 말하고 있다. "그리스도인에게 모든 비극은 궁극적으로 하나의 축복이다. 그렇지 않다면 그분은 거짓말쟁이다."[15] 다시 말하면 모든 것, 단지 좋은 것뿐이 아니라 모든 것이 우리를 하나님께 인도하기 위해 계획되었다는 것이다. 우리를 무릎 꿇게 만드는 것은 모두 축복이다. 왜냐하면 인생은 우리로 하여금 살아계신 하나님과 일대일로 만나도록 도와주기 위해 계획된 것이기 때문이다. 만일 우리로 하여금 실패하고 무릎을 꿇게 하는 어떤 일이 일어난다면 그것은 궁극적으로 축복이다. 왜냐하면 그것은 우리를 인생의 주된 목적 곧 그분을 알고, 그분을 예배하며, 그분을 찬양하는 일로 인도하기 때문이다.

강아지 성도의 삶에서 그를 하나님께 인도하지 못하는 일은 일어나지 않는다. 따라서 삶은 축복받는 상황이든 시련 가운데 있는 상황이든 언제나 하나님의 영광을 지향한다. 삶 가운데 일어나는 모든 일은 하나님께 영광을 돌리기 위한 기회를 가져다준다. 바로 이런 이유에서 코리 텐 붐Corrie ten Boom은 독일군 포로 수용소 안에서도 여전히 하나님을 예배할 수 있었다.

강아지 성도의 요절은 하박국 3장 17-18절에서 찾아볼 수 있다.

비록 무화과나무가 무성치 못하며

포도나무에 열매가 없으며

감람나무에 소출이 없으며

밭에 식물이 없으며

우리에 양이 없으며

외양간에 소가 없을지라도

나는 여호와를 인하여 즐거워하며

나의 구원의 하나님을 인하여 기뻐하리로다.

반면에, 고양이 신자는 하나님께로부터 오는 축복만을 바라보고, 그것을 기대하며, 항상 일등을 하고, 승자가 되기를 바란다. 그들은 좋지 않은 일이 일어나면 손가락으로 십자가를 만들고는 마치 드라큘라를 쫓기라도 하듯이 이렇게 외친다. "사탄아, 내 뒤로 물러가라!" 강아지 성도는 그리스도께서 편하고 쉬운 삶을 약속하지 않으신다는 것과 기독교가 그렇게 쉬운 것이 아니라는 사실을 잘 알고 있다. 우리의 삶은 하나님의 영광을 드러내기 위한 기회로 계획된 것이다.

14장 CAT & DOG THEOLOGY
크리스천의 인본주의적 태도

　내 성년의 삶을 바꾼 것은 단 여덟 마디의 말이었다. 나[밥]는 그 말을 또렷하게 기억하고 있다. 그 말은 애리조나 주 메사에 있는 앨마 스쿨 로드에 위치한 블랙아이드 피Black-Eyed Pea 식당에서 나왔다. 그곳은 슈퍼스티션 고속도로Superstition Freeway 북쪽 방향의 바로 오른쪽에 자리하고 있다. 우리 부부는 그곳에 자주 가지 않았지만 무척 마음에 들었다. 그 기억은 아직도 내 마음속에 생생하게 자리잡고 있다. 데비와 나는 연인으로서 단 둘만의 데이트 시간이 필요했다. 우리의 어린 네 아이들은 모두 여섯 살 미만이었고, 이제 우리에게 기회가 찾아왔다. 우리는 시간제 보모를 집에 데려온 다음 그날 밤 외출했다. 어떤 일이 일어날지 전혀 알지 못한 채 말이다.

나는 어쩐지 우리 사이에 뭔가가 잘못되었음을 느꼈다. 그리고 그 데이트 시간을 통해 그 잘못을 바로잡을 수 있을 것이라고 생각했다. 그러나 그렇게 간단하게 그 문제를 바로잡을 수 없었다. 우리는 사소한 문제에 관해 이야기를 나누기 시작했지만 무언가 빠진 것이 있었다. 식사를 반쯤 마쳤을 때 그 말이 튀어나왔다. 그 말은 마른 하늘에 날벼락처럼 내가 반드시 알아채야 하는 경고의 불꽃을 보내고 있었다.

"여보!" 이윽고 데비가 말했다. "당신에게 할 말이 있어요."

"그게 뭔데?" 나는 속으로 그것이 내가 즉시 바로잡을 수 있는 것이기를 바라며 말했다.

아내는 머뭇거리다가 결국 말을 했다. "당신과 함께 사는 것이 더 이상 즐겁지 않아요."

나는 깜짝 놀랐다. 그리고 생각했다. '내가 재미없다고?' 나는 한 번도 그런 생각을 해본 적이 없었다. 나는 모슬렘을 위한 일꾼들을 양육하느라 너무 바쁜 나머지 즐겁다는 것에 대해 한 번도 생각해보지 못했다. 그것은 내가 걱정하고 있는 영원한 운명이었다. 나는 즐거울 시간이 없었다. 나는 나 자신이 '복음주의적 인본주의'에 빠져 있다는 것을 전혀 알지 못했다. 그러나 그 문제를 살펴보기에 앞서 인본주의 전반에 걸쳐 이야기해보자.

인본주의는 사람들의 관심과 이상과 관련된 사고 혹은 행동의 체계라고 규정된다. 이 정의를 간단한 말로 바꾸어보면, 인본주의란 모든 존재의 이유가 인간의 행복이라고 단언할 수 있을 것이다. 인본주의란 우리를 중심으로 하는 것이며, 우리를 행복하게 만드는 것과 관련된 것이다.

인본주의는 마약을 먹어도 당신이 행복하다면 아무 문제가 없다고 말한다. 마구 게으름을 피우며 자도 당신이 행복하다면 괜찮은 것이다. 그리고 탈세를 할지라도 당신이 행복하다면 그것은 이해할 수 있는 일이 된다. 오직 자신을 행복하게 만들라는 것이 인본주의의 메시지다. 인본주의는 우리 문화 가운데 너무 깊숙이 스며들었기 때문에 기독교 안에도 은밀하게 파고들어 두 가지 종류의 크리스천 인본주의를 만들어냈다. 첫 번째 종류의 크리스천 인본주의는 우리가 '자유주의적 인본주의'라고 부르는 것이다. 두 번째는 '복음주의적 인본주의'다. 그럼 먼저 자유주의적 인본주의를 살펴보기로 하자.

자유주의적 인본주의

자유주의적 인본주의는, 기독교의 최고의 목적은 이땅에서 누리는 사람들의 행복이라고 말한다. 자유주의 교회와 교단은 이러한 자유주의적 인본주의를 받아들이고 있다. 자유주의적 인본주의자들은, 그리스도는 지금 이땅에서 살아가는 우리를 행복하게 만들기 위해 죽으셨다고 말한다. 하나님의 선하심을 말할 때도 인류에게 초점이 맞추어져 있다. 하나님은 우리를 위해 모든 피조물을 만드셨다. 예수님은 우리에게 좋은 삶을 주시기 위해 죽으셨다. 천사는 사람들을 섬기기 위해 존재한다. 내가 교회에 가는 것은 그곳에 가면 내 부족함이 채워질 수 있기 때문이다. 하나님은 나를 보살피고 내게 복을 주시기 위해 존재하신다. 모든 것은 나를 중심으로 이루어진다.

이에 대한 가장 완벽한 예를 우리 아들의 친구인 한 형제 가운데서 찾아볼 수 있다. 그 형제 아이들은 즐겨 보는 TV 프로그램이 있었지만, 그

엄마는그녀 역시 우리와 가까운 사이였다 TV 앞에서 보내는 시간과 하나님의 말씀과 함께하는 시간이 얼마나 되는지에 대해 매우 신경을 쓰는 사람이었다. 그래서 그녀는 아이들과 한 가지 약속을 했다. 아이들은 30분 동안 그 프로그램을 볼 수 있었는데, 그러려면 그에 앞서 30분 동안 하나님의 말씀을 읽어야 했다.

그 결과가 어떻게 되었겠는지 생각해보라. 그 형제들은 매일 규칙적으로 성경을 읽기 시작했다. 왜 그런가? TV 프로그램을 보고 싶어서다. 그 강조점은, 하나님이 그들이 시간을 투자할 만큼 놀라운 분이시라는 사실이 아니라 그들이 원하는 그것에 놓여 있었다. 이러한 동기와 생각은 고양이 신자의 전형적인 모습이다. 그들은 복을 받기 위해 하나님과 함께 기독교라는 게임을 하고 있는 것이다. 고양이 신자는 그 마음속에서 근본적으로 이런 말을 한다. "주님, 제가 그리스도인이 된 것은 당신이 제게 복을 주시기를 원하셨기 때문입니다. 그러니 제게 복을 주십시오. 주님, 제게 복을 부어주십시오!"

만일 고양이 신자가 생각하듯이 하나님과 모든 피조물의 목적이 우리에게 복을 주는 것이며, 우리의 목표가 복을 받는 것이라면, 어떻게 해야 우리가 가장 큰 복을 받을 수 있을까? 자유주의적인 고양이 인본주의자는 이렇게 말할 것이다. "하나님은 우리에게 물질과 건강으로 복 주시기를 원하십니다." 많은 고양이 신자들은 그리스도인의 삶이란 바로 그런 것이라고 확신하고 있다. 하나님은 아브라함에게 장수와 물질의 복을 주셨다. 하나님은 솔로몬이 오직 지혜만을 구했을 때 그에게 물질의 복도 주시고 장수의 복도 주셨다. 가장 중요한 것은 결국 물질과 장수다.

물론 이렇게 대놓고 말하는 자유주의적인 인본주의자는 많지 않다. 그렇지만 개인적인 자리에서 그들은 그렇게 믿고 또한 그렇게 사는 것처럼 보인다. '물질'과 관련해서 말하자면, 그것은 사탄이 그들과 거래하고 있는 '물질주의'라는 카드 가운데 하나다. 그들의 기도 생활은 오로지 하나님께 물질을 구하는 것에 초점이 맞추어져 있다. 그 결과 사탄은 많은 사람들로 하여금 거룩한 삶은 놓친 채 행복한 삶에만 초점을 맞추도록 속여 왔다. 그는 사람들을 현혹시켜서 행복한 삶이 곧 그리스도인의 삶이고, 더 쉽게 안락하면서 편안한 삶을 살수록 더 영적인 사람이라고 생각하게 만든다. 장수에 대해서 말하자면, 이것은 '건강'이라는 카드다. 많은 사람들은 최소한 70세 이상의 원숙한 노년까지 살지 못한 사람은 그 삶 가운데 죄가 있음이 분명하다고 믿는다.

왜 사탄은 그리스도인들이 하나님께 좋은 물질과 장수를 구할 때 기뻐할까? 그것은 그들의 초점이 더 이상 하나님이나 그분의 영광에 맞추어져 있지 않기 때문이다. 고양이 신자는 기본적으로 이렇게 말한다. "내게 내가 원하는 것을 주세요. 그러면 당신을 찬양하겠습니다." 이 말은 하나님이 영광을 받으실 것을 암시하고 있지만, 그 결과는 우리가 원하는 것을 우리가 받느냐에 달려 있는 것이다. 사실상 고양이 신자는 하나님이 아니라 자기 자신을 위해 산다.

불행하게도 우리는 이런 모습을 너무도 많이 보고 있다. 그런 현상은 '건강과 부자 신앙'이라는 형태로 그 모습을 드러낸다. 그리고 그런 믿음은 종종 그리스도인들로 하여금 '말하고 요구하라!'고 부추긴다. 그런 믿음은, 하나님은 우리가 부자가 되기를 원하신다고 말한다. 그 믿음은 우리에게 부족한 모든 것을 자신의 풍성하심으로 공급하시는 하나님께 의지하는 일에 초점을 맞춘다. 이런 일들이 틀린 것은 아닐 수도 있지만 그

의미는 매우 불충분하다. 이 생각의 초점은 하나님께 맞추어져 있지 않다. 그 초점은 사람들에게 놓여져 있다. 이 세상에서 부자가 되는 것이 잘못된 것인가? 그렇지 않다. 그러나 만일 그 부유함이 당신으로 하여금 하나님과 그분의 영광으로부터 초점을 잃어버리게 한다면 당신의 우선순위는 혼란을 일으키고 하나님은 기뻐하지 않으실 것이다. 기억하라. 그분은 질투하시는 하나님이시다.

그러나 사탄이 우리의 시선을 빼앗아가는 것은 물질만이 아니다. 사탄은 잘못된 우선순위와 함께 자유주의적 인본주의를 사용하여 행복이라는 간단한 생각에 초점을 맞추게 한다. 펜실베이니아 주 피츠버그의 한 교회에서 열심히 사역하는 담임목사가 있었는데, 어느 날 갑자기 그의 아내가 집을 떠나버렸다. 그는 장로들 앞에 나아가 자신이 어떻게 하면 좋은지 물어보았다. 장로들은 한데 모여 이 일을 의논했다. 그들은 그 일의 긍정적인 면과 부정적인 면을 모두 살펴보았다. 어떻게 하면 목사가 결혼을 지키기 위해 노력하도록 영향을 미칠 수 있는지와 교회와의 관계를 고민했다. 담임목사가 교회를 떠나 결혼 생활을 지켜야 하는가, 아니면 교회에 머물러 있고 아내를 떠나보내야 하는가? 그들은 그 목사와 교회에 가장 좋은 일은 목사의 아내를 떠나보내고 목사가 피츠버그에 머물게 하는 것이라고 결론을 내렸다. 그들은 그 일이 하나님이나 그분의 명성에 어떤 영향을 끼칠지는 조금도 고려하지 않았다. 그들의 근시안적인 눈은 담임목사와 교회의 행복에만 초점이 맞추어져 있었던 것이다.

너무나 많은 그리스도인들이 '성경적인' 조언을 제공해준다는 평판을 받고 있는 이로부터 조언을 받지만, 결국 그 조언이란 것은 이것이다. '하나님은 당신이 행복하기를 원하신다. 그러니 이 결혼 생활이 당신을 괴롭게 한다면 얼른 이혼하라.' 이런 종류의 조언이 전하는 메시지는 무엇인가? 바로 다음과 같다. '인생은 오직 행복해지는 것이 가장 중요한 것이다! 그리고 만일 당신의 결혼 생활이 원만하지 않다면, 만일 당신이 화해하기 위해 노력하는데도 일이 나아지지 않는다면, 결혼 자체를 깨뜨려라. 깨끗이 그만두라! 당신은 이혼한 다음에 더 좋아질 것이다. 가장 중요한 것은 당신이다.'

복음주의적 인본주의

자유주의적 기독교만이 인본주의를 받아들이고 있는 것이 아니다. 복음주의적 기독교 역시 그것에 영향을 받아오고 있다. 사탄은 복음적이며, 성령 충만한 고양이 신자들을 위해 특별한 카드를 갖고 있다. 그는 복음적인 고양이 신자는 다른 사람들처럼 건강과 물질적인 것들에 초점을 맞추고 있지 않다는 것을 잘 알고 있다. 그래서 그는 그들의 이목을 다른 이들의 구원에 맞춘다. "그게 옳아." 사탄은 말한다. "중요한 것은 물질이 아니야. 중요한 것은 복음을 전하고 다른 사람들에게 베푸는 거야. 그렇게 함으로써 그들도 영생을 얻을 수 있어!"

하나님이 자신의 영광을 드러내기 위해 선택하신 방법 가운데 하나가 우리로 하여금 다른 사람에게 복음을 전하게 하는 것이다. 이 사실이 맞긴 하지만, 사탄은 우리로 하여금 잃어버린 영혼을 구원하는 일이 하나님과 그분의 영광보다 더 큰 우선순위를 갖는 일이라고 여기게끔 만들고, 이 일에만 초점을 맞추게 만든다. 하나님의 영광을 드러내는 이 특별한 방법은 갑자기 그 비중이 크게 높아져 그리스도인의 삶 전체를 좌우지할 수 있게 된다. 사탄은 우리로 하여금 이 일에 동기를 부여받고 초점을 맞추게 만들기 위해 계속해서 이런 말을 심어준다. "잃어버린 자들을 잊지 말라. 중요한 것은 잃어버린 자들이야. 그 사람들은 지옥에 갈 거야. 잃어버린 자들에게 초점을 맞춰!"

자유주의적 인본주의가 기독교는 사람들이 이땅에 사는 동안 행복하게 만드는 것이라고 말하는 반면, 복음주의적 인본주의는 기독교의 중심 목표는 사람이 죽은 다음의 행복이라고 말한다. 바꿔 말하면 사람들이 지옥에 가지 못하게 하라는 것이다.

그 차이점이 무엇인지 알겠는가? 전자는 죽음 이전의 사람들에게 초점을 맞추고 있고, 후자는 죽음 이후의 사람들에게 초점을 맞추고 있다. 그러나 양쪽 모두 사람들에게 초점을 맞추고 있는 것은 똑같다. 왜 사탄은 우리로 하여금 그런 생각을 하도록 부추기는 것인가? 그 생각은 하나님과 그분의 영광을 우리 삶의 가장 중심에서 벗어나게 만들기 때문이다. 우리의 생각은 사람들이 죽은 다음에 지옥에 가지 않게 하는 것에만 집중하게 된다. 그래서 우리는 사람들을 지옥에서 구하기 위해 할 수 있는 모든 것을 한다. 우리는 다음과 같은 말로 죄책감을 느끼게 해서 사람들에게 선교에 대한 동기를 불어넣는다. "오늘 하루도 3만 7천 명의 모슬렘 사람들이 죽고, 그들은 곧바로 지옥에 갑니다. 당신은 무엇을 했습니까?" 그리고 사탄은 우리에게 이렇게 말하고 있다. "당신이 밖으로 나가 더 많이 일하지 않는다면, 더 많이 헌금하지 않는다면 그리고 선교지에 가지 않는다면 많은 사람들이 지옥에 갈 것이다."

바로 지금 당신의 마음은 요동칠 수도 있다. 당신은 사람들을 지옥에서 건져내는 일이 무슨 잘못이겠느냐고 생각하고 이 책을 덮어 옆으로 내던지려 할 수도 있다. 그러나 계속 이 책을 읽어보라. 이 책에 담긴 진리가 당신을 죄책감으로부터 해방시켜줄 것이다.

사람들을 지옥에서 구하는 일이 무슨 잘못이 있겠는가? 물론 그것은 잘못이 아니다. 그렇다면 그 일이 어떻게 나쁜 일이 될 수 있다는 말인가? 그 일이 잘못되었다는 것은 그것을 제외한 모든 일이 나쁜 일이라는 생각 때문이다. 그런 생각은 하나님의 영광을 보고, 알며, 누리는 일과 그분의 영광을 위해 모든 일을 행하는 것의 우선순위를 다른 것으로 교체시킨다. 그 생각은 하나님의 영광을 그 최고의 자리에서 내려앉히고 그 자리에 사람을 대신 앉힌다. 이것은 그리스도인의 삶의 여러 분야에서 찾아볼 수 있다.

영국에서 열린 대규모 선교 강습회에서 선교사들이 자신의 사역을 나눌 기회가 있었다. 어떤 이들은 승리의 메시지를 들고 왔고, 다른 이들은 승리를 위한 기도 제목만을 들고 왔다. 그리스도를 알게 된 사람들에 관해 그리고 새로 세워진 교회에 관해 이야기한 이들은 큰 박수를 받았다. 관중석은 환호성으로 가득 찼다. 그러나 하나님과 동행하고는 있지만 아직 자신이 목표로 삼은 사람들 가운데서 열매를 맺지 못한 이들은 아무런 박수도 받지 못했다. '이 선교 보고회는 어떤 의미가 있는가? 그 모임은 사람들로 하여금 그리스도를 알게 하는 일에 중점을 두었을 뿐 아버지 하나님의 영광에 대해서는 별 관심을 갖지 않았다.

그 언어를 배우고, 관계를 세우는 일에 전념한 선교사들은 좌절하고 피곤함을 느끼면서도 그 현장에 남아 있었다. 고통 가운데 인내하며 하나님의 영광을 드러냈고, 오직 기도 제목들만을 제출했다. 그들에게는 아무런 격려도 없었다. 그 모임은 그들의 인내를 통해 빛나는 하나님의 영광이 아니라 잃어버린 세계와 그들을 천국으로 인도하는 것이 주가 되었다.

'프론티어Frontiers'라는 선교사들의 조직은 이런 일에 대한 반격을 모색한다. 그들의 사명 선언문은 이런 말로 시작한다. "우리의 열정은 모든 모슬렘 백성들을 복음으로 인도할 교회들을 세움으로써 하나님께 영광을 돌리는 것이다." 그들의 첫 번째 목적, 가장 중요한 초점은 하나님의 영광에 맞추어져 있다. 그런 다음 그 일을 이루기 위해 어떻게 모슬렘에게 다가가는 일을 수행할지에 대해 이야기한다.

인류가 처음 창조되었을 때 아담과 하와는 하나님께 예배를 드렸다. 그들은 살아 계신 하나님과 일대일로 만나는 친밀함을 누렸었다. 그들은 그분을 쫓았고 서늘한 낮에 동산에서 그분과 함께 거닐기를 원했다. 그러나 죄가 들어오자 아담과 하와는 하나님께로부터 분리되었다. 그들은 더 이상 그분과의 교제를 바라지 않았고, 그 대신 그분의 임재로부터 몸을 숨겼다.

그러나 예수님의 죽으심은 구원을 가져왔고, 인류가 더 이상 아무 소망 없이 죽을 필요가 없게 되었으며, 우리 역시 하나님과의 교제 없이 죽지 않아도 되었다. 십자가는 우리를 지옥에서 구해줄 뿐 아니라 우리를 하나님과 다시 교제하게 하여 그분과의 일대일의 친밀함을 회복하고 그분을 예배할 수 있게 했다. 기억하라. 중요한 것은 지옥에서 벗어나는 것이 아니라 천국을 향해 나아가는 것임을.

사탄은 많은 사람들을 지옥으로부터 구원하는 일이라는 주제에 몰입하게 만들었다. 물론 그것이 틀린 것은 아니다. 그렇지만 복음주의적인 고양이 신자는 사람을 지옥에서 구원하는 일에 지나치게 초점을 맞춘 나머지 교제와 경배와 예배를 회복해야 할 필요성을 간과할 수도 있다. 복음

전파와 사람들에게 다가가는 일이 하나님과의 친밀함이라는 더 큰 목적을 향한 하나의 수단이 아니라 그 자체가 목적이 된 것이다. 그들의 초점은 사람들을 하나님의 보좌 앞으로 인도하는 것이 아니라 그들을 구하는 것에 맞추어져 있다. 다시 한 번 고양이 신자는 사탄에게 속은 것이다.

당신은 이런 예를 정기적으로 볼 수 있다. 불행히도 남편이 선교사로 나가 있는 동안 그 곁을 떠나는 아내에 관한 소식을 듣는 일은 그렇게 드물지 않다. 그들 사이에 무슨 일이 일어나고 있는 것인가? 남편은 사역할 준비를 하느라 너무 지쳐서 결혼생활 가운데 하나님의 영광을 드러내는 일을 잊고 만다. 그리고 마침내 그가 사역할 준비를 마치면 아내는 이렇게 생각하게 된다. "만일 이런 것이 우리 결혼생활의 전부라면 난 여기서 나가겠어."

또한 몇몇 목회자들의 삶 가운데서도 그런 예를 찾아볼 수 있다. 그들의 자녀는 반항적이고, 그들의 결혼생활은 위태로우며, 그들의 삶은 난파 직전이지만, 그들은 그런 일들이 다만 예수님을 위해 사람들을 구하는 가운데 마땅히 치러야 하는 대가라고 생각할 뿐이다. 그들은 하나님의 영광을 자신의 개인적인 삶과 가정생활 가운데 보여주고, 드러내며 비추는 일이 아니라 다른 이들을 그리스도께 인도하는 일에만 초점을 맞추고 있다. 우리는 가끔씩 그들의 사역에 감명을 받은 나머지 모든 것을 용서한다. 우리는 그리스도께 인도된 이들을 보고 이렇게 생각한다. '어떻게 저걸 의심할 수 있을까?' 그러나 많은 이들은 아무 의심도 하지 못하다가 몇 년 뒤에 이혼으로 끝을 보고 만다. 그러나 당신은 그 일에 의문을 제기할 수 있고 또 반드시 그래야 한다. 왜냐하면 우리의 삶은 사람들을 위해서가 아니라 우리 삶의 모든 부분에서 그리고 지구상의 모든 백성들에게 하나님의 영광을 드러내기 위한 것이기 때문이다.

    하나님은 우리가 사람들에게 복음을 전할 때 영광을 받으시지만 그 일이 영화로우시며 질투하시는 하나님의 보좌를 대신할 때는 영광을 받으시지 않는다. 너무나 많은 선교사들이 선교 현장에서 전도 대상자들에게 다가가느라 지친 채로 고향에 돌아와 자신의 결혼생활과 자녀 양육에서 경건함을 놓치고 만다. 그리고 본국에 돌아와서는 이혼이라는 결말에 도달하기도 한다. 왜 그런가? 그들은 자신의 결혼생활 가운데 하나님의 영광을 드러내기를 잊은 것이다. 그들은 자녀들을 양육하는 가운데 하나님의 영광을 보여주기를 잊었다. 그들은 사람들을 그리스도께 인도하는 일에 너무 지쳐서 그 과정 가운데 그 일과 똑같이 중요한 다른 우선순위, 의무 그리고 책임들을 빠뜨리고 만 것이다.

    당신은 고양이 신자가 일정 부분 인본주의를 신격화한다는 것을 알고 있다. 만일 우리가 자유주의적 인본주의자라면 우리는 자신을 하나님과 같은 보좌에 앉히고 심지어 미처 깨닫지 못하는 가운데 그분을 내쫓을 수도 있다. 왜 그런가? 보좌에는 우리와 그분 그리고 그분이 우리에게 복을 주신 모든 것들을 함께 수용할 자리가 없기 때문이다.

    그러나 만일 우리가 복음주의적인 인본주의자라면 우리는 잃어버린 세계를 보좌 위에 올려놓는다. 그 일은 너무도 기독교적이고, 영적이며, 선하고, 하나님을 기쁘시게 하는 것처럼 보이기 때문에 우리는 그에 대해 의문을 제기하지 않는다. 그러나 잃어버린 세상이 하나님 대신 보좌를 차지해서는 안 된다. 기독교 인본주의에는 자유주의적 형태와 복음주의적 형태 두 가지가 있다. 우리는 어느 쪽이든 극단으로 치우치지 않도록 조심해야 한다. 왜냐하면 양자 모두 하나님을 사람으로 대신하게 만들기 때문이다.

🐾 구출 사명과 보물 사냥

나밥는 결국 왜 내가 나의 믿음을 우리 민족과 나눈 적이 거의 없는지를 생각해냈다. 나를 세계 여러 나라 사람들 가운데 두는 것은 아무 문제가 없다. 하지만 우리 민족 사이에 두는 것은 다르다. 나는 내가 모든 사람들에게 들려줄 '기쁜 소식'을 갖고 있지 않다는 사실을 깨달았다.

내가 무슨 말을 할지 한 번 생각해보라. "이봐요, 존 선생. 당신은 예수 그리스도를 당신의 삶 가운데 영접하여 영원한 구원을 보장받기 원하나요? 그렇다면 당신 역시 아내로부터 더 이상 재미없다는 말을 듣게 될 거요. 또한 십억 명의 모슬렘 사람들이 지옥에 가는 것을 걱정할 수 있소. 당신 역시 그들 모두를 '구하기' 위해 전력을 다하고, 불교, 힌두교, 중국인들을 위하여 그들이 지옥에 가지 않도록 걱정하며 살 수 있소. 이 복음을 받아들이시오. 그러면 당신은 폐인의 완벽한 후보가 될 수 있으며 나머지 인생의 대부분을 제법 깊은 곳에 빠진 채 보낼 수 있게 될 것이오."

그것은 나나 누구에게든 좋은 소식이 아니다. 내 아내가 나를 앞혀놓고 결정적인 말을 던진 것이 바로 그것 때문이다. 성경은 내게 일깨워주고 있다. "천국은 마치 밭에 감추인 보화와 같으니 사람이 이를 발견한 후 숨겨두고 기뻐하여 돌아가서 자기의 소유를 다 팔아 그 밭을 샀느니라" 마 13:44. 나는 그리스도인으로서의 내 삶의 대부분을 모슬렘을 지옥에서 구하겠다는 구출 사명 가운데 살아왔다는 것을 깨달았다. 나는 참되시고 살아계신 하나님을 찾고 기뻐하는 보물 사냥을 한 번도 해보지 않았던 것이다. 그리고 구출 사명과 보물 사냥 사이에는 엄청난 차이점이 존재한다. 물론 나는 경건의 시간을 가졌고, 주님을 예배했다. 그러나 그것은 아침에 어깨 너머로 잠깐씩 보이는 것들이었고, 나머지 하루는 지옥을 보면서 사람들을 구하는 일에 매달렸다.

이 말을 잘 새겨들으라. 많은 복음 전도자들이 보물 사냥이 아니라 구출 사명에 매달려 있다. '영광 플러스 사역 UnveilinGLORY'의 목적은 사람들이 그런 종류의 삶을 살지 않도록 막는 것이다. 왜 그런가? 하나님이 아니라 사람에게 초점을 맞춘 삶은 매우 위험하기 때문이다. 자칫하면 사람들을 지옥에서 구하는 구출 사명으로 바쁘게 살다가 다른 영역에서 하나님의 영광을 잊어버리며 살 수 있다. 그러나 우리는 이땅에서 보물을 발견하고 다른 이들을 그 보물 사냥에 끌어들이는 사람으로 살아야 한다. 보물을 발견한 사람은 자연스럽게 다른 사람들을 자기와 협력하도록 권유하게 된다. 구출 사명만을 가진 사람은 다른 사람을 구하려고 애쓰는 가운데 자신의 가족과 사역과 자신의 삶을 잃어버릴 수 있음을 염두에 두어야 한다.

그레그 리빙스턴 Greg Livingstone 은 선교 단체의 지도자 역할을 맡고서 현장에 있는 선교사를 찾아가 만나기로 결심했다. 그는 선교 현장에 도착해서 왜 모슬렘 사람들이 그리스도를 알기 위해 찾아오지 않는지 이해했다. 그는 모슬렘 사람들이 선교사를 향해 이렇게 말하고 있다고 생각했다. '이봐, 당신은 어깨 위에 무거운 죄책감을 지고 그것에 짓눌린 채 걸어가고 있어. 당신에게 인생은 끔찍한 것으로 보이지. 당신이 무엇을 갖고 있든, 난 그것을 원하지 않아.' 그는 몇 명의 선교사에게 고국으로 돌아갈 것을 권유했고, 그들은 만족을 얻었다.

모든 자유주의적 인본주의와 복음주의적 인본주의와는 반대로 강아지 성도는, 기독교의 최종 목적은 죽음 이전이나 이후에 관계없이 행복해지는 것이 아니라 하나님을 영화롭게 하는 것이라고 말한다. 행복은 그리스도인의 삶이 만들어내는 가장 중요한 산물이 아니다. 그것은 하나님을 기쁘시게 하는 가운데 얻는 부산물이다. 만일 당신이 하나님께 영광을 돌리는 가운데 행복이라는 선물을 받는다면 그것은 훌륭한 것이다. 그러나 행복은 우선적인 목표가 아니다. 그것은 부수적인 것이다.

우리는 이땅에서 그분의 영광을 수많은 방식으로 지적하고, 비추며, 드러내기 위해 존재한다. 하나님의 영광이 우리를 통해 빛나는 것을 보고 또한 그것이 삶의 가장 중요한 이유라는 것을 깨닫게 될 때 우리가 우리의 창조 목적을 충만히 성취하고 있다는 사실을 기쁨으로 발견할 수 있다. 우리의 목적은 하나님께 영광을 돌려드리는 것이지 그분에게서 그것을 빼앗는 것이 아니다. 그러나 고양이 신자는 하나님의 것을 도둑질하는 바로 그 일을 하는 극단적인 위험에 처해 있다.

새로운 방식

혼자서 그리고
힘을 합하여 영화롭게 함

군대에 가면 아주 재미있는 일이 일어난다. 군대는 사람을 완전히 변화시키는 곳이다. 군대에서는 머리를 빡빡 밀고, 새로 입을 옷을 주며, 육체적으로나 정서적으로 녹초가 되게 만들어 사람을 개조시킨다. 불과 몇 달 만에 군인은 새로운 사람이 된다.
　이 책에서 당신에게 전해주고자 애쓰는 것도 그와 비슷한 것이다. 지금까지는 당신이 전에 갖고 있던 생각을 떨쳐버리고 하나님과 그분의 영광에 초점을 맞출 수 있도록 계속해서 "당신이 중요한 것이 아니다. 당신이 중요한 것이 아니다. 당신이 중요한 것이 아니다"라고 강조해왔다. 그리고 이제 당신이 그 의미를 이해했다고 믿고 새로운 뭔가를 전달하고자 한다. 그것은 "당신은 중요한 존재다!"라는 말이다. '아니 뭐라고? 우리가 중요한 존재라고? 앞뒤가 맞지 않잖아?'
　다음 장에서 당신이 개인적으로 하나님께 영광을 돌릴 수 있는 가장 좋은 방법은 그분을, 오직 그분만을 기뻐하는 것임을 알게 되기를 바란다. 당신은 그렇게 그분을 기뻐하는 가운데 당신이 얻을 수 있는 가장 큰 기쁨을 얻게 될 것이다. 하나님의 영광을 위하여 열심히 살아가는 일과 당신의 가장 큰 행복을 추구하는 일은 서로 모순되는 것이 아니다.

당신이 16장을 통하여 인생을 전혀 새로운 방식으로 보는 법을 배우기를 원한다. 인생은 왕이신 그분께 드리는 하나의 커다란 예배다. 이 내용을 수많은 성도들에게 가르쳤는데, 그들로부터 자신의 삶이 변화되었다는 보고를 계속 받고 있다. 그리고 우리의 삶 역시 변화되고 있다. 당신이 이 책을 읽으면서 더욱더 강아지 성도를 닮아가기를 소망한다.

마지막 장에서는 당신이 개인적으로 하나님을 기뻐하는 일을 통하여 혼자서만 하나님께 영광을 돌리는 것이 아니라 여러 사람과 힘을 합하여 인류의 일원으로서 하나님께 더 큰 영광을 돌리는 삶으로 바뀌기를 바란다. 후자는 오직 한 가지 방식, 곧 모든 언어, 모든 부족 그리고 모든 나라 사람들을 구원하게 함으로써만 가능하다. 당신이 새로운 방식으로 하나님과 사랑에 빠지고 열방에 그분의 영광을 전하는 방법을 모색할 때 온 세상의 영광이 새로운 모습을 드러낼 것이다. 한마디로 말해서, 진정한 강아지 성도는 어느 한 나라 사람이 아니라 범세계적인 그리스도인(world christian)이라는 것을 발견하게 될 것이다.

15장 CAT & DOG THEOLOGY
당신이 가장 중요하다

그녀의 이름은 제니퍼 Jennifer 였다. 그녀는 젊고 안정적인 직장을 갖고 있었으며 또한 멋진 남자와 결혼을 했다. 그녀는 다른 모든 신부와 마찬가지로 많은 계획을 갖고 있었다. 하얀 나무 울타리로 둘러싸인 정원이 있는 집, 멋있는 자동차, 아름다운 가구 같은 것 말이다. 그것은 원대한 꿈이었다. 모든 것은 그녀가 원하는 대로 진행되고 있었다. 그러나 그 뒤 몇 년 사이에 제니퍼의 삶은 변하기 시작했다. 그녀와 그녀의 남편은 미처 깨닫지 못하는 사이에 서로에게서 멀어지기 시작했다. 그리고 그녀의 가장 큰 두려움이 현실로 나타났다. 또 다른 여인이 등장한 것이다. 그녀의 남편은 부정을 저질렀다. 제니퍼는 마음이 무너지는 것을 느꼈고 곧 이혼을 했다. 그녀의 꿈은 모두 산산이 부서지고 말았다.

제니퍼는 이 모든 일을 통해 하나님을 찾기 시작했다. 아니, 그래야만 했다. 그녀는 달리 갈 곳도 없었다. 그녀는 자신에게 아무것도 남은 것이 없다는 것을 깨달았고, 그 결과 하나님과의 관계를 위해 부르짖었다. 그리고 그 어느 때보다 하나님의 말씀을 갈망하기 시작했다. 제니퍼는 이 모든 시련을 거치는 동안 장성한 그리스도인이 되어갔다. 현재 그녀는 모슬렘 세계에 교회를 세우는 일에 힘쓰고 있는 선교 단체인 프론티어 Frontiers 의 일원으로 섬기는 가운데 풀타임으로 기독교 사역에 힘쓰고 있다.

래리 크랩 Larry Crabb 은 자신의 명저「좌절된 꿈 Shattered Dreams, 좋은씨앗」에서 "한마디로 말해 하나님은 우리의 꿈을 무너뜨리는 일을 열심히 하고 계신다"라고 말하고 있다.16 고양이 신자는 이 말을 이해하지 못한다. 왜냐하면 그들은 "하나님은 우리의 꿈을 깨뜨리지 않으세요. 그분은 우리를 사랑하시거든요!"라고 생각하기 때문이다. 그러나 강아지 성도는 그 말이 어떤 의미인지 이해한다. 그들은 하나님이 우리가 그분이 아닌 것에 대해 갖고 있는 모든 꿈을 깨뜨리기를 원하신다는 것을 잘 알고 있다. 하나님은 우리가 가장 좋은 것을 갖기를 원하시는데 그 가장 좋은 것은 바로 하나님 그분 자신이다. 그것이 아닌 모든 것은 두 번째로 좋은 것에 안주하는 것이며, 그리스도는 우리에게 두 번째로 좋은 것을 주시기 위해 죽으신 것이 아니다. 따라서 그분은 우리가 열등한 꿈을 포기하고 우리 기쁨의 유일한 근원이신 그분을 찾게 만들기 위해서는 어떤 일이라도 허락하시며 행하신다. 이것이 하나님이 제니퍼의 삶 가운데 허락하신 일들이다. 그녀의 원대한 꿈은 그분을 향한 끝없는 갈망으로 교체되었다.

이 책에서 당신에게 끊임없이 강조한 것은 "중요한 것은 당신이 아니다"라는 메세지였다. 그 말은 무슨 의미인가? 간단히 말해서, 하나님과 그분의 영광이 아닌 다른 무언가에서 삶의 의미와 목적을 찾아서는 안 된다는 것이다. 그리고 당신이 이 말을 이해했다면, 이제 다시 이런 말을 기억하기 바란다. "당신은 중요하다!" 당신은 하나님과 하나님 안에서만 가장 행복할 수 있다.

이 사실을 존 파이퍼John Piper 보다 더 잘 말한 사람은 없다. 그가 해낸 것만큼 이 개념을 잘 설명해주는 장을 저술하기란 무척 어려운 일이다. 더구나 그가 펴낸 「여호와를 기뻐하라Desering God, 생명의말씀사」는 책은 너무도 훌륭한 책이다.17 당신은 이 장에서 존 파이퍼가 사용한 성경 구절과 원리들을 많이 발견하게 될 것이다. 당신이 아직 그 책을 읽지 않았다면 당장 읽어보기 바란다. 하나님이 그 책을 통하여 당신의 삶을 변화시켜주실 것이다.

성경 어느 곳에서도 하나님은 당신이 행복해지는 것을 원하시지 않는다고 말하는 구절은 없다. 고양이 신자는 이것이 바로 이 책에서 말하고자 하는 것이라고 생각할 수도 있지만 그렇지 않다. 실제로 성경은 그리고 이 책은 그 반대로 말하고 있다. 예수님은 우리에게 풍성한 삶을 주시려고 오셨다 요 10:10 . 그러나 이 풍성한 삶은 어떤 물건 가운데서 발견되는 것이 아니다. 그것은 하나님 그분 안에서만 찾을 수 있는 것이다. 우리는 그분을 기뻐함으로써 이땅에서의 삶 가운데서 얻을 수 있는 가장 큰 행복과 즐거움을 경험하게 될 것이다. 그렇다. 성경은 자기를 버리라는 말을 하고 있지만 이것은 하나님 안에서만 기쁨을 발견하는 것과 다르다. 다음 성경 구절을 보라.

누구든지 제 목숨을 구원코자 하면 잃을 것이요 누구든지 나를 위하여

제 목숨을 잃으면 찾으리라(마 16:25).

또 내 이름을 위하여 집이나 형제나 자매나 부모나 자식이나 전토를 버린 자마다 여러 배를 받고 또 영생을 상속하리라(마 19:29).

또 무리에게 이르시되 아무든지 나를 따라오려거든 자기를 부인하고 날마다 제 십자가를 지고 나를 좇을 것이니라 누구든지 제 목숨을 구원코자 하면 잃을 것이요 누구든지 나를 위하여 제 목숨을 잃으면 구원하리라(눅 9:23-24).

만일 우리가 그리스도를 위하여 _{그분의 영광을 위하여} 목숨을 잃는다면 우리는 영생을 얻을 것이다. 누가복음 9장 24절에 사용된 헬라어 원어 낱말은 '구하다'로 번역되어 있다. 헬라어 사전을 찾아보면 그 단어는 '구하다, 즉 구출하다 혹은 지키다, 치료하다, 보존하다, ^(자기를)구하다, 잘 해내다, 온전하다^{만들다}'로 번역되어 있다.**18** 우리가 자신의 목숨을 구하면 그것을 온전하게 만들고, 그것을 보존하며, 그것을 보호하는 것이다. 그 의미는 마태복음 16장 25절과 잘 어울린다. 우리는 그것을 '찾을 것이다.' 영생은 찾아야 하는 것이다! 하나님은 이렇게 말씀하고 계신다. "나는 네가 다른 것들이 아니라 내 안에서 기쁨을 찾기를 진정으로 원한다."

🐾 터진 웅덩이

불행하게도 대부분의 고양이 신자는 그 반대로 행하고 있다. 그들은 하나님이 아닌 모든 것들 안에서 기쁨을 얻고 있으며 그것이야말로 풍성한 그리스도인의 삶이라고 주장하고 있다. 이것은 우리가 이 책의 처음 3분의 2에서 전달하려고 애쓴 내용이다. 하나님은 예레미야서 안에서 이 문제를 직접 말씀하고 계신다. 함께 찾아보자. 하나님은 이렇게 말씀하신다. "내 백성이 두 가지 악을 행하였나니 곧 생수의 근원 되는 나를 버린 것과 스스로 웅덩이를 판 것인데 그것은 물을 저축지 못할 터진 웅덩이니라" 렘 2:13.

여기서 하나님은 웅덩이라는 교구를 사용하고 계신다. 권위 있는 영어 사전 가운데 하나인 〈아메리칸 헤리티지 American Heritage Dictionary〉는 웅덩이 cistern를 '물이나 그 밖의 액체를 담아두는 장소, 특히 빗물을 받아 보관하는 용기'라고 정의하고 있다. 물은 언제나 필요한 것이기 때문에 그리고 구약 시대에는 대부분 부족했기 때문에 많은 사람들은 빗물을 모으기 위해 땅에 웅덩이를 팠다. 우기가 되면 그곳에 물이 가득 채워지고, 사람들은 그 물을 마시고 요리하는 데 사용했다. 요셉이 던져졌던 웅덩이는 마른 웅덩이가 분명하다 창 37:24. 물웅덩이와 샘은 다르다는 점을 주목하라. 샘은 물이 계속 흘러넘친다. 그 물길은 채워줄 필요가 없는 반면 물웅덩이는 끊임없이 물을 채워주어야 한다.

하나님은 자신의 선지자 예레미야를 통해 자기 백성에게 그들이 두 가지 죄를 범했다고 말씀하신다. 그 첫 번째는 생수의 근원이신 하나님을 저버린 것이다. 이것은 고양이 신자들이 오늘날에도 하는 일이다. 그것이 바로 고양이 신자의 믿음이며, 이 책이 쓰여진 이유이기도 하다. 그들은 그리스도에 대한 첫사랑을 버리고 자신이나 다른 이들을 보좌에 앉힌다. 두 번째 죄는 그들이 스스로 물웅덩이를, 물이 새는 웅덩이를 팠다는 것이다. 이 터진 웅덩이를 자세히 살펴보자.

고양이 신자는 어떤 종류의 웅덩이를 파는가? 이 질문에 대한 대답은 다른 질문을 해보는 것으로 답하겠다. 무엇이 고양이 신자를 기쁘게 하는가? 고양이 신자가 기쁨을 찾는 곳이 어디인지 발견한다면 그곳에서 물웅덩이를 찾게 될 것이다. 고양이 신자는 하나님 밖에서 자신들의 기쁨을 발견한다. 물론 그들도 교회에 다니고 경건의 시간을 갖지만 그들의 기쁨은 그곳에 있지 않다. 그들이 그런 신앙적인 활동을 하는 것은 그들에게는 기쁨이라기보다는 의무에 지나지 않는다. 고양이 신자의 기쁨은 다른 곳으로부터 온다. 그 기쁨의 근원은 어떤 곳인가?

남성들의 경우, 대부분 스포츠에서 많은 기쁨을 얻는다. 자기가 좋아하는 미식축구 팀을 보거나, 아니면 월드 시리즈를 보거나 혹은 골프나 낚시를 하든 그 종목과는 상관없이 대부분의 남자들은 주님보다는 운동 경기에서 더 많은 기쁨을 얻는다. 그러면 낚시를 하거나 운동 경기를 관람하면서 재미를 얻는 것이 잘못된 것인가? 그렇지는 않다. 그러나 하나님과 함께하는 시간보다는 다음번 낚시 여행이나 운동 경기를 더 기대한다면 그것은 어느 정도 선을 넘은 것이다. 하나님은 더 이상 당신의 첫 번째 사랑이 아니며, 그 자리는 스포츠가 차지하게 된다. 다른 남자들에게 그 자리는 자동차, 요트 혹은 집이 차지하고 있다. 그들은 더 많은 것을 가질수록 자신이 '진짜 사나이'라고 느끼며 스스로 더 만족한다.

여성들의 경우, 그 자리는 옷이나 인간관계가 차지할 수 있다. 그래서 자녀들이나 집의 모양새 같은 것들에서 기쁨을 발견하기도 한다. 젊은이들에게 그 자리는 스포츠, 영화, 인터넷, 메신저 혹은 이성이 될 수도 있다. 이 모든 것들은 그들에게 하나님 안에서 찾을 수 있는 것보다 더 많은 기쁨을 가져다줄 수 있다.

남자와 여자 모두 자신의 일이나 직업 가운데서 지나치게 많은 기쁨을 얻을 수도 있다. 많은 사람들이 자기 인생의 대부분을 자기 직업에 지나치게 쏟아붓는데 이는 그곳이야말로 그들의 모습이 가장 확실히 드러나는 곳이기 때문이다. 그들이 그런 자리를 원하는 것은 그 깊은 속에는 자기 중심적인 생각이 자리하고 있기 때문이다. 그들은 일주일에 60, 70 심지어 80시간을 직장에 투자한다. 그들에게는 그것이 바로 삶인 것이다.

그러나 하나님은 이 모든 행동들을 보시고 그런 것들을 우선적으로 찾는 이들은 자기 자신의 웅덩이를 파는 자들이라고 선포하신다. 그들은 기쁨을 찾으려는 마음에서 그 웅덩이를 파지만 그 웅덩이는 물이 샌다. 어떻게 새는가?

나^밥는 펜실베이니아 대학에 다니는 동안 공부는 뒷전으로 하고 대학생 선교회^{C.C.C.} 활동을 전공으로 삼았다. 아쉽게도 나는 그곳에서 별로 배운 것이 없었다. 그러나 많은 생명이 변화를 받았다. 내가 배운 몇 안 되는 것 가운데 하나는 'IFD병'이라는 것이다. 'I'는 이상화 idealization를 가리킨다. 그 증상 가운데 하나는 우리가 새 자동차, 새 오디오 혹은 새 집을 구입하면 얼마나 큰 기쁨을 가져다줄지 상상하는 것이다. 그리고 일단 그것을 얻게 되면 그것은 우리가 생각했던 그런 것이 아니다. 새 자동차는 처음 일주일은 근사하지만 그 뒤에는 매력을 잃고 만다. 새 오디오는 처음 한 달은 근사한 소리를 들려주지만 시간이 지나면서 처음 생각했던 것만큼 듣지 않게 된다. 새 집은 너무 멋지지만 몇 달이 지나면 여느 집과 다름이 없다. 그리고 그런 것들이 더 이상 만족을 주지 못한다는 것을 깨달은 다음에는 그 병의 'F' 단계, 곧 좌절 frustration 단계에 접어들게 된다. 순식간에 맨 처음 우리가 갖고 있던 구멍이 다시 그 자리에 나타나게 된다. 그리고 우리는 그 구멍을 메우기 위해 더 많은 장난감을 찾지만 그것 역시 새고 만다는 것을 깨닫게 된다. 그리고 결국에는 'D' 국면, 곧 도덕의 붕괴 demoralization 국면에 이르게 된다. 우리는 다시 한 번 텅 빈 상태에서 무엇이 영원하며 진정한 기쁨을 가져다줄 수 있는 것인지, 그런 것이 존재한다는 가정 하에서 고민하게 된다.

나제럴드의 어머니는 내게 한마디의 지혜와 그 지혜와 함께하는 웃음을 남겨주셨다. 어머니는 이렇게 말씀하셨다. "내가 무언가를 원할 때는 그 원하는 것을 갖고 싶어한다. 그러다 내가 원하던 것을 얻게 되면 그 얻은 것을 더 이상 원하지 않는다. 따라서 내가 처음에 갖고 싶어서 원하던 것은 진정으로 원하던 것이 아니다." 어머니는 그 말씀이 잠언에 나오는 "사람의 눈은 만족함이 없다"는 성경 구절의 일부를 약간 바꾼 것임을 전혀 알지 못하셨다. 하나님이 우리의 물웅덩이가 "물을 담아두지 못한다"고 말씀하신 것은 바로 이 말씀을 가리키는 것이다.

우리는 너무나 많은 것들을 추구하지만 일단 그것을 손에 넣으면 그것은 더 이상 우리를 만족시켜주지 못한다. 그것은 새어나간다. 그 결과 우리는 우리의 기쁨의 수준을 끌어올리기 위해서 더 큰 집, 더 빠른 자동차 혹은 더 근사한 오디오를 필요로 하게 된다. 우리는 그 새는 물웅덩이를 채우기 위해 끊임없이 노력한다. 우리는 주일 아침에 하나님의 말씀을 읽기 전 신문에 껴서 들어온 전단지부터 읽는다. 하나님과 만나는 일보다는 오늘의 할인 품목이 무엇인지에 더 관심을 기울인다. 그리고 그런 것들을 추구하느라 너무 바쁜 나머지 하나님을 위해서는 거의 시간을 내지 못한다.

하나님께는 겨우 자투리 시간만이 주어진다. 우리에게 자유 시간이 주어지면 그 가운데서 경건의 시간을 겨우 마련한다. 그렇지만 하나님과 만나는 일은 그래서 그분을 기뻐하는 법을 배우는 일은 언제나 뒷전으로 미루어진다 토요일에 골프를 치는 데는 6시간씩이나 할애하면서 하나님과 만날 시간을 내지 못하는 사람을 보면 놀랍기만 하다.

불행히도 좌절이 자리잡기 전에 고양이 신자들은 만족을 느낀다 그들은 자신이 그리스도인의 풍성한 삶을 누린다고 생각한다. 그리고 그 순간 고양이 신자의 삶은 멕시코 음식을 먹기 위해 식당에 들어간 것과 같은 모습을 보인다. 그게 어떤 것인가? 당신은 자리에 앉아 음식을 주문한다. 그러면 먼저 약간의 샐러드와 감자칩이 나온다. 그리고 당신은 감자칩과 샐러드를 자꾸 집어먹고, 정작 주문한 음식이 나오면 더 이상 배가 고프지 않게 된다.

이것이 고양이 신자들의 모습이다. 그들은 이렇게 소리친다. "경건의 시간을 2시간이나 갖는다고?" "너무 지나친 거 아냐? 하나님과 만나는 시간은 하루에 10분 정도면 충분하지 않아? 그리고 철야기도? 무슨 기도할 게 그리 많다고 밤을 새워가며 기도해야 하지? 그렇게 바라는 게 많다니 너무 이기적인 것 아냐?"

하나님은 우리의 삶이 그렇게 되기를 원하지 않으신다. 그래서 그분은 이렇게 말씀하신다. "자기 목숨을 얻는 자는 잃을 것이요 나를 위하여 자기 목숨을 잃는 자는 얻으리라" 마 10:39. 하나님은 이 세상의 것들은 우리를 진정으로 만족시켜줄 수 없다는 사실을 잘 알고 계신다. 그래서 그분은 우리 자신을 죽여야 한다고 말씀하시는 것이다. 그분은 우리가 하나씩 꿈을 좇아가다가 그 과정에서 좌절하고 도덕적으로 무너지는 것을 원하시지 않는다. 그것은 하나님이 우리에게 원하시는 풍성한 삶이 아니다.

🐾 생수가 흐르는 샘

터진 웅덩이와 반대로 하나님은 자신이 생수가 흐르는 샘과 같다고 말씀하신다. 샘이 갖고 있는 매력은 그것을 채워줄 필요가 없다는 것이다. 샘에서는 물을 먹기 원하는 이들을 위해 계속해서 물이 솟아난다. 하나님은 무한하신 분임을 기억하라. 그리고 하나님이 무한하신 분이라면, 우리가 알고 즐길 수 있는 것들이 그분에게는 무한하게 존재한다. 우리가 하나님과 함께 시간을 보내면서 "됐어. 그곳엔 가봤고, 저건 해봤어. 이건 다 낡은 거야"라고 말하는 순간이 결코 오지 않을 것이다.

예수님은 요한복음 4장에서 우물가의 여인에게 생수에 대해 말씀하셨다. 그 여인은 예수님께 그게 무엇이냐고 물었다. 예수님의 대답을 들어보자. "예수께서 대답하여 가라사대 이 물을 먹는 자마다 다시 목마르려니와 내가 주는 물을 먹는 자는 영원히 목마르지 아니하리니 나의 주는 물은 그 속에서 영생하도록 솟아나는 샘물이 되리라" 요 4:13-14.

하나님은 우리가 다시는 목마르지 않기를 원하신다. 그분은 우리가 그분 안에서 오직 그분만으로 만족하여서 행복을 찾기 위해 세상의 것들을 좇지 않기를 원하신다. 우리는 혼외정사를 추구하지 않을 것이다. 우리는 우리를 만족시켜주는 것들을 탐하지 않을 것이다. 우리는 하나님과 그분의 영광을 목도하는 것으로 만족함으로써 우리의 삶이 진정한 의미에서 풍성하게 될 것이다. 우리는 그분으로 만족하기 때문에 어느 곳에서나 그분과 그분의 영광을 드러내기를 원하게 될 것이다. 그리고 오직 그분만으로 만족하게 되면 그분의 귀함을 더욱 드러내고, 그분께 더 많은 영광을 돌리게 될 것이다. 존 파이퍼가 펼치는 사역인 '하나님을 바라는 사역 Desiring God Ministries'의 구호는 '하나님은 우리가 그분으로 인하여 가장 큰 만족을 얻을 때 가장 큰 영광을 받으신다'이다.

물론 고양이 신자도 하나님 안에서 만족을 얻기 원한다고 말할 수는 있지만 그들은 그것을 위해 인내하지 못한다. 고양이 신자는 언제나 신속한 해결을 원하며, 이 세상 것들은 그들에게 그 해결책을 제공할 수 있다. 다음 주말에 있을 축구 경기에서부터 시내 극장에서 상영 예정인 영화에 이르기까지 고양이 신자들이 원하는 그런 신속한 해결책들은 그들 주위에 널려 있다. 그러나 생수가 흘러나오는 샘을 찾는 일에는 시간이 걸린다. 하나님께는 신속한 해결책이란 없다.

잠언 2장 1-5절을 보자.

> 내 아들아
> 네가 만일 나의 말을 받으며 나의 계명을 네게 간직하며
> 네 귀를 지혜에 기울이며 네 마음을 명철에 두며
> 지식을 불러 구하며 명철을 얻으려고 소리를 높이며
> 은을 구하는 것같이 그것을 구하며 감추인 보배를 찾는 것같이 그것을
> 찾으면 여호와 경외하기를 깨달으며 하나님을 알게 되리니.

당신은 여기서 "만일 …한다면 …할 것이다"라는 구조를 발견했는가? '만일' 부분은 우리에게 도전한다. 만일 우리가 그분의 계명을 우리 안에

간직하면성경을 암송하고 묵상하면, 만일 지혜에 귀를 기울이고 명철을 마음에 적용하면성경의 가르침을 든든한 기반으로 삼아 굳건히 지키면, 만일 소리 높여 지식을 찾고 명철을 구하기 위해 외치면우리의 일정이 다른 것들을 중심으로 하지 않고 경건의 시간을 중심으로 전개되면, 만일 우리가 숨겨진 보물처럼 하나님의 말씀을 찾으면 하나님께 겨우 자투리 시간만 드리는 것과 어떻게 다른지 주목하라, 그때 비로소 우리는 하나님을 발견하게 될 것이다.

강아지 성도는, 생수가 솟는 샘을 찾는 것은 시간이 걸리는 일이며 즉각적인 결과가 나오지 않는다는 것을 이해하고 있다. 그들은 하나님을 찾는 일에 퀵서비스가 통용되지 않는다는 것을, 설사 오늘밤 당장 그곳에 가야만 할 때도 그 사실을 잘 알고 있다.

나 곧 내 영혼이 여호와를 기다리며
내가 그 말씀을 바라는도다
파수꾼이 아침을 기다림보다
내 영혼이 주를 더 기다리나니
참으로 파수꾼의 아침을 기다림보다 더하도다(시 130:5-6).

너는 여호와를 바랄지어다
강하고 담대하며
여호와를 바랄지어다(시 27:14).

내가 여호와를 기다리고 기다렸더니
귀를 기울이사 나의 부르짖음을 들으셨도다(시 40:1).

여호와여 주의 심판하시는 길에서 우리가 주를 기다렸사오며
주의 이름 곧 주의 기념 이름을 우리 영혼이 사모하나이다(사 26:8).

우리는 마치 해적들이 숨겨진 보물을 찾는 것처럼 하나님을 찾아야 한다. 그 일은 하루 만에 이루어지지 않는다. 때로는 그 일에 평생이 걸릴 수도 있다. 주님을 기다리는 것은 강아지 성도에게 익숙한 일이다 고양이 신자는 기다리는 것을 싫어한다. 강아지 성도가 UPS Unrelenting 흔들리지 않고, Patient 인내하며, Search 찾기를 예상하는 것은 바로 이런 이유에서다. 그들은 '진정한 기다림'은 자신의 영혼을 하나님께 드러내는 것임을 잘 안다. 그것은 그들이 그리고 하나님이 하나님을 찾기를 얼마나 사모하고 있는지를 보여준다. 진정한 기다림은 또한 당신에게 하나님이 어떤 가치를 지니고 있는지를 보여준다. 만일 당신이 무언가를 몇 년 동안에 걸쳐 찾고 있다면, 그것은 분명 당신에게 매우 귀한 것임에 틀림없다. 그러나 만일 불과 몇 분 만에 찾는 것을 포기한다면 그것은 큰 가치가 없는 것이다. 고양이 신자는 하나님을 기다리는 것을 원하지 않으며, 그것은 '하나님, 당신은 내가 기다릴 만큼 귀한 분이 아닙니다'라는 뜻을 드러내는 것이다. 이런 이유 때문에 성경은 우리에게 하나님을 기뻐하라고 명령하고 있다.

주 안에서 항상 기뻐하라
내가 다시 말하노니 기뻐하라(빌 4:4).

종말로 나의 형제들아 주 안에서 기뻐하라(빌 3:1).

무릇 주를 찾는 자는 다 주로 즐거워하고 기뻐하게 하시며(시 40:16).

내가 여호와께 청하였던 한 가지 일 곧 그것을 구하리니
곧 나로 내 생전에 여호와의 집에 거하여
여호와의 아름다움을 앙망하며
그 전에서 사모하게 하실 것이라(시 27:4).

    여기서 고양이 신자는 "그렇다면 당신은 정확히 어떻게 주님을 기뻐한다는 건가요?"라고 외친다. 존 파이퍼 John Piper 는 자신의 책 「금식기도: 하나님을 간절히 사모하는 영혼의 굶주림 A Hunger For God, 생명의말씀사」에서 이렇게 말하고 있다. "하나님보다 더 당신을 기쁘게 하는 것은 무엇이든 끊으라."[19] 어떤 사람들에게 이 말은 쇼핑을 끊으라는 말로 들릴 수 있다. 어떤 이들에게는 텔레비전을 끊으라는 말이 될 수도 있다. 다른 이들에게는 인터넷을 끊으라는 말이 될 수도 있다. 당신을 만족시켜서 하나님을 찾지 않게 만드는 모든 것을 끊으라. 우리는 그의 말에 전적으로 동의한다. 그러나 다음 장에서 고양이 신자의 물음에 더 자세한 대답을 들려주고 싶다.

16장 CAT & DOG THEOLOGY
예배는 생활이다

오렐 허샤이저 Orel Herschiser 는 LA 다저스 팀의 투수였다. 그는 1988년에 믿기 힘든 기록을 세웠다. 그는 여러 차례의 무실점 이닝은 물론이고 정규 시즌에 다섯 번의 완봉승을 거둔 뒤에 8월에도 또 한 차례 완봉승을 거두었다. 그는 59이닝 동안 상대방이 한 점도 내지 못하도록 꽁꽁 묶어두었던 것이다.

뉴욕 메츠를 상대로 벌어진 내셔널리그 플레이오프전에서 오렐은 계속해서 타자들을 압도하면서 24이닝 이상을 역투하고 마지막 경기에서 또 한 번의 완봉승을 거두었다. 또한 오클랜드 에이를 상대로 한 월드시리즈에서는 다섯 번째 경기에 등판하여 완전한 승리를 거두어 시리즈 우승이 다저스 쪽으로 기울게 만들었다. 시즌 말에 오렐은 사이영상을 수상했고, 내셔

내셔널리그 플레이오프와 월드시리즈에서 각각 두 개의 MVP를 수상했다.

플레이오프 경기가 진행되는 동안 한 TV 카메라가 덕 아웃에 있던 오렐을 화면에 잡았다. 아나운서는 그가 조용히 무슨 노래를 부르고 있다고는 말했지만, 그게 무슨 노래였는지는 알려주지 못했다. 아나운서는 오렐이 무슨 노래를 부르고 있는지 궁금해하면서 오렐이 세운 기록은 그에게 그런 노래를 부르게 만들기에 충분하다고 말했다.

며칠 뒤에 오렐이 인기 프로그램인 〈투나잇 쇼〉에 출연했을 때 사회자가 그에게 녹화 장면을 비디오로 보여주면서 그때 불렀던 노래를 불러줄 수 있느냐고 물었다. 청중들은 이 제안에 환호성을 질렀다. 그리고 전국 방송을 통해 오렐은 조용히 다음의 노래를 불렀다.

> 만복의 근원 하나님
> 온 백성 찬송 드리고
> 저 천사여 찬송하세
> 찬송 성부 성자 성령. 아멘.

오렐은 야구 경기가 진행되는 중간에 하나님께 찬양을 드리고 있었던 것이다.[20]

이 책 1장의 마지막 부분에서 요한계시록 4장 11절을 찾아보고, 그 구절을 이렇게 해석한 것을 기억할 것이다. "우리 주 하나님이여 영광과 존귀와 능력을 받으시는 것이 합당하오니 주께서 만물을 지으신지라 만물이 주의 뜻대로 있었고 또 당신의 기쁨을 위하여 지으심을 받았나이다 하더라."

하나님은 자신의 기쁨을 위하여 만물을 창조하셨다. 이 말은 모든 별들이 하나님의 기쁨을 위해 존재한다는 것을 의미한다. 이땅도 해와 달과 함께 하나님께 기쁨을 주기 위해 존재한다. 나무와 꽃 역시 하나님의 기쁨을 위해 존재한다. 새와 곤충들도 하나님의 기쁨을 위해 존재한다. 당신이 생각할 수 있는 모든 만물은 하나님의 기쁨을 위해 존재하는 것이다.

고양이 신자는 그 '만물'과 자신이 어떤 관련이 있는지 알고 싶어한다 왜냐하면 그들의 삶에서 가장 중요한 것은 자기 자신이니까. 그들은 항상 이런 질문을 제기한다. "내가 거기서 얻을 수 있는 것은 무엇일까?" 반면에 강아지 성도는 모든 것이 그분을 위하여 존재한다는 것을 알고 있기 때문에 그들과 다른 질문을 제기한다. 그래서 그들의 질문은 이런 것이다. "하나님은 무엇을 얻으시는가?" WDGG, What does God get? 이로 인해서 강아지 성도는 자신의 매일의 삶을 통하여 예배를 유지한다. 왜냐하면 그들이 하는 모든 일은 곧바로 하나님과 연결되어 있기 때문이다. 그것이 고양이 신자와 다른 점이다.

🐾 고양이 신자의 예배

물론 고양이 신자도 분명 예배를 드린다. 그것은 틀림 없는 사실이다. 그러나 그것은 그들의 삶 가운데 일부분에 지나지 않는다. 고양이 신자는 특정한 시간에만 예배한다. 그 시간들은 주일 아침 예배당에서, 개인적으로 갖는 경건의 시간에 혹은 찬양을 듣는 순간에 이루어진다. 그러면 그들은 하나님의 어떤 점을 예배하는 것일까? 그들의 예배는 주로 그분이 자신들을 위해 행하신 일에 감사드리는 것에 초점이 맞추어져 있다. 모든 것은 그들이 중심이라는 것을 기억하라. 이것은 마치 암과 같다. 그래서 그것에 걸리고서도 전혀 깨닫지 못한다. 그들이 가장 좋아하는 찬양에는 '나를', '나의' 그리고 '내가' 같은 말들이 잔뜩 들어 있다. 그리고 그들이 하나님이 자신들을 위해 행하신 일들에 대해 예배를 드리지 않을 때면, 모든 것은 그저 '일상적인 생활'로 돌아간다.

강아지 성도 역시 하나님을 예배한다. 그러나 그들이 주일 아침에 예배를 드릴 때나 개인적인 경건의 시간을 가질 때 그들은 하나님이 그들을 위해 무엇을 해주셨는지가 아니라 그분이 어떤 분이신지에 우선적으로 초점을 맞춘다. '주 하나님 지으신 모든 세계'나 '거룩 거룩 거룩'과 같은 노래가 그들에게 매우 친숙한 것은, 그 노래가 그들을 즐겁게 해주는 따라하기 쉬운 곡조로 되어 있기 때문이 아니라 하나님이 어떤 분이신지를 분명히 드러내고 그분을 올바로 높이고 있기 때문이다. 그리고 예배 시간이 끝난 다음에도 그들의 예배는 멈추지 않는다. 강아지 성도는 하나님의 영광에서 벗어난 '일상생활'이란 것을 알지 못한다. 강아지 성도에게 예배는 삶 그 자체다.

내법가 결혼을 했을 때 누군가가 일에만 너무 몰두하지 않도록 취미를 하나 가지라고 충고해주었다. 그 결과 나는 목공 일을 시작했다. 그리고 중고 도구들을 구입하고 작품을 만들기 시작했다. 내 첫 번째 작업은 신부를 위한 작은 정리함이었다. 우리 부부는 그 물건을 아직도 사용하고 있다. 그리고 나는 그 일에 점점 더 빠지게 되어 엄청난 과제에 착수하게 되었다. 나는 뚜껑이 달린 책상을 만들기로 마음먹었다. 여러 가지 이유에서 나는 설계도를 사용하지 않고 우리 집 주위에서 공사중인 아파트 공사장 소각장에서 모아온 자투리 목재만을 사용하려고 했다.

우리 집에 와서 그 책상을 보는 사람들마다 아내에게 한마디씩 했다.

"이야, 멋진 책상이네요. 어디서 나셨어요?" 아내는 사실대로 말했다. "남편이 손수 만들었어요." 나는 그 말을 듣는 순간 마치 신호라도 받은 것처럼 겸손히 그 자리로 걸어들어간다. 그리고 내가 자리에 도착하면 사람들은 말한다. "당신이 직접 만들었다고요?" 그 순간 사람들은 내 솜씨에 대해 칭찬을 아끼지 않는다. 그럴 때 문득 내게 이런 생각이 들었다. '그럼, 나는 하나님의 솜씨를 칭찬해야 하지 않을까?'

그런 생각이 든 이후로 나는 삶 자체가 예배가 될 수 있는 무수히 많은 방법들을 발견했다. 한번은 자동차를 몰고 딸 엘리스 Elise와 함께 605번 도로를 타고 샌디에이고로 가고 있었다 우리 아이들은 일 년에 한 번씩 나와 여행을 한다. 그러다 길가에 예쁜 꽃이 피어 있는 것을 발견했다. 그래서 우리는 차를 멈추고 나서 꽃을 한 송이 꺾었다.

다시 자동차를 타러 돌아오는 동안 우리는 꽃에 대해 하나씩 연구하기 시작했다. 내가 말했다. "딸아, 이것 좀 봐. 이 색깔 좀 보렴. 이 보라색과 초록색이 너무 아름답지 않니? 넌 이 두 가지 색을 이렇게 멋지게 한데 섞어놓으려고 생각해본 적이 있니? 이건 너도 알다시피 우연히 이렇게 된 게 아니야. 하나님이 만드신 거지. 하나님은 정말 훌륭한 화가셔. 그리고 이 파리들을 보렴. 얼마나 푸르니? 그리고 이 잎맥들 좀 봐. 줄기에 난 작은 솜털을 만져보고, 냄새도 맡아보렴. 너무 근사하지 않니?"

그날 어떤 일이 일어났을까? 605번 도로 옆에서 나와 내 딸은 하나님을 예배했다. 왜냐하면 그 순간 우리는 이런 질문을 하고 있었기 때문이다. "하나님은 이 꽃으로부터 무엇을 받으실까?"

그러나 내가 항상 그런 식으로 지냈던 것은 아니다. 내가 복음주의적 인본주의에 푹 빠졌을 때 어떤 사람이 장미꽃 한 송이를 내밀며 너무 예쁘지 않느냐고 말했던 일이 생생히 기억난다. 나는 그 장미를 받아들고 한 번 쳐다보고는 바닥에 던져버렸다. 왜 그랬을까? 그건 모슬렘 사람들을 그리스도께 인도하는 일에 아무 소용이 없었기 때문이었다. 나는 말 그대로 장미꽃 냄새를 맡을 시간조차 없었던 것이다.

그리고 수족관은 어떤가? 나는 수족관을 싫어했다. 수족관에 가면 물고기는 보는 둥 마는 둥 하면서 최대한 빠른 속도로 출구를 향해 달려가다시피 했다. 난 정말 수족관이 지겨웠다. 그렇지만 지금은 한 번 들어가면 밖으로 나올 줄을 모른다. 나는 수족관이 너무나 좋다. 나는 수족관에서 하나님의 멋진 솜씨를 보고 놀라움을 금치 못하기 때문에 그곳을 좋아한다. 나는 하나님이 황새치에서부터 개복치까지, 어떤 녀석은 못생긴 얼굴로, 어떤 녀석은 잘생긴 얼굴로 각양각색으로 서로 다른 물고기를 만드시려고 생각에 잠긴 모습을 상상해본다. 그리고 문어가 주변 환경에 맞추어 자기 색깔을 바꾸는 모습을 보며 그분의 독창성에 경탄을 금치 못한다.

나는 또한 물고기들에게 그토록 아름다운 색깔을 부여하신 그분의 솜씨를 사랑한다. 물고기들의 줄무늬와 그들에게 살짝 입혀주신 색깔을 기뻐한다. 그분은 누구도 따를 수 없는 화가시다. 나는 해마를 보면 웃음이 난다. 고래를 볼 때는 다리가 휘청거리며, 게를 보면 절로 미소짓게 된다. 그리고 아름답게 헤엄치는 해파리를 보라. 인간이 만든 어떤 예술도 그런 수준에 미치지 못한다. 그래서 수족관에 머무는 시간이 전에는 너무 느리게 지나갔지만 이제는 너무 빨리 흘러간다. 이제 수족관을 나오기 힘들 정도가 되었다. 바로 그분의 신묘막측함에 압도되기 때문이며, 우리 아버지 하나님이 창세기 1장 20-21절에서 가졌을 기쁨을 생각하지 않을 수 없게 된다.

나는 우리 아들이 미식축구의 일종인 플래그 풋볼flag-football을 연습하는 동안 노트북 컴퓨터를 사용해 글을 쓰면서 아름다운 노을을 바라보고 있다. 하나님이 부드럽게 채색하신 분홍빛과 잿빛으로 물든 하늘은 너무도 아름답다! 그분이 그려내고 계시는 구름의 모습 역시 너무도 창조적이다. 나는 노을을 만드신 그분께 감사하고 그분을 찬양한다. 나는 아들의 플래그 풋볼 연습장에서 작은 예배 시간을 갖고 있는 것이다. 우리는 우리 아이들에게도 "하나님이 하늘에 그리신 그림을 좀 봐!"라고 말하게 함으로써 그들 역시 그런 시간을 갖도록 꾸준히 가르치고 있다.

샤론과 나제럴드는 생활하면서 겪었던 일들을 서로 나누는 것을 즐겨 한다. 내가 자동차를 타고 가는 동안, 멋진 노을을 보게 되면 휴대폰을 들어 아내에게 전화를 걸어 노을을 보라고 말해준다. 우리가 하나님의 영광에 감명을 받은 이후로 우리의 대화는 과거와 전혀 달라졌다. 나는 전에는 이렇게 말하곤 했다. "저 멋진 노을 좀 봐요." 그러나 이제 아내는 이런 말을 듣는다. "저 아름다운 노을 좀 봐요. 역시 하나님의 솜씨는 대단해요!" 당신이 하나님의 솜씨가 드러난 작품들 가운데 그분과 그분의 영광에 더욱 초점을 맞출수록 우리의 삶은 더욱 활력이 넘치게 된다. 대화의 내용이 변하고 하나님의 솜씨에 대한 경탄이 늘어간다. 그러나 그런 것들은 단지 우리 눈에 보이는 것들뿐이다. 그것 외에 또 다른 차원이 있는 것이다.

우리 밥과 데비가 애리조나 주에 살고 있을 때 그 집은 차고 문이 잘 닫히지 않았다. 문을 닫으려면 아주 세게 밀어야 했고, 어린아이들이 네 명이나 있었기 때문에 그 문은 제대로 닫혀져 있던 때가 드물었다. 그래서 에어컨 바람이 새어나가곤 했다. 결국 나는 날을 잡아서 그 문을 수리했다. 크기가 맞는 나사를 골라 경첩에 대고 세 개까지는 안 되어도 최소한

두 개는 힘을 받기를 기대하면서 드릴로 박아넣었다. 그리고 마침내 아홉 개의 나사를 모두 박아넣은 뒤에 나는 숨을 크게 들이쉬고 문을 닫아보았다. 기쁘게도 머피의 법칙은 내게 너무나 잘 적용되어서 나는 첫 번째 시도에서 성공한 적이 거의 없었다 문은 조금도 걸리적거리는 것 없이 스르르 닫혔다. 이제 고쳐진 것이다.

이런 말을 하면 우습게 들린다는 것을 잘 알지만, 나는 그 뒤로 몇 번이나 밖에 나가서 문이 잘 닫히는지 여러 차례 열었다 닫았다 실험해보았다. 그리고 문이 제대로 작동되는 것을 보고 너무나 기뻤다. 그 순간 이런 생각이 떠올랐다. 만일 내가 무언가를 바로잡은 것으로 인해 이렇게 기쁘다면, 하나님 역시 어떤 것을 바로잡으실 때 크게 기뻐하시지 않겠는가. 그리고 만약 그분이 그것으로 인해 기쁨을 얻으신다면 나는 왜 아니겠는가?

하나님이 처음에 나제럴드의 초점을 그분의 영광을 향하도록 바꾸어주셨을 때 내 기도 생활도 전적으로 변화되었다. 아내는 내가 이 이야기를 하지 않았으면 하고 바라겠지만 내게는 중요한 이야기가 있다. 우리는 전에 펑키라는 이름의 강아지를 기른 적이 있다. 펑키를 데리고 산책을 나가서 볼일을 볼 수 있게 해주었을 때 녀석이 힘들어한다는 것을 알았다. 펑키는 다리를 쭈그리고 자세를 잡았지만 아무 일도 일어나지 않았다. 그래서 조금 더 걸었지만 역시 아무 소용이 없었다. 녀석은 다리를 쪼그린 채로 걸어보기도 했지만 아무 효과가 없었다. 그래서 나는 하나님께 우리 강아지를 고쳐달라고 기도했다.

나는 그동안의 내 기도 가운데서 하나님, 그분의 솜씨, 그분의 창조 혹은 그분의 영광을 인정하지 못했음을 깨닫고 깜짝 놀랐다. 나는 다시, 그렇지만 이번에는 다르게 기도해야 한다는 것을 알았다. 그래서 이렇게 기도했다. "주님, 감사하게도 우리에게 이 강아지를 주시고 우리에게 큰 기쁨이 되게 해주셨습니다. 그렇지만 주님, 지금 펑키가 어려움을 겪고 있습니다. 당신이 그 작은 기관들과 조직들을 통하여 당신의 영광을 드러내도록 그렇게 멋지게 창조하신 이 작은 녀석이 지금 그 영광을 올바로 드러내지 못하고 있습니다. 주님께 간구하오니 당신이 계획하셨던 대로 모든 조직과 기관들이 올바로 기능을 발휘하게 해주시기를 바랍니다. 당신이 만드신 것들을 드러내시고, 그것이 올바로 기능하게 하옵소서!"

놀랍게도 그 즉시 펑키는 다리를 쪼그리더니 변을 보았다. 물론 이 이야기가 조금은 지저분하고 또한 어느 강단에서나 전할 수 있는 이야기가 아닌 것은 분명하다. 그러나 이 이야기는 하나님의 영광이 우리의 삶 가운데서 얼마나 생생하게 보여질 수 있는가를 잘 드러내고 있다.

🐾 하나님이 기뻐하시는 것을 기뻐하라

우리데비와 밥는 한 쌍의 부부가 서로 손을 잡고 자녀들과 함께 산책하는 것을 보면 하나님이 하늘 위에서 미소를 짓고 계실 것임을 잘 알고 있다. 왜냐하면 그 가족은 하나님이 계획하셨던 가족의 역할을 잘 수행하고 있기 때문이다. 그리고 하나님이 미소를 짓고 계시다면 우리 역시 미소를 지을 수 있을 것이다. 어머니나 아버지가 아이에게 입맞춤과 포옹으로 사랑을 전하는 모습을 볼 때면 우리는 기쁨을 느낀다. 왜냐하면 하나님도 기뻐하실 것을 알기 때문이다. 그리고 이 사실은 우리의 삶을 변화시켰다.

우리는 우리 아이들을 두 팔로 안고 있으면서도 다음 번 모임, 내일 일정 혹은 잃어버린 모슬렘 사람들에 대해 생각하곤 했고, 그 아이들을 진정으로 기뻐한 적이 없었다. 그렇지만 이제 우리는 아이들을 안을 때마다 하나님께 아버지와 아들 혹은 어머니와 딸로서의 관계를 갖게 하신 것에 대한 감사 예배를 드린다. 우리는 하나님이 우리로 하여금 그 아이들을 사랑하고 하나님의 길로 훈련시키도록 우리에게 맡겨주셨다는 생각을 할 때마다 깜짝 놀라곤 한다. 우리는 그 아이들과 함께 시간을 보낼 때 비록 그 시간이 충분하지는 못더라도, 그 아이들이 축구 연습을 하거나 발레 혹은 탭댄스를 추는 것을 지켜볼 때 그리고 그들이 성장하고 발전하는 것을 바라볼 때 기뻐한다. 그리고 우리는 하나님이 왜 우리에게 손자, 손녀들을 허락하시는지를 잘 알고 있다. 그들은 우리에게 주신 두 번째 기회다.

남편이 15년 동안 한결같이 아내와 데이트할 때 하나님은 미소지으신다. 우리도 그렇다. 한 젊은 청년이 아가씨와 데이트하면서 그녀를 거룩함과 존경으로 대할 때 하나님은 미소지으신다. 우리도 마찬가지다. 계절이 시계처럼 정확하게 변할 때 하나님은 미소지으신다. 우리도 그것을 즐길 수 있다. 두 사람이 화해하고 서로를 용서할 때 하나님은 미소를 지으신다. 그리고 우리가 그것을 배운다면 우리도 그 기쁨을 함께 나눌 수 있다. 무엇이든 올바로 작동하는 것, 하나님이 계획하신 길을 따라 운행하는 것은 하나님께 기쁨을 선사한다. 만물은 그분의 영광을 위하여 지음받았다 계 4:11. 만일 하나님이 무언가를 보시고 미소지으시는 것을 알게 된다면, 당신도 그분과 함께 미소지으라. 중요한 것은 당신이 아니라 그분이시다. 강아지 성도는 하나님이 갖고 계신 기쁨을 함께 기뻐한다.

여기서 더 많은 예화가 필요한가? 음악을 듣는 일 역시 하나의 뜻 깊은 예배가 될 수 있다. 이것은 비록 보탬이 되기는 하지만 곡조나 박자 때문이 아니다. 금속으로 만든 줄을 나무통에 팽팽하게 고정시킨 다음 말갈기로 문지르면 공기 분자가 진동을 일으켜 소리가 생기고, 그 소리가 다시 나무통에 전달되어 마침내 내 귀까지 들어와 고막을 울려 내 뇌에 신호를 보내면 그것을 음악이라고 해석하게 되는 그 과정을 생각해보라. 이것이야말로 기적이 아닌가! 참으로 놀라우신 하나님이 아닌가! 음악은 하나의 음조로만 이루어진 것이 아니다. 나는 수천 가지의 서로 다른 소리를 들을 수 있다. 어떤 소리는 근사하게 어우러지고, 어떤 것들은 서로 대조를 이룬다. 그리고 나는 어떤 소리가 근사하게 들리고, 어떤 소리가 그렇지 않은지를 저절로 안다. 정말 놀랍지 않은가? 나는 하나님이 소리를 만드신 사실에 놀라움을 금치 못한다.

　이번에는 눈으로 보는 것에 대해 생각해보자. 물론 중학생만 되어도 망막 안에 있는 간상체와 추상체에 대해 가르쳐줄 수 있을 것이다. 그러나 한층 더 깊이 생각해보면, 그 간상체와 추상체로부터 전달된 신호가 뇌에 들어가 영사기 같은 역할을 하면, 뇌 안에 누군가가 있어서 그 영상을 바라보게 되는 것이 아닐까 하는 생각이 들기도 한다. 그러나 그것이 아니다. 뇌 속의 회백질이란 부분이 눈으로 지각된 대상물을 하나의 의미 있는 영상으로 결정짓는 것이다. 정말 믿기지 않는 일이 아닌가. 강아지 성도는 단지 볼 수 있다는 사실만으로도 하나님을 예배하기에 충분하다는 깨달음을 얻는다. 우리 하나님은 얼마나 놀라우신 분인가.

　가을은 너무나 근사한 계절이다. 주님이 한때는 생명을 담아 파랗게 빛나던 나뭇잎들에 색깔을 칠하시는 것들을 바라보라. 나는 하나님이 초록색 나무를 택해서 그 이파리 부분만을 주황색이나 노란색으로 색칠하시는 것이 너무나 좋다. 가을이 되면 나는 길에 나가서 나무를 하나씩 바라보며 이렇게 선포한다. "주님, 당신은 너무나 상상력이 풍부하십니다!" 그리고 내 얼굴에는 커다란 미소가 감돈다.

다음에 혹시 지루해지거든 집 주위를 걸으며 자연을 둘러보라. 숲을 보라. 혹시 다른 것들은 모두 죽었는데 혼자서만 팔팔하게 살아 있는 부분이 있는가? 그것을 연구하라. 그것에 대해 생각하라. 그것으로부터 배우라. 하나님은 그것이 그렇게 되도록 설계하셨다. 그 모습이 당신에게 무엇을 말해주는가? 나는 직접 그렇게 해본 다음, 하나님은 생명과 죽음을 모두 기뻐하신다는 것을 발견했다. 하나님께는 삶과 죽음이 모두 동일한 것이다.

게리 테일러Gary Taylor는 모슬렘 세계 전체에 교회를 세우는 선교 기관인 프론티어를 시작하는 데 도움을 주었다. 시간이 지나면서 주님은 우리를 서로 다른 방향으로 부르셨지만, 나는 항상 그와 연락을 유지했다. 한번은 우리 두 사람이 같이 그레그 리빙스턴과 샐리 리빙스턴Salley Livingstone 부부를 기리는 프론티어 국제 평의회에 참석했을 때 게리와 그의 아내 캐롤린Carolyn은 암과 싸우고 있던 자기 아들에 관한 이야기를 들려주었다. 그중에서 내가 결코 잊지 못할 이야기는 병원 침상에 누워 암과 싸우는 가운데 죽음과 가까이 있으면서 갓 태어난 조카를 안고 있는 자기 아들 데릭의 모습을 캐롤린이 그린 초상화였다. 생명과 죽음, 그것은 하나님이 한자리에 두기를 두려워하지 않으시는 것이다. 나는 숲과 나무에서 그것을 보았고, 그 순간 내 친구의 아들의 모습에서 그것을 귀로 들었다. 그 모습은 바로 주님의 영광이었다.

만일 당신이 자연 속을 걷는 일에 쉽게 싫증이 나면 부엌에 들어가 오렌지, 포도, 수박 혹은 컵케이크를 골라 그 맛을 보라. 하나님은 당신의 혀에 맛을 느끼는 미뢰를 만드실 의무가 있었던 것이 아니라는 사실을 깨달아본 적이 있는가? 그러나 그분은 그것을 만드심으로써 당신이 그분의 영광을 맛볼 수 있게 하셨다. 당신도 알다시피 하나님은 모든 것을 똑같은 맛, 예를 들어 닭고기 맛이 나게 하실 수도 있다. 하나님은 모든 것이 물처럼 밋밋하고 아무 맛도 나지 않게 하실 수도 있다. 그러나 그분은 그렇게 하지 않으셨다. 그분은 당신이 초콜릿이 입혀진 딸기, 바비큐, 복숭아 음료, 버터로 구운 피칸 등을 맛보기를 원하셨다. 그 맛들은 하나같이 하나님의 솜씨를 경탄하게 만들기에 충분하다. 어쩌면 당신은 하나님이 단순히 일용할 양식을 주신 것에만 감사할 것이 아니라 맛있게 음식을 먹다 중단하고 맛을 느끼게 하신 하나님이 얼마나 대단하신지를 아뢰어야 한다.

하나님의 영광은 우리 주위에 얼마든지 있다. 그 영광은 여러 가지 방식으로 나타날 수 있다. 그것을 찾는 일을 멈추지 말라. 그것을 갈망하기를 멈추지 말라. 그 영광에 무릎 꿇는 일을 멈추지 말라. 하나님이 마땅히 받으셔야 할 영광을 그분께 돌려드리라. 인생은 그 자체로 하나의 커다란 예배여야 한다. 그리고 당신이 강아지 성도인가 아니면 고양이 신자인가에 따라 모든 것이 다른 의미를 갖게 될 것이다.

우리의 삶이 하나의 커다란 예배라면 강아지 성도가 실제로 행하는 일들은 무엇인가? 그 답은 당신에게 충격으로 와닿을 수 있다. 그것은 그리 많지 않다는 것이다. 그러나 그들은 무엇을 하든 전혀 새로운 마음으로 그것을 한다. 그들은 접시를 닦을 때도 이런 생각을 한다. "이 일은 하나님을 기쁘시게 하는 일이야." 그들은 일을 하면서도 이렇게 생각한다. "이것은 하나님이 이 가정을 돌보라고 내게 맡기신 임무야." 그들은 기저귀를 갈아 주면서도 이렇게 생각한다. "나는 하나님이 내게 맡겨주신 한 생명을 돌보고 있어. 그리고 이건 분명 하나님을 기쁘시게 하는 일이야." 그들은 자동차를 운전하며 일터로 가면서 이런 질문을 한다. "어떻게 하면 운전을 하면서 하나님의 영광을 드러내고, 주위에 보이는 것들 가운데서 하나님의 영광을 찾아낼 수 있을까?" 그들은 공항에서 아버지의 손을 꼭 잡고 있는 아이를 보고 속으로 이렇게 외친다. "그래, 저게 바로 하나님이 계획하신 방식이야!" 그들은 가족을 위해 근사한 저녁식사를 차리면서 이렇게 말한다. "이 일은 하나님이 내게 맡기신 임무야. 그리고 이 일은 그분의 영광을 드러내는 일이지. 난 이 일이 너무 기쁘고 평안해."

강아지 성도도 고양이 신자가 하는 모든 것들을 한다. 그들의 삶은 한 가지를 제외하고 모든 면에서 똑같다. 그 다른 점은 그들의 마음 자세다. 그들은 모든 일을 하나님을 향한 예배이자 그분의 얼굴에 미소를 짓게 만드는 일이라 생각하고 행한다. 이것은 그들이 모든 것을 하나님의 영광을 기준으로 판단하기 때문이다 용어 해설을 참고하라.

인생은 우리가 살아가면서 하나님의 영광을 드러낼 하나의 커다란 예배가 되도록 계획되었다. 그러나 고양이 신자의 신앙을 갖고 있을 때는 자신을 섬기기에 너무 바쁜 나머지 그 삶을 통해 더 이상 주님을 섬길 수 없게 된다. 우리는 강아지 성도의 신앙에 깊이 빠져들어 주님이 우리에게 무엇을 주실 수 있느냐가 아니라 그분의 성품 그 자체를 예배해야 한다. 토미 테니Tommy Tenney는 고양이 신자가 어디에 초점을 맞추고 있는지 솜씨 좋게 설명하면서 우리가 하나님의 손을 보고 있는지 그분이 우리에게 무엇을 주실지 기대하면서 아니면 하나님의 얼굴을 보고 있는지 그분의 임하심 자체를 기뻐하면서 물어본다.

우리는 당신의 삶이 이 책의 내용을 통해 근본적으로 변화되기를 바라고 또한 기도한다. 그리고 어쩌면 처음으로 다른 이들에게 전할 기쁜 소식을 얻게 될 것이다. "오, 아버지 하나님! 그런 일이 반드시 일어나게 하옵소서. 아멘."

17장 CAT & DOG THEOLOGY
하나님의 영광을 위하여

내제럴드가 네덜란드에서 사역할 때 우리 교회 성도 가운데 제2차 세계대전 동안 유대인들을 숨겨주었다는 이유로 독일군에 의해 감옥에 갇혔던 네덜란드 여성인 코리 텐 붐 Corrie ten Boom 을 열심히 알리고 다니던 분들이 몇 분 계셨다. 그분들은 요즘도 많은 방문객들에게 그녀가 구사일생으로 살아남은 이야기와 그녀의 소망과 믿음에 대해 들려주며 코리의 생가를 안내하는 일을 자원봉사하고 있다. 그녀에 대한 이야기는 영화와 「주는 나의 피난처 The Hiding Place, 생명의말씀사」란 책으로 계속 전해져오고 있으며, 코리 자신도 혼자서는 물론이고 빌리 그레이엄 Billy Graham 목사님의 초청 연사로 세계를 돌면서 간증을 통해 직접 전했다.[21]

그 이야기는 믿음 좋은 코리의 가정에서 유대인들을 숨겨주고 있다는 사실을 어떤 사람이 나치에 고발하는 것으로 시작한다. 그들은 발각되었고, 코리와 그녀의 가족들은 포로 수용소로 끌려갔다. 코리는 가족들을 모두 잃었지만 자기의 믿음은 잃지 않았다. 그녀는 끝까지 살아남았고, 자신을 살아남게 해주셨을 뿐 아니라 자신을 핍박하고 고문한 이들을 용서할 수 있는 힘을 주신 하나님을 다른 사람들에게 전했다.

전쟁이 끝나고 한참 뒤에 예수전도단YWAM의 플로이드 맥클렁Floyd McClung이 코리 텐 붐을 찾아왔다 당시 그녀의 나이 70세였다. 그는 그녀가 얼마 전에 새로운 여행용 가방을 구입했다는 것을 알게 되었다. 플로이드는 코리와 같은 연로한 여성이 새 여행용 가방을 구입한 것에 깜짝 놀라 왜 그것을 사게 되었는지 물어보았다. 코리는 그에게 한 천사가 환상 중에 자기를 찾아왔다고 말했다. 천사가 왜 찾아왔느냐고 묻자 그녀는 하나님이 천사를 보내 자기가 앞으로 10년을 더 살 것을 알려주셨다고 대답했다. 그래서 코리는 밖에 나가 새 여행용 가방을 사서 기쁨을 나누었다.

그리고 5년이 지났을 때 코리의 건강이 악화되어 심한 통증과 함께 거의 움직일 수 없는 지경에 이르렀다. 병원에서 끔찍한 고통을 겪고 있을 때 플로이드가 다시 방문했다. 그는 코리와의 대화 가운데 천사가 두 번째로 그녀를 방문했다는 말을 들었다. 이번 천사는 그녀에게 지금 겪고 있는 고통과 아픔은 결국 죽음으로 이어질 것이며, 더 이상 좋아지지 않을 것이라고 알려주었다. 코리는 자기가 앞으로 5년을 더 살아야 한다고 말하며 항의했다. 천사는 하늘 아버지께서도 그 사실을 알고 있지만 천사를 보내 그녀를 일찍 데려가시려 한 것이라는 말로 대답했다. 그 말로 인해 코리는 까다로운 선택에 직면하게 되었다. 주님께 바로 갈 것인지, 아니면 앞으로 5년 동안 엄청난 고통과 아픔을 겪어야 할지를 말이다.

당신은 뭐라고 대답했겠는가? 아마 우리도 마찬가지일 것이다. 우리는 고통을 피하기를, 어려움을 모면하기를 그리고 아픔을 제거하기를 선택할 것이다. 누군들 다르게 선택할 이유가 어디 있겠는가? 우리는 이런 때 그 사람이 어떤 사람인지를 알 수 있게 된다. 그리고 우리는 코리 텐 붐을 남들과 다르게 만든 점이 무엇인지를 배우게 된다.

코리는 천사에게 이런 질문으로 대답했다. "어떻게 하는 것이 내 아버지 하나님께 가장 큰 영광을 돌리는 걸까요? 지금 당장 그분께 가는 것인가요? 아니면 앞으로 5년 더 고통을 당하는 것인가요?" 천사가 대답했다. "이땅에 머물면서 5년 더 고통을 당하는 것입니다." 그 말에 코리는 이렇게 대답했다. "그렇다면 그게 저의 선택이에요."

어떻게 그녀는 그런 선택을 할 수 있었을까? 무엇이 그녀로 하여금 그런 선택을 하게 만들었을까? 간단히 말해서 바로 이것이다. 코리는 자신의 편안함이나 안락을 위해 살지 않고 아버지 하나님의 영광을 위해 살았던 것이다.

그 5년 동안 어떤 일들이 일어났을까? 코리 텐 붐은 그 이전부터 전 세계 수백만 명의 그리스도인들에게 그 이름이 잘 알려졌지만, 하나님은 그 5년 동안 더 많은 사람들의 마음과 생각에 신실하게 사는 것이 어떤 것인지에 대한 모습을 그림으로 분명하게 새겨주셨다. 코리는 우리의 인생은 우리 자신을 위해서가 아니라 아버지 하나님의 영광을 위해서 살아야 하는 것임을 보여주었다. 비록 그것이 고통과 아픔을 겪어야 함을 의미할지라도 말이다.

이 이야기는 우리에게 다음과 같은 매우 간단한 질문을 제기하게 만든다. 우리는 하나님께 얼마나 큰 영광을 돌려드리기 원하는가? 우리는 그분께 약간의 영광을 돌리기 원하는가, 많은 영광을 돌리기 원하는가, 아니면 최대의 영광을 돌리기 원하는가? 당신이 여기까지 읽어온 이상 하나님 아버지께 최대한의 영광을 돌리기를 원하며 그분을 위해 헌신하기를 바란다. 그러면 어떻게 하면 그렇게 할 수 있을까? 그 답은 우리가 세계 복음화를 추구하면서 "사람들이 그것을 통해 무엇을 얻을까?" 대신에 "하나님이 그것을 통해 무엇을 얻으실까?"라고 물어볼 때 찾을 수 있다.

범세계적 영광

하나님이 세계 복음화를 통해 무엇을 얻으실지 이해하기 위해서 다른 질문을 살펴보아야 하는데, 그것은 우리와 문화가 다른 사람들과 함께 하나님을 예배할 때 하나님을 바라보는 우리의 시각에 어떤 일이 일어날까 하는 질문이다. 당신은 다른 문화권에서 온 사람과 함께 하나님께 예배를 드려본 일이 있는가? 우리가 진행하는 세미나에서 그런 경험을 해본 사람들이 얼마나 많이 있는지 손을 들어보라고 한 적이 있다. 그러면 보통 손을 든 사람의 수는 매우 적었다. 그러면 우리는 손을 든 사람에게 이렇게 물어본다. "그 경험을 통해 하나님을 바라보는 여러분의 시선에 어떤 변화가 있었습니까?"

그러면 거의 대부분 이런 종류의 똑같은 대답이 나왔다. "하나님을 바라보는 시각이 더 커졌습니다." 그들은 여러 가지 방식으로 다른 문화권 사람들과 함께 하나님께 예배드릴 때 하나님이 더 큰 영광을 받으신다는 내용의 대답을 했다. 그 대답들 안에는 하나의 원리가 숨어 있는데, 그것은 하나님은 서로 다른 것들을 하나로 통일하실 때 더 큰 영광을 받으신다는 것이다.

이를 바꾸어 말하면, 서로 다른 두 개의 것을 예수 그리스도의 이름으로 하나로 만들 때 하나님이 더 큰 영광을 받으신다는 것이다. 이혼을 눈앞에 둔 부부에게 찾아가 성경을 통하여 그들의 결혼 생활을 치유하거나, 팔레스타인 사람과 이스라엘 사람에게 수세기 동안 이어져온 깊은 적개심을 뒤로하고 하나님을 높이는 관계를 만들어갈 때 하나님은 더 큰 영광을 받으신다.

위의 네 사람들에다가 예수님의 이름 안에서 자신의 분노와 적개심을 제쳐둔 쿠웨이트와 이라크 사람들을 포함시키면 하나님은 더 큰 영광을 받으실 것이다. 분쟁을 벌이고 있는 인도네시아의 아체족 그리고 우즈베키스탄의 카라칼팍족을 하나로 잇는다면 하나님은 더 큰 영광을 얻으실 것이다. 왜냐하면 더 많은 다양함이 하나로 통일될 때 하나님께 더 많은 영광이 돌려지기 때문이다.

이런 이유에서 하나님은 일찍부터 하나님의 말씀 가운데 모든 족속과 방언과 백성과 나라에서 온 사람들을 원하신다고 분명히 말씀하셨다.계 5:9. 알다시피 하나님은 그런 일을 반드시 해야 하는 의무가 있는 것이 아니다. 그분은 이렇게 말씀하실 수도 있다. "나는 네가 세상의 10퍼센트의 사람들에게 복음을 전하기를 원한다." 그것은 현재 우리가 하고 있는 대략적인 수치다. 아니면 "세상 사람 가운데 70퍼센트를 제자로 삼아라." 하나님은 이런 식으로 일정한 비율을 정해주실 수도 있었지만 그렇게 하지 않으셨다. 그분은 매우 구체적으로 모든 방언, 모든 족속, 모든 백성, 모든 나라라고 말씀하셨다. 왜 그러셨을까?

그 답은 간단하다. 하나님은 질투하시는 하나님이시라는 사실과 관련이 있다. 알다시피 만일 하나님이 유대인들에게만 복음을 전하게 하셨다면, 그분이 영광은 받으시지만 최대한의 영광은 받지 못하실 것이다. 만일 하나님이 유대인과 몇몇 이방인들에게 전파되셨다면 더 많은 영광을 받으셨겠지만 최대한의 영광은 받지 못하실 것이다. 당신과 내가 모든 방언, 모든 족속, 모든 나라에서 온 사람들과 함께할 때에 곧 서로 다른 모든 이들이 하나가 된다는 의미 우리 아버지 하나님은 인류에게서 얻을 수 있는 가장 큰 영광을 받으실 것이다. 세계 복음화를 위한 진정한 원동력은 우리 아버지가 받으실 수 있는 가장 큰 영광을 돌리는 것이다.

그리고 이 주장의 근원은 온 인류에게 주신 최초의 명령 가운데서 찾아볼 수 있다. 하나님은 창세기 1장 28절에서 이렇게 말씀한다. "하나님이 그들에게 복을 주시며 그들에게 이르시되 생육하고 번성하여 땅에 충만하라, 땅을 정복하라, 바다의 고기와 공중의 새와 땅에 움직이는 모든 생물을 다스리라 하시니라." '땅에 충만하라' 는 구절이 보이는가? 당신은 수세기에 걸쳐 하나님은 조금도 서두르지 않으신다 인간이 '땅에 충만했을 때' 어떤 일이 일어났는지 알고 있는가? 사람의 언어가 나눠지기 시작했고, 시간이 지나면서 작은 억양의 변화에서 전혀 다른 언어로 바뀌어가면서 다양성을 만들어내게 되었다.

우리는 이것이 인류에게 주신 첫 번째 명령의 핵심이라고 믿는다. 하나님은 다양함을 만드시고 그래서 나중에 그것을 조화롭게 하나로 만들어 자신에게 가장 큰 영광을 돌릴 수 있게 의도하셨다. 이런 이유에서 진정한 강아지 성도는 '범세계적 그리스도인', 곧 자기 아버지 하나님께 가장 큰 영광을 돌리기 위해 모든 민족과 종족들을 찾아가기를 모색하는 신자들이다. 그리고 이 사실은 모든 것에 대한 그들의 동기를 변경시킨다.

선교는 더 이상 의무가 아니다. 그래서 "이런, 누군가 가야 하는데 아무도 지원하지 않으니 나라도 가야겠군" 하고 말하는 것이 아니다. 선교는 더 이상 사람들을 천국에 보내는 것만을 목적으로 삼지 않는다. 이제 선교에는 더 높고 커다란 동기가 존재한다. "내가 열방에 가려고 하는 것은 하나님 아버지께서 세상 모든 족속들로부터 가장 큰 영광을 받으시는 것을 보고자 하기 때문이다." 이런 말은 우리에게 선교를 하는 신선하고 새로운 동기를 제공해준다. 물론 세상에는 하나님을 멀리 떠나 지옥에 가는 사람들이 있다. 그러나 우리가 그들 모두에게 복음을 전할 때 하나님의 가장 큰 영광이 드러날 것이다. 그러므로 우리 아버지 하나님의 가장 큰 영광을 나타내기 위하여 세상에 복음을 전해야 한다.

선교는 더 이상 선교 위원회에서 자신이 찾아가고자 하는 이들이 어떤 사람들인지 혹은 그들이 복음을 접했는지 접하지 않았는지에 대한 아무런 지식도 없이 사람들을 보내는 애매한 어떤 일이 아니다. "그럼 당신은 인도로 가실 거죠? 좋습니다. 우리는 한 달에 50달러씩 후원해드리겠습니다." 이제 선교는 위원회에서 "당신은 어느 종족을 찾아갈 예정입니까? 그들은 복음을 접해본 사람들인가요? 아니면 미전도 종족인가요?"와 같은 중요한 질문을 하는 매우 구체적인 일이 된다. 그들은 우리가 미전도 종족을 우선으로 삼음으로써 우리 하나님 아버지께 가장 큰 영광을 돌리려는 목표를 향하여 더 빨리 나아갈 수 있다는 것을 잘 안다.

이러한 생각은 존 파이퍼가 「열방을 향해 가라Let the Nations Be Glad, 좋은 씨앗」는 책의 처음 단락에서 말한 다음과 같은 내용을 보충해주고 있다.

선교는 교회의 궁극적인 목표가 아니다. 그것은 예배다. 선교는 예배가 존재하지 않기 때문에 존재한다. 예배가 궁극적인 것이지 선교가 아니다. 왜냐하면 하나님이 궁극적인 목적이지 사람이 궁극적인 목적이 아니기 때문이다. 이 세대가 끝이 나고 무수히 많은 구원받은 백성들이 하나님의 보좌 앞에 자기 얼굴을 드러낼 때 선교는 더 이상 존재하지 않게 될 것이다. 선교는 한시적으로 필요한 것이다. 그러나 예배는 영원히 지속된다. [22]

성경의 본론

모든 종족들을 살아 계신 하나님 앞으로 인도하여 그분의 가장 큰 영광을 드러내는 목표가 바로 성경이 들려주는 이야기다. 너무나 많은 사람들이 성경을 제한된 시각에서 읽는다. 그들은 성경을 다양한 교훈과 주제가 한데 어우러진 66권의 독립된 책으로 여기고 연구한다. 그러나 성경은 한 권의 책으로 읽혀지기 위한 것이다. 그리고 모든 책에는 서론, 본론 그리고 결론이 있듯이 성경에도 서론, 본론, 결론이 존재한다.

성경의 서론은 창세기 1-11장에서 찾아볼 수 있으며, 본론은 창세기 12장부터 요한계시록 3장까지 그리고 결론은 요한계시록 4장부터 시작한다. 서론은 간단하다. 당신은 그 내용을 대부분 알고 있다. 하나님이 만물을 창조하시고 그것이 좋았다고 말씀하신다. 아담과 하와가 죄를 범한다. 하나님은 죄 문제를 해결하신다. 사람들이 번성하기 시작하지만 죄 역시 마찬가지다. 그들의 마음이 원하는 모든 것은 악한 것이다. 하나님은 거룩하신 하나님이시기 때문에 그 모든 죄를 용납하실 수 없으시다. 그래서 하나님은 홍수를 보내어 심판을 하셨다.

노아와 그의 가족들은 방주 안에 들어가 40주야를 엄청난 폭풍 가운데 떠다녔다. 일 년 뒤에 홍수가 물러갔다. 하나님은 노아에게 무지개를 보여 주시고 이렇게 말씀하셨다. "내가 다시는 물로 땅을 심판하지 않겠다." 인류는 다시 늘어나고 번성하기 시작했다. 그리고 우리는 창세기 11장 1절을 만나게 된다. 이 구절은 성경 본론의 서론을 이해하기 위한 핵심 구절이다. "온 땅의 구음이 하나이요 언어가 하나이었더라."

이 말씀의 이면에 자리한 개념에 주목하라. 세상에는 다양성, 곧 '내 편이냐 네 편이냐'를 가르는 생각이 없었다. 오직 '우리'만 있었다. 그들은 하나의 언어와 하나의 문화를 가진 하나의 백성이었다. 그곳에는 서로 다른 무리의 백성이 없었기 때문에 하나님께 가장 큰 영광을 돌릴 가능성이 존재하지 않았다. 그리고 이어서 3-4절에서 어떤 일이 일어났는지 주목하라. 그들은 하나님께 순종하고 그분이 명하신 것을 좇아 퍼져나가는 대신 그분께 불순종하고 하나의 백성으로 남았다.

> 서로 말하되 자, 벽돌을 만들어 견고히 굽자 하고 이에 벽돌로 돌을 대신하며 역청으로 진흙을 대신하고 또 말하되 자, 성과 대를 쌓아 대 꼭대기를 하늘에 닿게 하여 우리 이름을 내고 온 지면에 흩어짐을 면하자 하였더니(창 11:3-4).

어떤 이유에서건 그들은 하나님께 순종하기를 거부하고 하나의 백성으로 남으려 하였고, 그것은 곧바로 하나님께 불순종하는 것이었다.

질투의 하나님 출애굽기 34장 14절에 나오는 하나님을 가리키는 이름은 그것을 걱정하지 않으셨다. 하나님은 다양함을 만드시고 나중에 그것을 조화롭게 하나로 통일시키는 방식을 통해 자신의 영광을 나타내기로 작정하셨다. 그래서 하나님은 수세기 동안에 걸쳐 일어날 일을 한순간에 행하셨다. 그들이 공통으로 사용하던 언어를 수많은 다른 언어로 나누셔서 순식간에 다양성을 만들어내셨다. 하나님은 그 방법을 통해 그들을 흩으셨고, 나중에 언젠가 그들을 다시 하나로 합하실 수 있으시다. 이제 세상에는 하나의 백성만 존재하는 것이 아니라 수많은 종족들이 존재하게 되었다. 그리고 그 무대는 하나님이 자신의 '가장 큰 영광' 사역을 이루시기 위해 마련된 것이다.

이것으로 성경의 도입 부분이 끝이 난다. 이 장면을 극장에서 본다면 짧은 막간을 위해 커튼이 내려지는 것을 보게 될 것이다. 그러면 잠시 밖에 나가 음료수와 약간의 팝콘을 사가지고 다시 자리에 들어와 성경의 본론이 시작되는 것을 볼 수 있다. 여기서는 하나님이 인간과 교제를 나누고 싶어하시는 마음을 어떻게 실현해나가시는지가 중요하다. 하나님이 그 일을 어떻게 이루어가실지가 앞으로 나올 내용의 핵심 부분이다. 그리고 막이 오르면 무대는 하늘에 계신 하나님이 자신이 지으신 모든 종족들을 내려다보시는 장면이 나온다. 그러나 그들은 하나같이 하나님으로부터 멀어졌다. 그리고 하나님은 땅에 내려와 그들 가운데 한 명 아브라함을 택하시고 그에게 약속을 주신다. 그 약속은 두 부분으로 이루어져 있다. 먼저 하나님은 아브라함에게 이렇게 말씀하신다. "나는 네게 복 주기를 원한다." 이어서 하나님은 이렇게 말씀하신다. "나는 네가 땅 위에 있는 모든 민족에게 복이 되기를 원한다."

이것은 아브라함과의 언약 혹은 아브라함과의 약속으로 불린다. 이 부분은 창세기 12장에 나오며 다음과 같은 말씀으로 되어 있다.

> 내가 너로 큰 민족을 이루고
> 네게 복을 주어
> 네 이름을 창대케 하리니
> 너는 복의 근원이 될지라
> 너를 축복하는 자에게는 내가 복을 내리고
> 너를 저주하는 자에게는 내가 저주하리니
> 땅의 모든 족속이
> 너를 인하여 복을 얻을 것이니라(창 12:2-3).

하나님은 아브라함을 통하여 다른 사람들에게 주실 복에 대해 말씀하시면서 간단한 용어를 사용하셨는데, 이것은 그분의 영광에 엄청난 영향력을 미치는 것이다. 하나님은 '모든'이란 말을 사용하셨다. "땅의 모든 족속이 너를 인하여 복을 얻을 것이니라."

이를 신약의 언어로 옮기면, 하나님이 지상 명령을 주시는 것이다. "그러므로 너희는 가서 모든 족속으로 제자를 삼아" 마 28:19 와 "땅의 모든 족속이 너를 인하여 복을 얻을 것이니라" 창 12:3 는 기본적으로 똑같은 내용을 말하고 있다. 하나님은 아브라함에게 땅의 모든 백성이 그를 통하여 복을 얻을 것이라고 말씀하셨고, 또한 예수를 통하여 제자들에게 모든 백성이 복음을 듣게 될 것이라고 말씀하셨다.

이 두 구절은 서로 병행을 이루며, 강아지 성도는 그 이유가 무엇인지 알고 있다. 하나님은 전에도, 지금도 그리고 앞으로도 언제나 자신의 가장 큰 영광을 드러내기를 추구하고 계시며, 그 일은 모든 백성 가운데서 선출된 하나님을 찬양하기 위한 대표자들이 한자리에 모일 때에야 비로소 이루어진다. 하나님은 이 사실을 태초부터 잘 알고 계셨다. 하나님은 이 일을 강조하기 위하여 민족들을 만드신 직후에 아브라함에게 그가 모든 민족에게 복의 근원이 될 것이라고 약속하신 것이다. 하나님은 이것을 너무도 분명히 말씀하셨다. 하나님은 모든 언어, 부족, 민족의 사람들이 구원받기를 모색하고 계신다. 모든 나라에 복을 주시려는 하나님의 열심은 구약과 신약 모두에 가득 담겨 있다. 먼저 구약 가운데서 몇 가지 예를 찾아보자.

> 너희는 가만히 있어 내가 하나님 됨을 알지어다 내가 열방과 세계 중에서 높임을 받으리라(시 46:10).

> 온 땅이여 여호와께 노래하며 그 구원을 날마다 선포할지어다 그 영광을 열방 중에, 그 기이한 행적을 만민 중에 선포할지어다(대상 16:23-24).

> 땅이 싹을 내며 동산이 거기 뿌린 것을 움돋게 함같이 주 여호와께서 의와 찬송을 열방 앞에 발생하게 하시리라(사 61:11).

그리고 신약의 예는 다음과 같다.

또 이르시되 이같이 그리스도가 고난을 받고 제삼일에 죽은 자 가운데서 살아날 것과 또 그의 이름으로 죄 사함을 얻게 하는 회개가 예루살렘으로부터 시작하여 모든 족속에게 전파될 것이 기록되었으니(눅 24:46-47).

그러므로 너희는 가서 모든 족속으로 제자를 삼아 아버지와 아들과 성령의 이름으로 세례를 주고(마 28:19).

결론

하나님은 처음에 시작하셨던 것을 완성하셨는가? 그래서 가장 큰 영광을 얻으셨는가? 성경은 어떻게 결말을 맺는가? 그것을 알기 위해 성경의 마지막 부분을 신속하게 살펴보고 그 이야기가 어떻게 결말을 맺는지 알아보자. 요한계시록 5장 9절에는 장로들과 생물들이 부르는 노래가 나온다. 이것은 매우 중요한 노래임에 틀림없다. 당신은 당신이 다니는 교회의 장로님들이 회중 앞에 일어서서 노래를 부르는 모습을 상상할 수 있는가? 그리고 만일 그것이 그토록 중요한 일이라면, 더 많은 주의를 기울이는 것이 좋겠다. 본문은 어떻게 말씀하고 있는가?

새 노래를 노래하여 가로되
책을 가지시고 그 인봉을 떼기에 합당하시도다
일찍 죽임을 당하사

각 족속과 방언과 백성과 나라 가운데서 사람들을 피로 사서
하나님께 드리시고(계 5:9).

그들이 어디서부터 왔는지 주목하라. 모든 족속과 방언과 백성과 나라 가운데서다. 하나님은 아브라함을 통해 하시기로 작정하셨던 것을 마지막 날에 이루신다. 그리고 모든 백성들이 그 자리에 있기 때문에 하나님은 가장 큰 영광을 받으신다. 하나님은 이 일이 반드시 일어날 것이라고 선포하셨다. 하나님은 그것을 선언하셨고 명령하셨다. 왜 그런가? 그분이 그것을 강력히 원하시기 때문이다.

성경을 집어들고 엄지손가락을 창세기 12장에 그리고 다른 손가락들을 요한계시록 5장 9절에 갖다놓으면 그 사이에 담겨 있는 이야기가 손에 잡힐 것이다. 그것은 사랑의 하나님이 지구상에 있는 모든 민족들을 구원하시려고 애쓰시는 이야기다.

대부분의 고양이 신자들은 이 사실을 알지 못하고 있다. 대부분의 강아지 성도는 그 사실을 잘 알고 있다. 이것이 바로 강아지 성도가 범세계적 그리스도인, 즉 아버지 하나님의 가장 큰 영광을 위하여 열방을 향해 뜨거운 마음을 가진 사람이 된 이유다. 이것이 바로 성경의 본문이다. 만일 당신이 성경에서부터 임무들을 수행해야 한다면 창세기의 몇 장과 요한계시록의 몇 가지 외에는 연구할 만한 남아 있는 것들이 거의 없을 것이다 성경이 들려주는 본론 이야기에 관해 더 많은 것을 배우고 싶으면 밥 쇼그린의 「마침내 드러나다(Unveiled At Last, 조이선교회)」를 읽어보라.

우리는 당신의 삶에 어떤 일이 일어나든 당신도 코리 텐 붐과 마찬가지로 하나님 아버지께 이렇게 묻게 되기를 바란다. "어느 것이 하나님께 가

장 큰 영광을 돌리는 일인가요?" 그리고 당신이 삶의 모든 영역에서 그분의 영광을 추구하고, 그 영광을 땅 끝까지 전하는 일에 일정한 역할을 담당하기를 바란다. 태어나서 죽을 때까지 안전하고, 안락하며, 편안한 것만을 추구할 것이 아니라 하나의 목적, 곧 하나님을 영화롭게 하는 목적을 가지고 살아가라!

에필로그

우리는 많은 크리스천과 목회자 그리고 교회들이 우리가 전한 강아지 신앙에 과잉 반응을 보이고 있는 것을 발견했다. 그들은 우리가 실시한 세미나에 참여하거나 이 책을 읽고 나서 '강아지 신앙을 따르는 생활 방식'이나 '강아지 신학에 기초한 교회'를 세우겠다고 결심을 한다. 그렇지만 결국에는 균형을 잃어버리고 다른 사람들 눈에 매력 없는 모습으로 비쳐지는 결과를 초래하고 만다. 그러고는 교인 수가 줄어들면 떠난 사람들이 '영적'이지 못해서 그런 것이라고 합리화한다.

이런 일은 다음과 같은 중요한 문제를 불러일으킨다. "강아지 신앙은 균형이 맞지 않는 것인가?" 균형이 맞지 않는 시소의 균형을 잡으려면 그 중간이 아니라 가벼워서 올라간 한쪽에 가서 앉아야 한다. 수세기 동안 고양이 신자의 신학이 시소의 한쪽 끝을 차지하고 있었기 때문에 우리는 우리가 쓴 책과 여러 세미나를 통하여 강아지 성도의 신학에 나타난 '하나님의 영광'이라는 측면을 의도적으로 과장해서 강조하는 전략을 구사해왔다. 그러나 이것은 수십 년 아니 수백 년 동안 우리 교회에 스며들어온 고양이 신자의 신학에 대해 균형을 맞추려는 것일 뿐이다. 진정한 강아지 성도의 신학 훈련은 올바른 균형과 우선순위의 문제다.

지금까지 몇 년, 아니 몇십 년, 아니 몇백 년을 이어온 고양이 신학은 강아지 신학과 같은 사고 체계에 무게 추를 실어줌으로써 균형을 잡을 필요가 있다. 그렇지만 우리 책과 세미나에서 이 점을 강조하고 있는 것은 단지 우리의 생각을 교정하기 위한 것이다. 그것을 삶 가운데 실천하는 일은 또 다른 문제이고, 그것에 맞는 다른 전략을 필요로 한다.

여기서 새로운 질문이 제기된다. '무엇이 올바른 균형인가?' 혹은 이런 질문이 더 나을지 모르겠다. '순수한 강아지 성도의 신학은 무엇인가?' 이 질문에 대답하기 위해서는 몇 가지 기본이 되는 핵심을 기억할 필요가 있다.

1. 고양이 신자의 신학이 틀린 것은 아니다. 다만 불충분한 것이다.
2. 강아지 성도의 신학은 고양이 신자의 신학을 빼버린 것이 아니다. 그것을 채워, 완성한 것이다.
3. 그리스도는 우리를 위해서 그리고 하나님의 영광을 위해서 죽으셨다.

여기서 철로 위를 최고 속도로 달리고 있는 기차가 있다고 상상해보라. 그 기차는 두 개의 레일 위를 달리고 있으며, 어느 때라도 어느 한쪽의 레일이 빠져버리면 기차는 선로를 이탈하여 목적지에 도착하지 못하게 될 것이다.

그러면 한쪽 레일에는 '우리'라는 푯말을, 다른 레일에는 '하나님의 영광'이라는 푯말을 세워보자. 고양이 신자의 신학은 오직 한 가지 레일, 곧 모든 것은 우리를 위해 존재한다는 생각에 초점을 맞춘다. 당신은 혹시 강아지 성도의 신학은 반대편 레일, 곧 모든 것은 하나님의 영광을 위해 존재한다는 생각에 초점을 맞추고 있는 것이라고 생각할 수도 있다. 그렇지만 그런 것이 아니다. 강아지 성도의 신학은 전적으로 하나님의 영광에만 초점을 맞추고 있지 않다. 그렇게 하는 것은 고양이 신자의 신학만 강조하는 것만큼이나 잘못되고 해로운 것이 될 수 있다. 기억하라. 고양이 신자의 신학은 틀린 것이 아니다. 따라서 고양이 신자의 신학을 철저하게 배제하는 것은 고양이 신자의 신학이 하나님의 영광이라는 측면을 무시할 때와 마찬가지로 잘못된 것이다. 만일 우리의 신학이 하나의 레일 위만 달린다면 우리의 '믿음의 열차'는 그 목적지에 도착하지 못하게 될 것이다. 올바른 강아지 성도의 신학은 양쪽 모두에 알맞은 우선순위로 균형을 맞추어 살아간다.

- 하나님은 우리를 사랑하시는가? 절대적으로 그렇다. 그리고 그것을 벗어나는 것은 옳지 않다.
- 그리스도는 우리를 위해 죽으셨는가? 절대적으로 그렇다. 그리고 그것을 벗어나는 것은 옳지 않다.
- 하나님은 우리에게 복 주시기를 원하시는가? 절대적으로 그렇다. 그리고 그것을 벗어나는 것은 옳지 않다.
- 강아지 성도의 신학은 양쪽의 주장을 모두 포함한다. 즉, 하나님은 우리를 사랑하시며 우리가 그분의 영광에 주목하기를 원하신다.

실제로 이것이 바로 그분이 우리를 위해 죽으신 이유 곧 우리를 구원하신 이유다. 그것은 그분이 우리를 사랑하셨고, 그래서 우리가 우리의 가장 큰 목적인 하나님의 영광을 위해 살고 그것에 주목하는 일을 성취하게 만드는 것이다. 그리고 그렇게 할 때 비로소 우리는 가장 커다란 기쁨을 누릴 수 있게 된다.

이 과정에서는 양쪽 모두 만족을 얻게 된다. 하나님은 당신이 가장 좋은 것, 즉 그분 자신을 얻기를 원하신다. 그래서 그분은 당신이 그분을 주목하고, 찬양하며, 높이고, 영광 돌릴 것을 요구하신다. 왜냐하면 그분은 그런 대우를 받으시기에 합당한 분이시며, 그것을 통해서 당신이 가장 큰 기쁨을 얻기 때문이다. 존 파이퍼 Jhon Piper가 한 말을 기억하라. "사람은 하나님이 가장 큰 영광을 받으실 때, 가장 큰 만족을 얻는다."

교회에는 이런 균형이 필요하다. 그렇다. 하나님은 당신을 사랑하시며 당신에게 복 주시기를 원하신다. 이것은 불신자와 고양이 신자를 끌어당기는 메시지다. 그 메시지는 반드시 필요한 것이며, 틀린 것도 아니다. 고양이 신자나 강아지 성도, 불신자 모두가 고양이 음식에 끌린다. 그렇지만 하나님은 우리가 먼저 우선순위와 그 결과들에 대해 생각하기를 원하신다. 왜 그분은 우리를 구원하시는가? 그렇게 함으로써 우리가 그분의 자비하심을 통해 그분께 영광을 돌리기 때문이다. 왜 그분은 우리에게 복을 주시는가? 왜냐하면 그것을 통해 그분의 영광이 밝히 드러나기 때문이다. 왜 그분은 우리를 천국에 데려가시는가? 그렇게 함으로써 그분의 영광이 영원토록 빛나기 때문이다. 왜 그분은 우리에게 그분의 영광을 위해 살라고 명령하시는가? 왜냐하면 우리가 가장 큰 기쁨을 얻으려면 마땅히 그렇게 해야 하고 또한 그렇게 할 필요가 있기 때문이다.

이것은 초점과 우선순위의 문제다. 고양이 신자들은 복을 받는 일에 초점을 맞추고 주된 관심을 기울이며 살아간다. 그래서 이땅에서의 삶이 제공하는 70년 남짓 되는 인생을 위해 살아간다. 강아지 성도 역시 이땅에서 사는 동안 하나님이 주신 것을 즐기지만, 그들은 앞으로 맞이하게 될 삶에 초점을 맞춘다. 고양이 신자는 현재를 살아가고, 강아지 성도는 마음에 영원을 품고 산다.

강아지 성도의 교회는 어떠한 모습일까? 그 교회는 사람들을 초대하여 하나님을, 다시 말해서 그분의 성품과 그분이 행하신 일을 모두 예배하게 한다. 그리고 저는 자와 눈먼 자, 어려움 당한 자, 슬픔으로 가득한 자와 무의미한 것들로 가득한 자를 불러 모아 '생수'를 맛보게 한다. 이렇게 해서 새 힘과 새 생명을 얻은 이들은 자신의 삶이 무엇을 위한 것인지 그리고 하나님의 영광에 초점을 맞춘 채 충만하게 살아가는 법을 배운다.

만일 이 책을 읽고 당신이 속한 교회에 달려가 모든 것을 바꾸어야겠다는 생각이 들었다면 당신은 이 책을 잘못 읽은 것일 수 있다. 그리고 그렇게 당신에게 잘못된 생각을 심어준 우리는 실패한 것이 된다. 이곳에 에필로그를 추가한 이유가 바로 이것이다. 당신은 모든 것을 바꿀 필요가 없다. 다만 당신이 관심을 갖고 있는 고양이 신자 한 명을 택하여 그들을 강아지 성도로 바꾸어놓을 수 있는 방법, 계획, 전략을 한 가지씩 세우기만 하면 된다. 고양이 신학이 잘못된 것은 아니다. 다만 거기에 머물러 있으면서 거기에 초점을 맞추느라 하나님의 영광을 위해 살지 못하고, 그것에 주목하지 못하는 것이 잘못된 것이다.

성경은 우리가 마음을 새롭게 함으로 변화를 받아야 한다고 말씀한다. 고양이 신자들을 교회로 데려오고 그들의 마음을 새롭게 변화시켜줄 프로그램을 개발하라. 이것이 교회의 교육 활동이다. 만일 당신이 교육 부서를 맡은 사역자라면 이 시점에서 당신이 맡은 일은 너무도 중차대하다. 우리의 비전과 계획은 그 영역을 넓혀서 크리스천으로 하여금 최고의 기쁨인 하나님을 영화롭게 하고 영원토록 그분을 즐거워하는 삶을 살도록 훈련시키는 일을 최고의 목표로 삼게 하는 것이다.

만일 당신이 나제럴드 처럼 과거를 돌아보면서 당신이 처음 사역한 날들이 고양이 신자의 신학을 선포하느라 헛되이 보낸 것은 아닌지 걱정하고 있다면, 그것은 전적으로 옳지 않다는 것을 깨달을 필요가 있다. 그 시간은 헛되이 보낸 시간이 아니다. 왜냐하면 고양이 신자의 신앙은 틀린 것이 아니며, 이제 새롭게 균형을 잡는 일과 이땅에서의 삶의 궁극적인 목표는 그분을 즐거워하고 영원토록 그분을 영화롭게 하는 것이라는 메시지를 올바르게 전달하는 일에 사용될 수 있기 때문이다.

우리가 당신을 향해 갖고 있는 목표는 무엇이겠는가? 하나님이 당신에게 주신 복을 누림으로써 그분을 영화롭게 하고, 하나님의 영광을 열방에 전하는 역할을 잘 감당하는 것이다. 그렇게 할 때 당신은 올바른 균형을 유지하며 우선순위로 가득한 그런 삶을 살게 될 것이다.

> 그분의 영광 플러스 사역 UnveilinGLORY을 위하여.
> 밥 쇼그린과 제럴드 로비슨

용어 해설

강아지 성도는 하나님의 영광이라는 관점에서 삶을 보기 때문에 그것을 중심으로 모든 것을 새롭게 규정한다. 다음은 어떻게 "만물이 주에게서 나오고 주로 말미암고 주에게로 돌아" 롬 11:36 가는지를 보여주는 몇 가지 정의들이다.

- **천사**: 하나님께 온전히 순종하고 그분의 영광을 드러내는 존재.
- **교회**: 하나님이 자신의 영광을 드러내는 통로가 되기를 원하시는 사람들.
- **위기**: 하나님께 더 많은 영광을 돌릴 수 있는 기회.
- **십자가에 못 박히심**: 예수님이(그리고 성부 하나님이) 자신의 영광을 유지하기 위해 약속을 지키신 사건.
- **귀신**: 한때는 천사였으나 하나님의 영광을 거부하고 사탄의 거짓 영광을 따르기로 선택한 존재.
- **의기소침**: 하나님의 영광을 신뢰하지 못하는 정서적 혹은 심리적 반응.
- **신앙**: 하나님의 영광을 신뢰하는 것.
- **은혜**: 우리는 받을 자격이 없는데도 하나님이 우리에게 자신의 영광을 부여하시는 것.

- **지옥**: 하나님을 모독하고 무한한 영광을 거부한 것에 대한 영원한 형벌.
- **조바심**: 하나님의 영광이 나타날 때를 믿고 기다리지 못함.
- **의롭다 하심**: 하나님이 우리의 삶 가운데서 자신의 영광을 보시는 것.
- **탐욕/ 욕심**: 누군가 또는 무언가를 하나님의 영광보다 더 귀한 것으로 여기는 것.
- **결혼**: 한 특별한 사람에게 하나님의 영광을 드러내기 위해 헌신하는 것. 그리고 예수님과 교회의 관계를 알기 쉽게 보여주는 예화이기도 함.
- **양육**: 자신이 돌보고 있는 자녀들에게 하나님의 영광을 드러내 보이고 그들을 그분의 영광으로 훈련시키는 일.
- **기도**: 하나님으로 하여금 자신의 영광을 드러내도록 요청하는 일.
- **교만**: 하나님의 영광을 자기 것으로 취하는 것.
- **구원**: 하나님의 영광과 사랑에 빠지는 것.
- **성화**: 하나님의 영광이 우리의 삶 가운데 역사하시는 과정.
- **사탄**: 하나님의 영광을 거부하고 자신의 영광을 찾기로 선택한 존재. 이로 인해 하나님의 영광과 대적이 됨.
- **학교**: 하나님의 영광을 더 잘 드러낼 수 있는 지식들을 배울 수 있는 기회.
- **죄**: 하나님의 영광을 가리는 모든 행동과 생각.
- **영적 은사**: 하나님이 당신에게 주시기로 선택한 독특한 재능을 통하여 하나님의 영광을 드러낼 수 있는 특별한 기회.
- **고난(하나님을 위한)**: 성부 하나님의 영광을 크게 드러내는 일.
- **사역**: 하나님이 당신에게 주신 은사와 재능을 통하여 그분께 영광을 돌릴 수 있는 기회.
- **예배**: 하나님의 영광을 그분께 되돌려드리는 일.

주

1. DeVern Fromke, *Unto Full Stature* (Cloverdale, Ind.: Sure Foundation, 2001), p. 17.
2. James Mulholland, *Praying Like Jesus, The Lord's Prayer in a Culture of Prosperity* (San Francisco: HarperSanFrancisco, 2001), pp. 19-20.
3. Bob Sjogren, *Unveiled At Last* (Seattle: Crown Ministries International, 1996).
4. Bruce Wilkinson, *The Prayer of Jabez* (Sisters: Multnoman, 2000).
5. Donald Grey Barnhouse, *The Invisible War* (Grand Rapids: Zondrevan, 1980), p. 31.
6. Tommy Tenney, *The God Chasers* (Shippensburg, Penn.: Destiny Image, 1999), p. 121.
7. W. B. Forbush, ed., *Foxe's Book of Martyrs* (Grand Rapids: Zondervan, 1978), p. 12.
8. 같은 책, p. 16
9. 같은 책, p. 19.

10. 같은 책, p. 22.

11. 같은 책, p. 29.

12. John F. Walvoord and Roy B. Zuck, *The Bible Knowledge Commentary: An Exposition of the Scriptures by Dallas Seminary Faculty* (Wheaton, Ill.: Victor Books, 1989), p. 307.

13. William Branham, "The Lamb's Broken Leg", from *Beginning and Ending of the Gentile Dispensation*, sermon given at the Branham Tabernacle (Jeffersonville, Ind.: Jan. 9, 1995). Transcribed from cassette #55-0109E.

14. John Piper, *Let the Nations be Glad* (Grand Rapids: Baker Book House, 2003).

15. R. C. Sproul, *The Invisible Hand* (Phillipsburg: P & R Press, 2003).

16. Larry Crabb, *Shattered Dreams* (Colorado Springs: Waterbrook Press, 2002).

17. John Piper, *Desiring God* (Sisters: Multnomah, 2003).

18. *QuickVerse 6 Greek Edition* by Parson's Technology, CD-ROM.

19. John Piper, *A Hunger for God* (Wheaton: Crossway Books, 1997).

20. Wayne Rice, *Still More Hot Illustrations for Youth Talks* (El Cajon, Claf.: Youth Specialties, Inc., 1999).

21. Corrie ten Boom with John Scherrill, *The Hiding Place* (New York: Bantam, 1984).

22. John Piper, *Let the Nations Be Glad! The Supremacy of God in Missions* (Grand Rapids: Baker Book House, 1993), p. 1.

강아지 성도 고양이 신자

1쇄 발행　2008년 6월 13일
7쇄 발행　2018년 4월 17일

지은이　밥 쇼그린, 제럴드 로빈슨
옮긴이　김창동
펴낸곳　주)도서출판 디모데 〈파이디온 선교회 출판 사역 기관〉

등록　2005년 6월 16일　제 319-2005-24호
주소　서울특별시 서초구 서초대로 141-25(방배동, 세일빌딩 8층)
전화　마케팅실 070) 4018-4141
팩스　마케팅실 031) 902-7795
홈페이지　www.timothybook.com

값 11,000원
ISBN 978-89-388-1368-8
Copyright ⓒ 주) 도서출판 디모데 2008 〈Printed in Korea〉